Ulrich Menzel

Wirtschaft und Politik im modernen China

Ulrich Menzel

Wirtschaft und Politik im modernen China

Eine Sozial- und Wirtschaftsgeschichte von 1842 bis nach Maos Tod

Springer Fachmedien Wiesbaden GmbH

CIP-Kurztitelaufnahme der Deutschen Bibliothek

Menzel, Ulrich:
Wirtschaft und Politik im modernen China: e. Sozial-
u. Wirtschaftsgeschichte von 1842 bis nach Maos Tod /
Ulrich Menzel. – Opladen: Westdeutscher Verlag, 1978.
ISBN 978-3-531-11460-6

Ursprünglich erschienen bei Westdeutscher Verlag GmbH, Opladen in 1978

Umschlaggestaltung: Horst Dieter Bürkle, Darmstadt
Satz: Vieweg, Braunschweig

ISBN 978-3-531-11460-6 ISBN 978-3-663-14258-4 (eBook)
DOI 10.1007/978-3-663-14258-4

Inhaltsverzeichnis

Vorwort

Bei dem vorliegenden Band handelt es sich um die erheblich gekürzte, überarbeitete und aktualisierte Fassung meiner Studie „Theorie und Praxis des chinesischen Entwicklungsmodells. Ein Beitrag zum Konzept autozentrierter Entwicklung“[1], die im Rahmen eines Forschungsprojekts der Berghof Stiftung für Konfliktforschung „Strategien zur Überwindung peripherer Gesellschaftsformationen. Studien zu Albanien, China, Kuba und Nordkorea“ in den Jahren 1975 bis 1977 entstanden ist.[2] Verzichtet wurde hier auf den wissenschaftlichen Apparat, die Präsentation zahlreicher Tabellen und Graphiken, Zitate chinesischer Autoritäten sowie die Wiedergabe und Diskussion abweichender Positionen in der China-Literatur. Soweit empirische Daten verwendet wurden, die nicht allgemein bekannt oder zugänglich sind, sind sie in der genannten Studie belegt[3], die dem interessierten Leser zur vertiefenden Lektüren empfohlen wird.

Dank gilt meiner Frau, Ursula Menzel-Fischer, die bei der Überarbeitung und Fertigstellung dieses Manuskripts tatkräftige Hilfe geleistet hat.

1 Opladen: Westdeutscher Verlag 1978. IX, 788 S.

2 Wolfgang Ruß, Die Entwicklung Albaniens. Ein Beitrag zum Konzept autozentrierter Entwicklung. Meisenheim/Glan: Hain Verlag 1978. Gerd Wontroba/Ulrich Menzel, Stagnation und Unterentwicklung in Korea. Von der Yi-Dynastie zur Peripherisierung unter japanischer Kolonialherrschaft. Mit einem Vorwort von Dieter Senghaas. Meisenheim/Glan: Hain Verlag 1978. Rosemarie Juttka-Reisse, Agrarpolitik und Kimilsungismus in der Volksrepublik Korea. Ein Beitrag zum Konzept autozentrierter Entwicklung. Meisenheim/Glan: Hain Verlag 1978. – Die Publikationen der Studien von Reiner Knoblauch über die industrielle Entwicklung Nordkoreas und von Horst Fabian über Kuba sowie eine komparative Untersuchung der vier Fälle von Dieter Senghaas sind für 1979 in Vorbereitung.

3 Zu einigen aktuellen Entwicklungen und Korrekturen im Agrarbereich gegenüber der zitierten Studie vgl. meine Aufsätze „Mobilisierung von Arbeitskraft, angepaßte Technologie und integrierte Agroindustrialisierung in der VR China", in: Hartmut Elsenhans (Hrsg.), Mobilität der Arbeitskraft und Akkumulation. Frankfurt/M.: Campus 1978, und „Möglichkeiten und Grenzen der kollektiven und staatlich-dezentralen Agroindustrialisierung am Beispiel der VR China" Beitrag zum DGFK-Workshop „Agrarrevolution, Wachstumspotential, Demokratisierungsmöglichkeiten in den Ländern der Dritten Welt" am 16.–18.2. und 20.–22.4.1978 in Frankfurt/M. (Publikation in Vorbereitung).

Einleitung

Von der Asiatischen Produktionsweise zum Aufbau des Sozialismus: Unterentwicklung und Entwicklungspolitik in China

Zum Verständnis der heutigen chinesischen Entwicklung, insbesondere der Zeit nach 1960, müssen drei Analyseschritte vollzogen werden. Erstens die Untersuchung, welche Entwicklungsprobleme und Entwicklungsdefizite das vorrevolutionäre China aufwies, wobei hier die Phase von 1842, dem Beginn der „Öffnung" Chinas durch die europäischen Großmächte, bis 1945, dem Jahr, das mit dem Ende des Pazifikkrieges den Abzug der Japaner aus China brachte, im Vordergrund des Interesses steht. Dessenungeachtet werden einige Probleme und Entwicklungstendenzen behandelt, die bereits in der traditionellen chinesischen Gesellschaft angelegt waren und im Zuge der ausländischen Durchdringung keineswegs aufgehoben sondern nur verstärkt wurden. Diese traditionellen und modernen Entwicklungsprobleme liefern die Fragestellungen, unter denen die Zeit nach 1949 untersucht wird, und die Maßstäbe, an denen die Erfolge und Mißerfolge der Entwicklung gemessen werden sollen.

Sie liefern aber auch das Verständnis für den zweiten Analyseschritt, der sich mit den verschiedenen entwicklungspolitischen Konzeptionen beschäftigt, die, vor und nach 1949 entstanden, den strategischen Rahmen setzen, in dem die heutige Entwicklung sich vollzieht. Diese Konzeptionen sind der Reflex auf die vorrevolutionären Probleme, wirken als autonomer Faktor auf die nachrevolutionäre Entwicklung ein und werden ihrerseits durch neue Probleme bzw. die unzureichende Lösung alter Probleme korrigiert. Es ist deshalb notwendig, in Kenntnis der vorrevolutionären chinesischen Gesellschaft die Genese dieser Konzeptionen zu berücksichtigen, ihre Durchsetzung in einzelnen Phasen zu dokumentieren und die zu beobachtenden Strategiewechsel zu verdeutlichen. Diese Strategiewechsel, die sich in dem permanenten innerparteilichen Linienkampf äußern, sind nicht nur ideologisch bedingt und wirken nach Maßgabe dieser Ideologien auf den Entwicklungsprozeß ein, sondern sind in gleichem Maße Reaktionen auf politisch-ökonomische Krisen, soweit sie die chinesische Geschichte seit 1949 kennzeichnen. Die Analyse von solchen Krisen soll ein methodisches Prinzip bei der Analyse der realen Ereignisse nach 1949 sein. Diese Krisen, vor allem Mitte der 50er Jahre als Folge der undifferenzierten Übernahme des sowjetischen Industrialisierungsmodells sowie im Anschluß an den Großen Sprung nach vorn (1958–1960), setzen die Fixpunkte, an denen sich die unterschiedlichen konzeptionellen Antworten in besonderer Weise akzentuieren.

Der dritte Schritt, die Realanalyse nach 1949, setzt also die Kenntnis der spezifischen Probleme wie der konzeptionellen und praktischen Problemlösungen voraus. Angestrebt wird weniger eine chronologisch getreue und systematisch alle Gesellschaftsbereiche abdeckende Darstellung als vielmehr der Versuch, die gesellschaftliche und ökonomische Logik aufzuzeigen, die hinter den Ereignissen steht, und Maßstäbe zu liefern, anhand derer Erfolge und Mißerfolge zu bewerten sind.

Den theoretischen Bezug dieser Arbeit liefert dabei die Theorie des peripheren Kapitalismus, die als Muster zur Erklärung der Unterentwicklung, unbeschadet der chinesischen Besonderheiten, dienen soll, wobei das Konzept autozentrierter Entwicklung, ungeachtet seiner bislang sehr abstrakten Ausformulierung, den analytischen Rahmen für die Phase seit Gründung der Volksrepublik setzen soll. Die Analyse des „chinesischen Modells" leistet insofern einen Beitrag zur empirischen Überprüfung und theoretischen Konkretisierung dieses Konzepts.

China wies in der ersten Hälfte des 20. Jahrhunderts viele typische Merkmale von Unterentwicklung auf und war dennoch untypisch im Vergleich zu anderen lateinamerikanischen, afrikanischen und asiatischen Ländern. Das hat seine Ursache darin, daß das zentrale Motiv der europäischen Großmächte, der USA und später Japans seit Mitte des 19. Jahrhunderts immer die Eroberung des ob seines vermuteten Umfangs sagenumwobenen chinesischen Binnenmarkts war. Die klassischen Ziele des Kolonialismus und Imperialismus, Gewinnung von agrarischen und mineralischen Rohstoffen sowie Schaffung von Lebensräumen für weiße Besiedlung, waren in China entweder nicht vorhanden oder spielten nur eine untergeordnete Rolle. Im Zentrum aller ausländischen Aktivitäten stand immer der Versuch, alle administrativen Schranken zu beseitigen bzw. die infrastrukturellen Voraussetzungen zu schaffen, um die chinesische Bevölkerung mit Manufakturwaren zu versorgen. China wurde niemals in eine internationale Arbeitsteilung eingebunden, deren Resultate für die Dritte Welt Raub, Plünderung und Zerstörung der traditionellen Kulturen, Staatswesen und Ökonomien sowie in der Folge, entsprechend der natürlichen Faktorausstattung, die Spezialisierung auf exportorientierte mineralische oder agrarische Rohstoffproduktion, vielfach weiße Besiedlung und die mit der Monokultur einhergehenden Folgen außenwirtschaftlicher Abhängigkeit, Konkurrenzdruck der ausländischen Verarbeitenden Industrie, Marginalisierung weiter Teile der Bevölkerung, Zerstörung des ökologischen Gleichgewichts u.a. mehr bedeuteten. China war, nicht zuletzt wegen der Rivalität der Großmächte, niemals eine formelle Kolonie und konnte trotz starker Bedrängnis seine eigene Kultur, Gesellschaft und Staatsorganisation weitgehend erhalten. Schließlich ist zu berücksichtigen, daß die Durchdringung Chinas vergleichsweise kurz war und infolge der Weiträumigkeit des Landes und seiner verkehrsmäßigen Unerschlossenheit diese Durchdringung auf einige Randbereiche entlang der Ostküste, das schiffbare untere Yangtze-Tal und die Mandschurei beschränkt blieb.

Diese Umstände führten dazu, daß zwar in den genannten Regionen viele Merkmale von struktureller Heterogenität und Peripherisierung anzutreffen waren, daß aber andere Regionen im chinesischen Hinterland bis 1949 weitgehend unberührt von ausländischen Einflüssen blieben und allenfalls indirekt als Folge der Reaktionen des chinesischen Staates auf den Ansturm des Auslands betroffen waren, indem die kaiserliche Regierung durch die Einführung neuer Steuern eine eigene Rüstungsproduktion finanzieren wollte. Das bedeutet, daß den Problemen des „traditionellen“

Sektors, die mit dem später noch zu klärenden Begriff „Stagnation" umschrieben werden, mindestens die gleiche Aufmerksamkeit geschenkt werden muß wie den Problemen, die infolge der ausländischen Durchdringung im „modernen" Sektor, insbesondere den sogenannten Vertragshäfen und deren Hinterland, entstanden waren.

Die hier zugrunde gelegte Theorie des europäischen Mittelalters auch wenn sie mit dem Konzept der „Gesellschaftsformation" die gleichzeitige Existenz unterschiedlicher Produktionsweisen unter der Dominanz der kapitalistischen Produktionsweise hervorhebt, beschäftigt sich allerdings, nicht zuletzt wegen der andersartigen lateinamerikanischen Realität, an der diese Theorie weitgehend gewonnen wurde, nahezu ausschließlich mit den externen Einflüssen, die den modernen Sektor hervorgebracht haben. Der traditionelle Sektor rückt nur soweit ins Blickfeld, wie seine Deformationen das Resultat dieser modernen Einflüsse sind. Zu fragen ist demgegenüber, ob nicht unabhängig von und bereits vor Einsetzen der ausländischen Durchdringung innerhalb der traditionellen Gesellschaften Tendenzen auftraten, die diese Gesellschaften im Vergleich zu Westeuropa als stagnierend erscheinen ließen. In China heißt das, welche Faktoren führten dazu, daß eine zur Zeit des europäischen Mittelalters im Hinblick auf Kultur, Staatswesen, Technologie und Wirtschaftsorganisation weit überlegene Gesellschaft Mitte des 19. Jahrhunderts dem westlichen Ansturm nichts mehr entgegenzusetzen hatte und sich erst der militärischen und dann der ökonomischen und wissenschaftlich-technischen Überlegenheit des Westens beugen mußte. Diese Fragen sind insofern von Bedeutung, als unterstellt werden kann, daß diese stagnativen Tendenzen, wenn auch infolge der externen Einflüsse modifiziert oder verstärkt, in China weiterwirkten und im Jahre 1949 immer noch aktuell waren. Zur Beantwortung dieser Fragen leistet die Theorie des peripheren Kapitalismus sehr wenig. Es ist mithin notwendig, eine Theorie der traditionellen Gesellschaftsformation zu entwicklen bzw. bereits vorhandene Erklärungsversuche heranzuziehen, mittels derer sich die überkommenen Probleme bestimmen lassen. Erst in einem zweiten Schritt könnte dann das Weiterwirken bzw. die Zurückdrängung und Verkrüppelung der traditionellen Gesellschaft innerhalb der dominierenden peripher-kapitalistischen Gesellschaft untersucht werden.

Für die Analyse der traditionellen chinesischen Gesellschaft bietet sich die Theorie der Asiatischen Produktionsweise (APW) an. Diese Theorie krankt allerdings daran, daß ihre über das Marxsche Werk verstreuten Elemente sehr widersprüchlich und bei Marx nur wenig empirisch belegt sind. Wittfogel, der die Theorie der APW popularisierte und auch empirisch zu überprüfen versuchte, stützte sich dabei, da die einsichtsvolleren Hinweise des späten Marx seinerzeit noch nicht veröffentlich waren, weitgehend auf nachweislich falsche Kategorien des frühen Marx wie z. B die Nichtexistenz von Privateigentum an Grund und Boden sowie die zentrale Bedeutung des Staates bei der Organisation der künstlichen Bewässerung in der Landwirtschaft. Entsprechend wurden die Stagnationstendenzen in erster Linie aus eben diesen beiden Umständen abgeleitet.

Wenn auch spätere Arbeiten auf kategorialer wie auf empirischer Ebene über Wittfogel hinausgehen und sehr viel differenziertere Überlegungen anstellen, ist die Diskussion über die APW sehr kontrovers und deshalb kaum geeignet, ohne weiteres als Instrument der Analyse der traditionellen chinesischen Gesellschaft verwendet zu werden und *den* Schlüssel zur Erklärung der immanenten Stagnationstendenzen liefern zu können. Auch wenn die Theorie der APW hier als heuristisches Konzept verwendet wird, soll doch der Versuch unternommen werden, einige wesentliche theoretische Elemente dieser Theorie empirisch zu überprüfen und hinsichtlich der Erklärung von Stagnation theoretisch zu präzisieren.

Daran an schließt sich die Analyse des „modernen" China, wie es sich nach 1842 herausgebildet hat, wobei, abgesehen von der bereits skizzierten Besonderheit der Durchdringung Chinas, der theoretische Bezugsrahmen des peripheren Kapitalismus gültig bleibt und lediglich in seiner besonderen empirischen Ausprägung dargestellt wird.

Als entwicklungsstrategische Konsequenz ergibt sich die wesentliche Einsicht, daß hierbei ebenfalls zweigleisig verfahren werden muß. Die Maßnahmen, die notwendig sind, um die Stagnation im traditionellen Sektor zu überwinden, müssen andere sein als diejenigen Maßnahmen, die die Peripherisierung des modernen Sektors abbauen sollen. Die ausschließliche Konzentration auf den einen oder anderen Sektor bleibt unzureichend bzw. kann sich sogar als dysfunktional erweisen oder alte Probleme verschärfen. Hier deutet sich bereits ein grundlegendes Problem der widersprüchlichen nachrevolutionären Entwicklung an, bei der dieses Dilemma zunächst nicht wahrgenommen oder zumindest nicht berücksichtigt wurde, und später in einzelnen Phasen zu einseitig der eine oder andere Sektor präferiert wurde.

Diese Problematik wird besonders deutlich, wenn man berücksichtigt, daß es sich nicht nur um technische Fragen der optimalen sektoralen Ressourcenallokation handelt, sondern jeweils soziale Klassen und Schichten betroffen sind, die an den Auswirkungen der jeweiligen Strategie in unterschiedlichem Maße partizipieren. Damit wird die Wahl der Entwicklungsstrategie zu einer eminent politischen Frage. Entwicklung läßt sich in einem Land wie China, dessen schwerstes Erbe aus der vorrevolutionären Zeit in der großen Kluft zwischen Stadt und Land liegt, nicht rein auf die Frage nach der effizientesten Form wirtschaftlichen Wachstums reduzieren, sondern muß immer auch danach beurteilt werden, in welchen Bereichen dieses Wachstum stattfindet, wozu es verwendet wird, und wer daran partizipiert.

Diese Ausgangskonstellation gilt es im Auge zu behalten, wenn hier die These aufgestellt wird, daß der erste konzeptuelle Versuch zur Überwindung der Unterentwicklung, die Übernahme des sowjetischen Industrialisierungsmodells, trotz unbestreitbarer Erfolge im schwerindustriellen Sektor, an wesentlichen chinesischen Problemen vorbeizielte, sie im Gegenteil sogar weiter akzentuierte, so daß erst seit 1956 zunächst zögernd und dann seit 1958 mit Vehemenz eigenständige chinesische Positionen sichtbar werden, die das sowjetische Modell von verschiedenen Seiten in Frage stellten. Kurz gesagt bestanden die Schwierigkeiten der 50er Jahre darin, daß die einseitige Forcierung der Schwerindustrie auf Kosten der Landwirtschaft die chinesische Ökonomie intern vor erhebliche Akkumulationsprobleme und extern vor schwerwiegende Zahlungsbilanzprobleme stellte. An dieser Stelle setzte die Kritik der liuistischen Fraktion ein und entwickelte daraus ihr Konzept des gleichgewichtigen

Wachstums, das der Agrarentwicklung aus ökonomischen Gründen einen hohen Stellenwert beimaß. An den gesellschaftlichen Konsequenzen, die das sowjetische Modell für China implizierte, nämlich der Vernachlässigung des Hinterlands, der Masse der Bauern und somit der sozialen Basis der Partei, setzte die maoistische Kritik ein, die die Interessen der bäuerlichen Massen ins Zentrum ihrer Konzeption stellte, also ebenfalls eine, wenn auch anders motivierte vorrangige Agrarentwicklung anstrebte, wobei der gesellschaftliche Fortschritt auf der Basis von Gleichheit die erste Priorität bekam.

Der radikale Bruch im Sommer 1960, der nicht nur den vollständigen Abzug der sowjetischen Ingenieure und die Mitnahme der Konstruktionspläne für die mit sowjetischer Hilfe im Bau befindlichen Industrieprojekte brachte, sondern auch zu einer raschen Einstellung der sowjetischen Kapitalgüterlieferungen führte, so daß ein großer Teil der vereinbarten Projekte nicht mehr in Angriff genommen werden konnte, Investitionsruinen zurückblieben und sogar die laufende Produktion unterbrochen wurde, war für China das letzte Glied einer Kette von negativen Erfahrungen der freiwilligen oder unfreiwilligen Zusammenarbeit mit dem Ausland. Hatte bereits die 1842 erzwungene Öffnung Chinas zwar den ungehinderten Import von Opium aber kaum die Segnungen der westlichen Industriekultur gebracht, so dürfte der neuerliche Boykott der anderen Supermacht, nachdem bereits der amerikanische Boykott im Jahre 1950 die durchaus vorhandene Bereitschaft, mit dem westlichen Ausland zusammenzuarbeiten, zunichte gemacht hatte, bei den Chinesen die Überzeugung gefestigt haben, daß nur das „Vertrauen auf die eigene Kraft" die Garantie für eine kontinuierliche und stabile, an den eigenen Bedürfnissen orientierte Entwicklung gewährleisten konnte, zumal dieses Prinzip in Yenan von 1937 bis 1945 angesichts der japanischen Blockade bereits seine Feuertaufe bestanden hatte.

Damit ergeben sich drei Grundprinzipien des chinesischen Ent wicklungsmodells, die jenseits des Linienkampfes seit 1960 allseits akzeptierte Gültigkeit besitzen, und die angesichts der Vorgeschichte bis zu diesem Datum sehr plausibel erscheinen. Diese Grundprinzipien bedeuten, daß die Agrarentwicklung im Zentrum aller Bemühungen zu stehen habe („Die Landwirtschaft ist die Grundlage und die Industrie der führende Faktor"), daß man angesichts der heterogenen Gesellschafts- und Wirtschaftsstruktur mit dualer Technologie zu operieren haben („auf zwei Beinen gehen"), und daß man dabei in jedem Sinn und auf allen Ebenen auf die eigene Kraft vertrauen solle.

Diese entwicklungspolitischen Gemeinsamkeiten dürfen allerdings nicht darüber hinwegtäuschen, daß China in seiner Unterentwicklung keineswegs ein regional, sozial und ideologisch homogenes Gebilde war. Die ausländische Durchdringung hatte nicht nur den skizzierten Stadt-Land-Gegensatz hervorgebracht, der für die städtische Ökonomie der Vertragshäfen ganz andere Entwicklungsdefizite verursacht hatte als für das stagnierende agrarische Hinterland. Die periphere Entwicklung dieser Vertragshäfen hatte nämlich den Keim einer nationalen Bourgeoisie, westlichen Einflüssen ausgesetzte Intellektuelle und eine rudimentäre Arbeiterklasse hervorgebracht, deren soziale und ökonomische Interessen nach 1949 ganz anderer Art waren als die der bäuerlichen Bevölkerung und diesen sogar zuwider liefen, was für die Ressourcenallokation von grundsätzlicher Bedeutung sein sollte. Schließlich machte sich auch auf der Ebene der Gegenelite, die sich in der Kommunistischen Partei zusammenschloß, ein durch die Komintern bzw. die Sowjetunion bestimmter ideologischer Einfluß geltend, der durch den orthodoxen europäischen Marxismus geprägt war und in der revolutionären Strategie auf die städtische Arbeiterklasse und nach der Revolution, in Anlehnung an das stalinistische Entwicklungsmodell, auf die rasche Schwerindustrialisierung in den städtischen Zentren setzte. Diese Position wurde während der 50er Jahre, als die sowjetischen Berater weitgehenden Einfluß auf Planung, Administration und Ausbildung nahmen, noch weiter bestärkt.

Da das Ende der ersten Einheitsfront mit der katastrophalen Niederlage der Kommunistischen Partei im Jahre 1927 bereits unter Beweis gestellt hatte, daß diese orthodoxe Position den chinesischen Verhältnissen kaum gerecht wurde, gewann seitdem eine originär sino-marxistische Position in der Partei an Einfluß, die an die agrarrevolutionäre Tradition Chinas anknüpfte, aber im Gegensatz zu dieser nicht die Restauration der alten sondern den Aufbau einer neuen Gesellschaft anstrebte, wobei die Interessen der Bauern und der rückständigen Landwirtschaft ins Zentrum rückten. Auch wenn diese Position sich angesichts der Niederlage in den Städten mit der Übernahme des ZK-Vorsitzes durch Mao im Jahre 1935 während des langen Marsches in Tsunji zunächst durchsetzte und insbesondere in Yenan zur offiziellen Programmatik wurde, war die orthodoxe Position trotz vieler parteiinterner Flügelkämpfe während der Yenan-Zeit keineswegs tot, sondern gewann mit der Eroberung der Städte in den Jahren 1948/1949 ihren alten Einfluß zurück. Diese drei Faktoren sind es, die, trotz der aus Erfahrung geborenen Gemeinsamkeiten, die Pole bilden, zwischen denen sich der Linienkampf abspielt, welcher in erster Linie eine Auseinandersetzung um die Gewichtsverteilung bei der einzuschlagenden Entwicklungsstrategie ist.

Wenn auch für den außenstehenden Beobachter nicht alle Facetten und Fraktionen dieser Auseinandersetzung auszumachen sind, so bleiben doch zwei Hauptströmungen seit Ende der 20er Jahre bestehen, die hier mit den Begriffen Maoismus und Liuismus gekennzeichnet werden, womit allerdings nicht unterstellt werden soll, daß diese beiden Konzeptionen allein auf der Basis der Äußerungen, Schriften und Handlungen der Protagonisten Mao Tse-tung und Liu Shao-chi rekonstruierbar sind. Bei Mao, der hier für die agrarrevolutionäre und auf die soziale, technologische und wirtschaftliche Entwicklung des Hinterlandes abzielende Strategie steht, ist das noch am ehesten möglich, da Mao sich eigentlich immer in eigener Person und nicht wie Liu in der Eigenschaft als Staatspräsident oder Vertreter eines Parteigremiums äußert. Insbesondere die in den 50er Jahren entstandenen sogenannten „internen Schriften", in denen er die grundsätzliche Kritik am stalinistisch-sowjetischen Modell äußert und eine eigene politische Ökonomie der Übergangsgesellschaft entwickelt, die in besonderer Weise die spezifischen Probleme eines unterentwickelten Landes wie China reflektiert, bilden eine breite Basis zur Rekonstruktion des maoistischen Modells, wenn sie auch der Ergänzung durch die Analyse der maoistischen Politik bedürfen, wie sie insbesondere in Kiangsi, Yenan, während des Großen Sprungs nach vorn und in der Kulturrevolution zum Ausdruck kamen.

Eine Rekonstruktion des liuistischen Modells, das hier für die stadtorientierte Industriefraktion steht, gestaltet sich demgegenüber wesentlich schwieriger, da Liu meistens in offizieller Eigenschaft auftritt und dann die gerade dominierende Linie vertritt. Eine sorgfältige Textexegese der Liu-Schriften vor und nach 1949, insbesondere der Vergleich unterschiedlicher Editionen einzelner Texte, vermag allerdings einige Aufschlüsse zu geben. Hinzukommen müssen natürlich eine Reihe weiterer Quellen. Dazu gehört einmal die maoistische Kritik an den Liuisten, wie sie während der Kulturrevolution und später etwa gegenüber Teng Hsiao-ping geäußert wurde, die allerdings ohne Berücksichtigung des jeweiligen historischen Kontexts keine seriöse Quelle ist. Dazu gehören weiterhin die bekannten Texte liuistischer Parteigänger, soweit sie als solche während der Kulturrevolution gebrandmarkt wurden, die zu Fragen der Wirtschaftspolitik oder in ökonomisch-theoretischen Debatten Stellung genommen haben. Dazu gehört schließlich die Analyse der praktischen Politik in Phasen, in denen eindeutig oder überwiegend die liuistische Fraktion die Oberhand hatte, also 1956/57, 1960–1966 und etwa seit 1972/73.

Aus diesen Hinweisen wird deutlich, daß das „chinesische Modell" keineswegs mit dem „maoistischen Modell" identisch ist, wie von vielen Autoren suggeriert oder mißverstanden wird, sondern daß Maoismus und Liuismus beides originäre Konzeptionen sind, die aus dem Kräftefeld der chinesischen Geschichte, der heutigen Realität und den jeweiligen externen Einflüssen entstanden sind. Beide haben ihren Anteil an der Formulierung des chinesischen Modells, auch wenn sie in unterschiedlichen Phasen schwergewichtig die Politik bestimmen. Damit wird bereits deutlich, daß trotz der äußerlichen Heftigkeit der parteiinternen Auseinandersetzungen immer Kompromisse geschlossen worden sind, die nur das Pendel mehr zur einen oder anderen Seite ausschlagen ließen. Die Anlässe für die Auseinandersetzungen und die sich daran anschließenden Strategiewechsel waren denn auch keineswegs immer nur rein ideologisch bestimmt, sondern auch Reaktionen auf politisch-ökonomische Krisen bzw. sich offenbarende politische Unzulänglichkeiten. Der Linienkampf und die ihm zugrundeliegenden Strategien gesellschaftlich-ökonomischer Entwicklung bewegen mithin die Geschichte in China, werden aber in gleichem Maße auch durch sie bewegt. Diesen Zusammenhang gilt es zu berücksichtigen, wenn bei der Analyse und Interpretation der realen Ereignisse zu bestimmen ist, was als autonomer Faktor und was als politische oder ökonomische Notwendigkeit zu werten ist.

Damit ergibt sich ein Ensemble von Maßstäben, anhand derer die bisherigen Erfolge und Mißerfolge zu messen sind. Ad eins geht es um die Beurteilung, ob die identifizierten Defizite, die mit Stagnation und Peripherisierung umschrieben wurden, aufgehoben worden sind, und worin im Einzelnen diese Aufhebung bestand. Dabei darf sich das nicht nur an globalen Indikatoren wie etwa der realen Zunahme des Pro-Kopf-Produkts messen, sondern verlangt die eingehende Untersuchung, ob regionale oder soziale Unterschiede ab- oder zugenommen haben, ob ausgewogene sektorale oder branchenmäßige Input-Output-Beziehungen errichtet wurden, ob weiterhin externe Abhängigkeiten festzustellen sind und anderes mehr. Ad zwei geht es darum festzustellen, ob mit dem unbestreitbaren wirtschaftlichen Wandel auch ein sozialer und politischer Wandel einherging, der nicht nur für den chinesischen Staat als ganzen Selbstbestimmung und Autozentrierung hervorgebracht hat, sondern der auch für die Masse der Bevölkerung Selbstbestimmung, Mitbestimmung, Partizipation, Verbesserung der materiellen und sozialen Lebensbedingungen im weitesten Sinne zum Resultat hatte.

Dieses alles festzustellen und adäquat zu beurteilen, ist für einen Außenstehenden natürlich immens schwierig und in vielen Punkten gar nicht zu leisten, nicht zuletzt deshalb, weil soziologische Daten nur sehr schwer zu mobilisieren sind, von chinesischer Seite auch kaum veröffentlicht werden, und die eher zugänglichen ökonomischen und politischen Daten und Berichte nach 1960 zunächst völlig fehlen und erst seit der Kulturrevolution wieder sehr spärlich fließen. Man ist deshalb weitgehend auf westliche Schätzungen und Interpolationen angewiesen, auch wenn hier prizipiell, wo möglich, chinesischen Angaben der Vorrang gegeben wurde, soweit sie nicht eindeutig propagandistischen Charakter haben. Dieses Verfahren birgt zwangsläufig einen beträchtlichen Unsicherheitsfaktor, zumal in vielen Fällen noch nicht einmal Schätzindikatoren für wichtige Fragen zur Verfügung stehen, sondern phantasievolle Hilfsindikatoren zu bemühen sind. Das Wechselspiel der genannten historischen, strukturellen und ideologiekritischen Analyseebenen erlaubt es dennoch, die Grundlinien der chinesischen Entwicklung sichtbar zu machen.

Probleme

1 Die Stagnation der traditionellen chinesischen Gesellschaftsformation

China ist eine der ältesten Kulturnationen der Erde und kann auf eine fast viertausendjährige schriftlich belegte Geschichte zurückblicken. Es hat im Verlauf dieser Geschichte eine zivilisatorische Entwicklung vollzogen, die das Land zur Zeit des europäischen Mittelalters in kultureller, wirtschaftlicher, technologischer und administrativer Hinsicht gegenüber Westeuropa weit überlegen machte. Trotz dieser lange andauernden Überlegenheit sah sich dieses volkreichste Land der Erde Mitte des 19. Jahrhunderts nicht in der Lage, dem Ansturm der europäischen Großmächte nennenswerten Widerstand zu leisten, mußte vielmehr in einer Reihe von ungleichen Verträgen dem Ausland wesentliche politische und ökonomische Zugeständnisse machen, die das Land in einen halbkolonialen Zustand versetzten und für einhundert Jahre zum Spielball der rivalisierenden Interessen der Großmächte werden ließen.

Zu fragen ist, welche Ursachen dazu führten bzw. welche Faktoren fehlten, daß trotz vergleichsweise rückständigem Ausgangsniveau in Westeuropa im 17./18. Jahrhundert eine Entwicklung einsetzte, gegenüber der China innerhalb kurzer Frist so sehr in Rückstand geriet, daß von Stagnation gesprochen werden muß. Der Begriff Stagnation bezieht sich dabei auf das Bündel von Faktoren, die zunächst in England und dann in anderen westeuropäischen Ländern zu einer Kapitalakkumulation und Industrialisierung führten, die sich den technologischen Fortschritt zunutze machten bzw. initiierten, und in der Folge vermittels militärischer und dann wirtschaftlicher Überlegenheit eine weltweite Expansion einleiteten, deren Resultat die Unterwerfung, Durchdringung und Peripherisierung der alten Kulturvölker war. Der Begriff Stagnation zielt also nicht auf die unbestreitbar zu beobachtende Entwicklung in kultureller, zivilisatorischer, kunsthandwerklicher, ja selbst agrartechnologischer Hinsicht ab, sondern nur auf die Frage, warum es in China zu keiner Kapitalakkumulation und Industrialisierung auf der Basis mechanisierter Herstellung von Massenkonsumgütern kam, von der die westeuropäische Entwicklung ihre Dynamik gewann.

Als heuristischer Erklärungsansatz bieten sich dazu die auf Marx bzw. Amin zurückgehenden Konzepte der asiatischen oder tributgebundenen Produktionsweise an. Unbeschadet der in extenso geführten Diskussion, welche der im Zeitlauf des Marxschen Werkes durchaus wiedersprüchlichen Hinweise als die authentischen anzusehen sind, lassen sich folgende Merkmale hervorheben: In China, wie in anderen orientalischen Gesellschaften, kommt es nicht zur Herausbildung von Privateigentum an Grund und Boden. Der Staat ist der alleinige Eigentümer, während die Bauern bzw. die Dorfgemeinschaften nur die erblichen Besitzer dieses Bodens sind, was ihnen das Recht zur Bewirtschaftung gibt. Klimatische und hydrographische Faktoren führen dazu, daß die orientalische Landwirtschaft sehr intensiv auf der Basis künstlicher Bewässerung betrieben wird. Diese „hydraulische" Grundlage der Landwirtschaft erfordert den Rahmen der Einzelwirtschaft oder der Dorfgemeinschaft sprengende Regulierungsarbeiten, die vom Staat organisiert werden müssen. Darüber hinaus nimmt der Staat vielfältige ökonomische Aufgaben im Bereich der Infrastruktur, der Anlegung von Kornspeichern, des Getreidetransports, der Verteilung von Saatgut und Nahrungsmitteln in Notzeiten u. a. wahr. Diese die Gesamtwirtschaft erfassenden ökonomischen und ordnungspolitischen Aktivitäten erfordern eine umfangreiche und stark zentralisierte Bürokratie. Zu ihrem Unterhalt erhebt der Staat von den Bauern einen Tribut in Form von Geld-, Dienst- und Sachleistungen, deren Legitimation neben seinem Eigentumstitel an Grund und Boden die geschilderten wirtschaftlichen Funktionen sind. Um die reibungslose Erwirtschaftung und Aneignung seiner agrarischen Revenue nicht zu gefährden, setzt er alles daran, mittels administrativer und ethischer Auflagen das Entstehen einer unabhängigen Grundeigentümer-, Kaufmanns- oder Handwerkerklasse soweit in Schach zu halten, daß weder ihm noch seiner bäuerlichen

Basis Gefahr droht. Wichtige Wirtschaftszweige außerhalb der Landwirtschaft im Bereich des Handels und der Massenkonsumgüter werden mit staatlichen Monopolen belegt. Ein weiteres Kennzeichen dieser Gesellschaft ist schließlich die weitgehende Autarkie der ländlichen Gemeinden, die sich in ihrer Subsistenzwirtschaft nicht nur auf die eigentliche Landwirtschaft beschränkt, sondern mittels der Hausindustrie auch weite Bereiche der Konsum- und Produktionsgütererzeugung abdeckt. Diese lokale Einheit von Agrikultur und Manufaktur verhindert eine gesellschaftliche Arbeitsteilung, die zu einer Trennung von Stadt und Land mit unterschiedlicher ökonomischer Basis führen würde. Die Städte bleiben reine Verwaltungs- und Handelsplätze.

Inwieweit diese idealtypische Schilderung in jedem Punkt der chinesischen Wirklichkeit entsprach soll zunächst dahingestellt bleiben. Fest steht, daß zumindest das Kriterium der Nichtexistenz von Privateigentum an Grund und Boden, trotz der begrifflichen Unterscheidung zwischen Besitz und Eigentum, nicht zutrifft. Im Gegenteil, nicht nur war der Boden frei verkäuflich und unterstand der Verfügungsgewalt der Bauern, es vermochte sich sogar im Laufe der Zeit eine ökonomisch nicht selber aktive grundbesitzende Klasse, die Gentry bzw. in anderer Terminologie Landlords, zwischen Bürokratie und Bauern zu schieben, die sich einen erheblichen Teil des Bodens aneignen konnte und einen Teil des agrarischen Mehrprodukts in Form der Pacht zu absorbieren vermochte. Neben diesen hier zu beobachtenden feudalen Elementen innerhalb der chinesischen Gesellschaft lassen sich auch Elemente der kleinen Warenproduktion, ja sogar kapitalistische Elemente feststellen, die durch die Existenz von teilweise für den Markt produzierenden Bauern, durch in den Städten ansässige Handwerker und Fernhandel treibende Kaufleute belegt sind.

Wenn das auf Marx zurückgehende Konzept der APW offenbar allein zur Charakterisierung der chinesischen Gesellschaft nicht ausreicht bzw. zumindest partiell sogar von falschen Voraussetzungen ausgeht, hilft das auf Poulantzas und Amin zurückgehende Konzept der Gesellschaftsformation, das auch komplexe Gesellschaften zu charakterisieren vermag, weiter. Es besagt, daß innerhalb einer Gesellschaft zwar eine bestimmte, in China etwa die tributgebundene oder asiatische Produktionsweise dominiert, daß daneben aber gleichzeitig ihr untergeordnet andere Produktionsweisen existieren können. Die folgenden Ausführungen bedienen sich dieses Konzepts, das in Anlehnung an Marx und Amin „asiatische Form der tributgebundenen Produktionsweise" genannt werden soll. Sie beginnen sinnvoller Weise mit der agrarischen Basis dieser Gesellschaft.

Die chinesische Landwirtschaft ist im Gegensatz zu großen Agrarländern wie den USA, Australien, UdSSR, Kanada und Argentinien, die durch extensiven Ackerbau und ausgedehnte Weidewirtschaft gekennzeichnet sind, eine reine Ackerwirtschaft, die ungeheuer intensiv betrieben werden muß. Der Grund liegt darin, daß trotz eines Territoriums von 9561 Mio km^2 in den Grenzen von 1949 aus topographischen und klimatischen Gründen kaum mehr als 11 Prozent dieser Fläche für den Ackerbau (ohne Weiden und Wälder) kultivierbar sind. Der fruchtbare Boden ist allerdings keineswegs gleichmäßig über das gesamte Staatsgebiet verteilt, sondern ebenso wie die Bevölkerung in einigen Küstenregionen und Flußtälern konzentriert. Diese 11 Prozent, etwa 107 Mio ha, sind erst in jüngster Zeit durch umfangreiche Erd- und Wasserbauprojekte erschlossen worden. Von 1770 bis 1933 nahm die Ackerfläche von ca. 64 auf 99 Mio ha zu. Diese Zunahme konnte aber die wachsende Bevölkerung nur teilweise kompensieren, so daß den etwa 500 Mio Chinesen in den 30er Jahren des 20. Jahrhunderts nur noch 0,2 ha Ackerland pro Kopf zur Verfügung standen, während es Ende des 18. Jahrhunderts immerhin noch 0,3 ha waren. Bedenklich wurde dieser Rückgang der Pro-Kopf-Fläche vor allem deshalb, weil er trotz steigender Flächenerträge infolge Ausdehnung der Mehrfachernteregionen, Fruchtwechsel, Düngung, künstlicher Bewässerung u. a. von einem tendenziell sinkenden agrarischen Pro-Kopf-Produkt begleitet war, das sich im 20. Jahrhundert dem Existenzminimum näherte und mangels vorhandenem Weideland in den Hauptsiedlungsgebieten kaum durch tierische Nahrungsmittel ergänzt werden konnte.

Hinzu kam, daß der agrarische Schwerpunkt der gesamten Ökonomie sich kaum verlagert hatte. Zwei Sozialproduktsschätzungen aus den 1880er Jahren und von 1933 weisen nahezu unverändert einen agrarischen Anteil von 67–65 Prozent auf. Bei der ökonomisch aktiven Bevölkerung betrug der Anteil der Landwirtschaft 1933 gar noch 79 Prozent. Es war also nicht möglich, durch verstärkte industrielle Aktivitäten und den daraus resultierenden Export von Fertigwaren, einen Import von Nahrungsmitteln, wie etwa in England Mitte des 19. Jahrhunderts, zu finanzieren und so den Druck auf die eigene Landwirtschaft zu mindern.

Diese Daten lassen bereits einige Aussagen im Hinblick auf den Charakter der traditionellen chinesischen Gesellschaftsformation zu: Die gesamte Wirtschaft und Gesellschaft war durch die absolute Vorherrschaft der Landwirtschaft geprägt und behielt, was das Bemerkenswerte ist, diese Prägung bis in die erste Hälfte des 20. Jahrhunderts unvermindert bei. Dabei mußte sie das bevölkerungsreichste Land der Erde ernähren, dessen Einwohnerzahl sich von 1770 bis in die 1930er Jahre mehr als verdoppelt hatte, ohne daß eine ausreichende Neulanderschließung möglich war. Zu fragen ist, welche Antworten China auf diese bedrohliche Situation fand, und welche Rückwirkungen die Art und Weise, in der die Reproduktion der Gesellschaft immer wieder ermöglicht wurde, auf die Struktur der Gesellschaft selbst ausübte. Dabei gilt es ein Bündel natürlicher, technischer, juristischer, sozialer und ökonomischer Faktoren zu berücksichtigen, die in einem interdependenten Zusammenhang stehen.

Beginnen wir mit den natürlichen Faktoren. Das Klima unterteilt China in zwei Zonen, den tropischen und subtropischen Süden mit jährlichen Niederschlagsmengen zwischen 1000 und 2000 Millimetern und einer Wachstumsperiode, die sich im äußersten Süden über das ganze Jahr erstreckt, während im Norden die Niederschläge zwischen 250 und 1000 Millimetern liegen, und die Wachstumsperiode zwischen 160 und 260 Tagen dauert. Diese Bedingungen führen dazu, daß im Süden der Reis das Hauptanbauprodukt ist, der zweimal bzw. im äußersten Süden sogar dreimal im Jahr geerntet wird, während im Norden Weizen und Hirse dominieren. In den Zwischenregionen sind Fruchtwechselkombinationen von Reis und Winterweizen möglich. Im Süden werden infolge der Mehrfachernten und der größeren Fruchtbarkeit durch die künstliche Bewässerung wesentlich höhere Flächenerträge erzielt als im Norden. Trotz einer etwa gleichmäßig auf beide Zonen verteilten Kulturfläche erzeugte der Süden in den 30er Jahren ca. 73 Prozent des gesamten Ertrages.

Diese Dominanz der Reiskulturen, deren Voraussetzung trotz der hohen natürlichen Niederschläge die permanente und gleichmäßige künstliche Bewässerung ist, hat in der Literatur zu einer umfangreichen Diskussion geführt, wieweit diese wasserwirtschaftliche Grundlage der Landwirtschaft ein wesentliches Moment zur Bestimmung der gesamten Gesellschaft darstellt. Wittfogel interpretiert die chinesische Gesellschaft in dieser Hinsicht sehr extensiv, indem er nicht nur die Wasserwirtschaft an sich, sondern die behauptete kollektiv durchgeführte und vom Staat organisierte Form dieser Wasserwirtschaft zu seiner zentralen Analysekategorie gemacht hat. Zur Stützung seiner These wäre hinzuzufügen, daß auch im Norden, obwohl hier kein Reis angebaut wird, erhebliche Wasserbauten notwendig sind, da das Anbaugebiet der „Großen Ebene" mit Flüssen durchzogen ist, allen voran der Gelbe Fluß, die aus ihrem Oberlauf in den Lößgebieten von Shansi, Shensi und Kansu in großem Umfang Sedimente mitführen, die sie in ihrem Unterlauf wegen der langsameren Flußgeschwindigkeit ablagern, so daß sich ihr Bett dauernd erhöht. Um Überschwemmungen zu verhindern und eine kontinuierliche Landwirtschaft möglich zu machen, sind deshalb permanent umfangreiche Deichbauten notwendig. Da der Lößboden im unbewaldeten Bergland des Nordens ständig von Abschwemmungen bedroht ist, und das Regenwasser in ihm sehr schnell versickert, sind hier außerdem erhebliche Erdarbeiten zur Terrassierung und in gewissem Maße künstliche Bewässerung, um die Fruchtbarkeit zu steigern, notwendig. Die gesamte chinesische Landwirtschaft verlangt also im Süden wie im Norden einen sehr großen Aufwand an Erd- und Wasserbauten, wobei im ersten Falle Be- und im zweiten Falle Entwässerung bzw. Eindämmung das Hauptproblem bildet.

Die Schätzungen über den Umfang des bewässerten Kulturlandes schwanken für die erste Hälfte des 20. Jahrhunderts zwischen 38 und 46 Prozent, wobei der Anteil der Weizenzone bei 15–17 Prozent und der der Reiszone bei 50–69 Prozent liegt. Im Norden dominiert die Brunnenbewässerung, während im Süden aufwendige Systeme von Kanälen, Gräben und Teichen notwendig sind. Der

Umfang des terrassierten Bodens im Norden dürfte etwa ein Viertel betragen haben. Hinsichtlich des Umfangs und des damit verbundenen Arbeitsaufwandes wird Wittfogels These also durch empirische Untersuchungen durchaus gestützt, fraglich ist nur, in welcher organisatorischen Form diese Arbeiten betrieben wurden.

Bevor dieser Frage nachgegangen wird, soll zunächst auf einen Nebeneffekt der geschilderten Anbauweise hingewiesen werden, der einen gewissen Einfluß auf die Entwicklung der Agrartechnologie genommen hat. Künstliche Bewässerung ebenso wie Terrassenbau führen nämlich dazu, daß die natürliche Größe der Felder begrenzt ist. Jedes Reisfeld muß bis zur Reifezeit permanent unter Wasser stehen, also mit einem Damm umgeben sein. Angesichts der damals vorhandenen Technologien zur Speisung dieser Felder und zum Ausgleich des Bodengefälles durften diese Areale nicht zu groß sein. Die Terrassierung steiler Berghänge übte den gleichen Effekt aus. Die durchschnittliche Größe der Felder, unabhängig von den Besitzverhältnissen, betrug deshalb Anfang der 30er Jahre nur 0,38 ha, wobei sie in einigen Weizenregionen immerhin 0,92 ha erreichte, in einigen Reisregionen aber bis auf 0.18–0,23 ha zurückging. Diese naturgegebene Beschränkung der Feldareale erschwerte den Einsatz von Agrarmaschinen, die erst auf großen Flächen einsetzbar bzw. rentabel waren und förderte umgekehrt die arbeitsintensive manuelle und schonende Behandlung der einzelnen Pflanzen, wie sie aus den Reisanbaugebieten bekannt ist.

Das weist bereits auf den zweiten hier zu behandelnden Aspekt, die Agrartechnologie, hin. Die chinesische Landwirtschaft wird von vielen Autoren als „Gartenbaukultur" bezeichnet, was angesichts des immer knapper werdenden Bodens, der reichlich vorhandenen Arbeitskräfte und der geschilderten Hemmnisse für eine Mechanisierung einleuchtet. Produktivitätsfortschritte wurden in erster Linie dadurch erzielt, daß nicht der Kapitaleinsatz sondern der Arbeitseinsatz pro Flächeneinheit erhöht wurde, indem man jeder einzelnen Pflanze durch permanentes Jäten, Düngen und Bewässern eine besondere Pflege angedeihen ließ. Die Hacke dominierte vor dem Pflug, der Reis wurde nicht gesät sondern gepflanzt, durch Reihenpflanzung wurden verschiedene Kulturen miteinander kombiniert. Sogar beheizte Gewächshäuser sollen schon in früher Zeit Verwendung gefunden haben.

Eine große Rolle spielte die Düngung, die nicht nur vor sondern auch während der Wachstumszeit verabreicht wurde. Dabei haben die chinesischen Bauern eine außerordentliche Erfindungsgabe bewiesen, welche Stoffe als natürlicher Dünger zu verwenden und wie dieser Dünger aufzubereiten war. Neben Flußschlamm, Lößerde, Asche, Stroh, Gras, Unkraut und vor allem tierischen und menschlichen Exkrementen gab es kaum ein Abfallprodukt, das auf dem Wege des Recycling nicht wieder in den Naturkreislauf eingebracht wurde. Insbesondere die Techniken des Kompostierens und der Verflüssigung von Dünger wurden gepflegt.

Da Zugtiere nur für reiche Bauern erschwinglich waren, zumal sie auch den Anbau von Futterpflanzen erforderten, wurde die Feldarbeit wie die Bewässerung weitgehend per Hand vorgenommen, wobei innerhalb der Familie eine Arbeitsteilung herrschte. Diese Kleinbetriebform, die einerseits die angemessene Antwort auf die natürlichen Ausgangsbedingungen war, eine intensive Bewirtschaftung erst ermöglichte und so auch bei wachsender Bevölkerung die Existenz in etwa sicherte, war andererseits eine für den einzelnen Bauern nahezu unüberwindliche Schranke, da kaum Überschüsse erwirtschaftet werden konnten, die Ersparnisse und damit finanzierbare andersartige Produktivkraftenfaltung in der Landwirtschaft möglich gemacht hätten, soweit ökonomische und soziale Faktoren zunächst außer Acht gelassen werden.

Von Bedeutung ist im Hinblick auf Wittfogel u.a., daß sowohl die eigentliche Landwirtschaft wie die künstliche Bewässerung individuell, das heißt im Rahmen des Familienverbandes betrieben wurde. Lediglich die Wasserspeisung der Reisfelder vor dem Umpflanzen der Setzlinge aus dem Saatbeet verlangte Absprachen und gegenseitige Hilfe der Feldnachbarn zur Bedienung der Pumpen oder Schöpfräder. Nur umfangreichere Projekte wie die Aushebung von Kanälen verlangten den gemeinsamen Einsatz des ganzen Dorfes oder benachbarter Dörfer. Während für die Durchführung der künstlichen Bewässerung weder von der Natur der Sache noch durch Quellen belegt, ein den dörflichen Rahmen sprengender Organisations- und Administrationsaufwand gegeben war, also hier auch keine

Funktion, die die Bürokratie hätte wahrnehmen können, sichtbar wird, stellt sich bei der Entwässerung und Eindeichung die Sachlage anders dar. Zur Regulierung großer Ströme wie des Gelben Flusses, aber auch zur Anlage von Transportadern wie dem Kaiserkanal, waren zweifellos große Arbeitsaufgebote notwendig, die in die Zehntausende oder gar Hunderttausende gingen und den Einzugsbereich vieler Kreise oder gar mehrerer Provinzen betrafen. Diese Maßnahmen waren für die Landwirtschaft im Norden von existenzieller Bedeutung und erforderten zweifellos auch die Planung, Organisation und Unterhaltung durch übergeordnete Behörden. Soweit solche überregionalen, von der kaiserlichen Bürokratie verwalteten, Wasserbauprojekte durch die Quellen belegt sind, weisen diese in der Tat für jedes Jahrhundert bis zu tausend solcher Projekte aus, wobei eine starke Konzentration auf den Norden und Osten des Landes festzustellen ist. Interessant dabei ist, daß die Zahl dieser Projekte parallel zu den Aufstiegs- und Niedergangsphasen der einzelnen Dynastien zu- und abnimmt.

Ein weiterer wesentlicher Aspekt zur Kennzeichnung der Landwirtschaft waren die Rechtsverhältnisse, insbesondere das Boden- und Erbrecht. Das chinesische Bodenrecht unterschied zwischen der Oberfläche und dem Untergrund des Bodens. Der Eigentumstitel am Untergrund bedeutete die Verpflichtung zur Entrichtung der Agrarsteuer und gleichzeitig das Recht, Pacht zu verlangen. Der Besitz der Oberfläche beinhaltete das lebenslange und vererbbare Recht zur Bewirtschaftung des Bodens und die Pflicht zur Zahlung der Pacht. Der Volleigentümer besaß das Recht an Oberfläche und Untergrund. Hierbei handelte es sich in der Regel um die freien und selbständigen Bauern, die eigenverantwortlich wirtschafteten und die Agrarsteuer an den Staat zu entrichten hatten. Die sogenannten Landlords hatten nur das Recht auf den Untergrund, wirtschafteten also nich selbst, sondern konnten den Bauern, die dieses Land bearbeiteten, Pacht abverlangen, zahlten aber die Agrarsteuer. Die Pächter besaßen nur das Recht an der Oberfläche und bewirtschafteten diesen Boden, mußten zwar keine Agrarsteuer zahlen, dafür aber die erheblich höhere Pacht an ihren Landlord abführen. Sie konnten ihrerseits zeitweilig dieses Recht an der Oberfläche an Unterpächter weitervermieten. Neben diesen vier

Grundtypen der agrarischen Bevölkerung gab es alle denkbaren Mischformen, wobei der Teilpächter, ein Bauer der nicht genügend eigenes Land besaß und einen Teil dazupachtete, am verbreitetsten war.

Der Sinn dieser differenzierten Besitz- und Eigentumsstruktur lag in dem Schutz, den der Staat den Bauern gewährte, die seine soziale und Revenuebasis bildeten. Unterstellt, daß ursprünglich die Masse der Bauern Volleigentümer waren, bedeutete Verschuldung - infolge von Dürren oder Überschwemmungskatastrophen nicht sofort den Verlust jeglicher Rechte und Einkommensquellen. Der Abstieg vom Freibauern zum Landlosen vollzog sich vielmehr in Etappen. War ein Bauer nicht in der Lage, bis zur nächsten Ernte die aufgenommenen Kredite zurückzuzahlen, trat er seinem Gläubiger, einem Geldverleiher oder Landlord, das Recht am Untergrund ab. Statt Zinsen, Tilgung und Steuern zahlte er jetzt Pacht, behielt aber das lebenslange und vererbbare Recht zur Bebauung des Bodens, konnte also nicht vertrieben werden. An seiner materiellen Lage änderte sich dadurch kaum etwas. Geriet er erneut in Not und Verschuldung, oder waren die Erträge zu dürftig, um die Pacht aufzubringen, vertrieb der Landlord ihn immer noch nicht ohne weiteres, da es schwierig war, für solche Böden neue Pächter zu finden. War die erneute Verschuldung allerdings zu groß, konnte er schließlich noch sein Oberflächenrecht veräußern und mußte als Landarbeiter Arbeit finden oder in die Stadt abwandern.

Diese rechtliche Regelung war auch für den Staat von Vorteil, da sie die Eigenbewirtschaftung der Landlords auf großen Gütern weitgehend verhinderte und die Kapitalakkumulation dieser grundbesitzenden Klasse hemmte. Unbeschadet ihrer konfuzianischen Ethik, die eigene ökonomische Tätigkeiten nicht zuließ, konnte sie auf diese Weise kaum Macht gegenüber der herrschenden Staatsklasse gewinnen. Erst im 20. Jahrhundert lassen sich Auflösungserscheinungen dieser Rechtsverhältnisse feststellen, als ehemalige Landlords, infolge steigender Anforderungen der aufkommenden Leichtindustrie nach agrarischen Rohstoffen sich das Oberflächenrecht ihrer Pächter aneigneten und selber zu einer kommerzialisierten Bewirtschaftung übergingen, bzw. nur noch kurzfristige Pachtverträge zur spezialisierten Produktion von cash-crops zuließen.

Das wesentlichere retardierende Element für die Bildung von Großgrundbesitz war aber das chinesische Erbrecht, das im Gegensatz zur in Europa weit verbreiteten Primogenitur die Erbteilung vorsah. Das Erstgeburtsrecht verhinderte die Zersplitterung des bäuerlichen Grundbesitzes und förderte die Bildung von Großgrundbesitz. In China wurde durch die Erbteilung der gegenteilige Effekt erzielt. Was einerseits ebenfalls als Schutz für die bäuerliche Basis des Staates wirkte und jede Familie der Nachfolgegeneration vor völliger Mittellosigkeit schützte, führte andererseits zu einer starken Bodenzersplitterung und Besitzminderung für die Bauernfamilien. Das Steueraufkommen blieb dadurch unberührt. Das Erbrecht ging so weit, daß nicht nur der gesamte Boden nebst Haus, Vieh und Arbeitsgeräten in toto unter die Erben aufgeteilt wurde, sondern jedes Feld gesondert, um Unterschiede, die aus der Fruchtbarkeit des jeweiligen Bodens, des Zugangs zu Wasser u.a. herrührten, auszugleichen.

Die Folge war, daß die von Natur schon kleinen Felder in sich nochmals in verschiedene Parzellen aufgeteilt waren, die mehreren Eigentümern gehörten und im Zuge des Landverkaufs keineswegs im Bereich der Großfamilie verblieben. Daten für die 30er Jahre weisen darauf hin, daß jeder Bauer im Schnitt 11.6 Parzellen mit je 0,2 ha besaß. Im Süden waren es sogar 24 und mehr Parzellen mit der winzigen Fläche von 0,08 ha. Was durch die natürlichen Bedingungen hinsichtlich der Agrartechnologie bereits angelegt war, wurde durch die Rechtsverhältnisse bis ins Extrem gesteigert. Dadurch ergab sich eine hohe Korrelation zwischen Bodenbesitz und Familiengröße. Ein weiterer Sohn bedeutete Erbteilung und damit Unterschreitung des Existenzminimums. Abort und Infantizit waren deshalb gesellschaftlich durchaus sanktionierte Gegenmaßnahmen. Umgekehrt verlieh hohe Kinderzahl soziales Prestige.

Während sich das Erbteilungsprinzip für die Kleinbauern verheerend auswirkte, war es aus der Sicht des Staates sehr sinnvoll, da es die Bildung von Großgrundbesitz auf Dauer verhinderte. Deshalb ist der Begriff „Großgrundbesitzer" im Fall China im internationalen Vergleich irreführend, da das Eigentum der Landlords nur in Relation zu dem der Kleinbauern bedeutend war, aber in der Regel der Masse der Landlords kaum Überschüsse ließ, die zur Kapitalbildung hätten führen können. Auch hier wird ein Mechanismus sichtbar, der verhinderte, daß eine grundbesitzende Klasse auf Dauer in Konkurrenz zur Staatsklasse hätte treten können.

Damit sind wir bei den sozioökonomischen Bedingungen. Der Privatisierungsprozeß der chinesischen Landwirtschaft war offenbar Mitte des 19. Jahrhunderts weitgehend abgeschlossen, da etwa 93 Prozent des Ackerlandes im Besitz von Freibauern oder Landlords waren. Diese Quote stieg in den folgenden hundert Jahren nur noch geringfügig. Den Rest teilten sich der Staat, Kirchen, Militär, Schulen u.a. Der gesamte Boden war in der ersten Hälfte des 20. Jahrhunderts zu etwa 29 Prozent verpachtet. Davon gehörten rund zwei Drittel den Landlords. Dieser im internationalen Vergleich recht niedrige Anteil spiegelte sich in der ländlichen Sozialstruktur wieder. Den etwa 2 Prozent Landlords und 4 Prozent Großbauern, hierbei handelte es sich vermutlich um ehemalige Landlords, die zur Eigenbewirtschaftung übergegangen waren, standen lediglich 21 Prozent Pächter und 16 Prozent Teilpächter, aber immerhin 48 Prozent Freibauern gegenüber, wobei letztere Quote je nach Schätzung um einige Punkte nach oben oder unten schwankt. Der Anteil der Landarbeiter war mit 1,5 Prozent nur marginal, da keine großen Güter zu bewirtschaften waren.

Diese Angaben liefern die Indizien für einige Schlüsse:

1. Der weitgehend abgeschlossene Privatisierungsprozeß und die Existenz einer grundbesitzenden Gentry deuten darauf hin, daß das von Marx ins Auge gefaßte Kriterium zur Charakterisierung der APW, daß der Staat als alleiniger Eigentümer des Bodens einer lediglich den Nießbrauch wahrnehmenden aber tributpflichtigen Bauernschaft gegenübersteht, nicht haltbar ist. Die Bauern sind zwar tributpflichtig, nur kann die Legitimation zur Abverlangung des Tributs nicht das staatliche Grundeigentum sein.
2. Der nicht unerhebliche Anteil des Pachtlandes und der Pächter weist auf feudale Elemente hin. Dominant ist aber nach wie vor die freie Bauernschaft, die uneingeschränkt über ihren Boden verfügt und nur die Agrarsteuer zu entrichten hat. Die durch die heutige chinesische Historiographie vorgenommene Charakteri-

sierung der traditionellen chinesischen Gesellschaft als feudal, wobei man sich an Stalins Verdikt über die Abfolge universell zu durchlaufender historischer Epochen anlehnt, erweist sich als nicht haltbar.

3. Die kapitalistischen Elemente, die in der Existenz von Großbauern und Landarbeitern zum Ausdruck kommen, sind so marginal, daß keinesfalls bereits von kapitalistischer Landwirtschaft gesprochen werden kann.
4. Deshalb ist die Aussage gerechtfertigt, daß in der Endphase des chinesischen Kaiserreichs und auch noch während der Kuomintang-Herrschaft (KMT) verschiedene Produktionsweisen in der Landwirtschaft nebeneinander existieren, wobei die tradionelle tributgebundene Produktionsweise dominiert und die gesamte Gesellschaftsformation prägt. Die feudalen Elemente, vertreten durch die Gentry, können nur als Juniorpartner der Bürokratie existieren. Zu fragen bleibt allerdings, inwieweit zumindest regional in der Endphase der eindringende Kapitalismus und die damit einhergehende Kommerzialisierung der Landwirtschaft die Dominanz der tributgebundenen Produktionsweise und damit der Staatsklasse erschütterte, indem die Kleinbauern und Pächter zur Spezialisierung und Marktproduktion für die Industrie der Küstenstädte und den Export angehalten wurden.

Diese Annahme wird durch eine regionale Aufgliederung der genannten Daten gestützt. Bei der Verbreitung des Pachtwesens ist nämlich ein starkes Nord-Süd-Gefälle festzustellen. Der Anteil der Pächter und Teilpächter nahm von 20–30 Prozent in den nördlichen Provinzen bis auf 80 und mehr Prozent in den südlichsten Provinzen zu. Daneben gab es eine Polarisierung zwischen Hinterland und der Nähe der großen Vertragshäfen, denn in der Umgebung von Schanghai und Kanton sind sogar Quoten von 85 und 95 Prozent ermittelt worden. Daraus läßt sich zweierlei folgern. Im ertragreicheren Süden war wegen der höheren Bodenrente der Anreiz für Landlords, in Land zu investieren, wesentlich höher, und wegen der viel größeren Bodenzersplitterung die Tendenz zur Verelendung der Bauern viel eher gegeben. Damit wäre, unabhängig von kapitalistischen Einflüssen, die starke Präsenz der Gentry im Süden erklärbar. Zusätzlich weist die starke Ausbreitung des Pachtwesens in der Nähe der modernen kapitalistischen Zentren darauf hin, daß infolge der spezialisierten Marktproduktion die Eträge besonders hoch waren und deshalb eine zusätzliche Motivation für die Gentry bestand, in Land zu investieren. Die Anforderungen der kapitalistischen Ökonomie der modernen Küstenstädte führte also nicht zu einer durch Ausländer betriebenen Plantagenwirtschaft, sondern stimulierte die Landlords, sich den Boden anzueignen und ihre Pächter zu einer spezialisierten Marktproduktion anzuhalten, deren Mehrprodukt sich die grundbesitzende Klasse und die entstehende Industriebourgeoisie teilten. Beide Effekte verschärften die oben bereits geschilderte bedrohliche Agrarsituation, da in zunehmenden Maße nicht nur die Agrarsteuer sondern auch die Pacht den unmittelbaren Produzenten die Überschüsse entzog, die notwendig gewesen wären, um durch Investitionen den sinkenden Pro-Kopf-Erträgen entgegen zu wirken.

Das wird noch deutlicher durch einige Angaben über die auf jeden Haushalt durchschnittlich entfallende Boden- bzw. Bewirtschaftungsfläche. Buck hat bei seiner großen Agraruntersuchung Anfang der 30er Jahre sein sample je nach Hofgröße in 7 Kategorien unterteilt, die sich von durchschnittlich 0,5 bis 9,5 ha erstreckten, und ermittelt, daß der durchschnittliche Bauernhof über eine Bewirtschaftungsfläche (in eigenem Besitz oder gepachtet) von 1,7 ha verfügte. Die Masse der Höfe, nämlich 83 Prozent, hatten einen Umfang zwischen 0,5 und 2 ha. 10 und mehr ha besaßen nur 0,2 Prozent der Bauern. Andere Untersuchungen kommen zu dem Ergebnis, daß lediglich 2 Millionen Eigentümer 100–150 mu (=9–6 ha) besaßen. Mit dieser Zahl sind aber bereits die erwähnten Landlords gemeint. Diese Hinweise machen deutlich, daß es zwar innerhalb der Landwirtschaft ein Besitzgefälle von etwa 1 : 10 gab, daß die Bodenkonzentration im internationalen Vergleich aber lächerlich gering ausfiel. Der Terminus „Großgrundbesitzer" vermittelt angesichts lateinamerikanischer oder osteuropäischer Verhältnisse völlig falsche Assoziationen. Wenn auch die chinesischen Landlords im Vergleich zu ihren Pächtern als wohlhabend erschienen, so reichte für die Masse der Landlords die Rente aus 5 oder 10 ha Pachtland gerade aus, einen standesgemäßen Lebenswandel zu führen, aber keineswegs besondere Reichtümer zu akkumulieren. Die Bewirtschaftungsflächen von Eigentümerbauern und Pächtern differierten kaum, was darauf hindeutet, daß infolge der erheblich höheren Pacht gegenüber der Agrarsteuer die Einkommenssituation der Pächter wesentlich schlechter war.

Auf der Basis der genannten Daten über den Umfang der bäuerlichen Wirtschaftsflächen, die ha-Erträge, die durchschnittliche Familiengröße und den Nahrungsmittelaufwand, der pro Kopf und Jahr notwendig war, um das Existenzminimum zu erreichen, lassen sich Schätzungen über die reale Einkommenssituation und den Lebensstandard der chinesischen Bauern in der ersten Hälfte des 20. Jahrhunderts vornehmen. Gegenüber dem Bruttoertrag sind dabei die Abzüge in Rechnung zu stellen, die je nach Status durch Agrarsteuer (ca. 10 Prozent), Pacht (im Schnitt 50 Prozent), Saatgut, Ausschuß u. a. zustande kommen sowie den Teil der Ernte, der unbedingt vermarktet werden muß, um nicht selber produzierbare Lebensmittel wie Salz, Zucker, Kerosin u. a. kaufen zu können. Ergebnis dieser Berechnungen ist, daß etwa 66 Prozent der Bauern, nicht nur die Pächter sondern in erheblichem Maße auch die ärmeren Freibauern, das Existenzminimum gerade erreichten oder sogar unterschritten. Das heißt, die Masse der Bauern war nicht in der Lage, irgendwelche Überschüsse aus der Agrarproduktion zu erzielen, die für eine längerfristige Vorratswirtschaft oder gar zu Investitionen hätten dienen können. Die Landwirtschaft allein reichte vielmehr in vielen Fällen nicht aus, die bloße Reproduktion zu sichern.

Die eingangs festgestellte Tatsache, daß das rapide Bevölkerungswachstum im 19. und 20. Jahrhundert nur unzureichend durch Neulandbestellung und traditionelle Mittel der Produktivitätssteigerung ausgeglichen werden konnte, vielmehr infolge der sinkenden Pro-Kopf-Produktion von einer realen Verschlechterung der Lebensbedingungen der ländlichen Bevölkerung begleitet war, findet ihre Erklärung. Die konstatierbare Stagnation der Agrartechnologie und Arbeitsorganisation konnte unter den herrschenden sozio-ökonomischen Bedingungen nicht aufgehoben werden.

Sozialstruktur und Besitzverhältnisse charakterisieren das agrarische China als ein Land von Zwergbauern, wobei der Status des Volleigentümers, Teilpächters oder Pächters in dieser Beziehung keinen Unterschied machte. Der sogenannte Großgrundbesitz hielt sich in engen Grenzen. Die Bewirtschaftung größerer Flächen war offensichtlich selten, die Landlords verpachteten lieber an Kleinpächter. Gerade die Profitabilitätsgründe, die eine Bewirtschaftung im Hinblick auf Skaleneffekte hätten ermuntern können, scheinen das Gegenteil bewirkt zu haben. Denn dort, wo die Flächenerträge am höchsten waren, war die Bodenzersplitterung am weitesten fortgeschritten. Die Natur förderte bzw. erzwang den Terrassen- und Naßfeldbau. Die Arbeitsgeräte und Produktionsmethoden paßten sich an. Die Arbeitsproduktivität war entsprechend gering. Die durchschnittliche Produktion von Getreideäquivalenten pro Arbeitskraft betrug in den 20er Jahren des 20. Jahrhunderts 1.400 kg (in den USA im selben Zeitraum 20.000 kg). Verstärkt wurde die geringe Produktivität durch die Bodenzersplitterung infolge der Erbteilung. Das Bodenrecht verhinderte im Verbund mit dem Erbrecht die Bildung von wirklichem Großgrundbesitz, wo Akkumulationsfonds zur Produktivitätssteigerung hätten gebildet werden können. Die Minimaleinkommen der Masse der Produzenten ließen erst recht keine Investitionen zu. Daß diese Einkommen nicht gesteigert werden konnten, lag an den gesellschaftlichen Verhältnissen, da alle Überschüsse durch Steuer oder Pacht abgeschöpft wurden. Das Bündel der natürlichen, technischen, juristischen, sozialen und ökonomischen Faktoren befand sich in einem interdependenten Zusammenhang, der in der Kleinstwirtschaft kulminierte und seinen Ausweg vor dem Abrutschen unter das Existenzminimum statt in Mechanisierung und Erzielung von Skaleneffekten in einer permanenten Steigerung des Arbeitseinsatzes und der Erfindungs-Druck der wachsenden Bevölkerung fraß dieses Bißchen Fortschritt immer wieder auf. Das physische Ende einer solchen Spirale konnte 1949 nicht mehr weit sein.

Der Begriff „Stagnation" ist insoweit zu präzisieren, daß es zwar gelang, durch arbeitsintensive Maßnahmen im Rahmen der Verfeinerung traditioneller Agrartechnologien Produktivitätsschübe zu erzielen, die das Bevölkerungswachstum zu kompensieren vermochten, so daß der chinesischen Landwirtschaft durchaus eine Dynamik innewohnte. Diese Dynamik war aber niemals in der Lage, die Produktivität so weit zu steigern, daß den Bauern investitionsfähige Überschüsse zur Verfügung standen, die den Übergang zu einer Agrarentwicklung auf mechanisierter Basis hätten einleiten können. Insofern ist es angebracht, von „Stagnation auf erweiterter Stufenleiter" zu sprechen.

Wollten die Bauern nicht verhungern, was in Katastrophenjahren an der Tagesordnung war, waren sie gezwungen, diversen Nebentätigkeiten nachzugehen, um das Agrareinkommen aufzubessern. Diese Nebentätigkeiten boten sich deshalb an, weil die reine Landwirtschaft nur für 35 Prozent der 15–60jährigen eine Vollbeschäftigung ermöglichte, die im Süden wegen der Mehrfachernten höher und im Norden niedriger lag. Trotz der ungeheuer arbeitsintensiv betriebenen Landwirtschaft bedeuteten die winzigen Höfe erhebliche strukturelle Arbeitslosigkeit, die in den Wintermonaten durch saisonale Arbeitslosigkeit ergänzt wurde. Diese Umstände führten in China zur Herausbildung und Stabilisierung einer Form der gesellschaftlichen Arbeitsteilung, deren Besonderheit in der häuslichen Einheit von Landwirtschaft und Manufaktur bestand.

Die hausindustriellen Nebentätigkeiten waren notwendig, um mangels verfügbarer Einkommen eine Subsistenzversorgung im weitesten Sinne zu erreichen und um über eine kleine Warenproduktion zusätzliche Einkommen zu erwirtschaften. Der erste Umstand führte dazu, daß über die eigentliche Landwirtschaft hinaus, die primär der Subsistenzsicherung diente, der Grad der bäuerlichen Selbstversorgung etwa 75 Prozent betrug. Die meisten lebensnotwendigen Dinge wie Textilien, Acker- und Haushaltsgeräte wurden arbeitsteilig innerhalb der Familie angefertigt. Aufwendigere Arbeiten wie der Hausbau wurden im Rahmen nachbarlicher Hilfe durchgeführt. Soweit für einzelne Produkte oder Reparaturen spezielle Fertigkeiten notwendig waren, wurden sie von Dorfhandwerkern übernommen, die diese Tätigkeit aber keineswegs als ihre einzige oder hauptsächliche ansahen, sondern sie neben ihrer eigentlichen agrarischen Tätigkeit betrieben. Die Subsistenzwirtschaft war also in gewisser Weise auf der Ebene des Dorfes angesiedelt.

Lediglich ein nicht selbst produzierbarer Rest von lebensnotwendigen Gütern wie Salz, Eisen oder auch Baumwolle, die in eigener Regie gesponnen, gewebt und zu Kleidung verarbeitet wurde, mußte auf den ländlichen periodischen Märkten erstanden werden. Das dafür wie zur Ableistung der Agrarsteuer benötigte Bareinkommen verschafften die Bauern sich durch die Vermarktung eines Teils ihrer Agrarproduktion. Die Marktrate lag im Schnitt bei 25 Prozent der Ernte, bei ausgesprochenen cash-crops wie Tee, Tabak und Opium natürlich wesentlich höher, bei Grundnahrungsmitteln wie Reis oder Hirse bei 10 bis 15 Prozent.

Der zweite Aspekt der Nebentätigkeiten betraf die Ergänzung der oft unzureichenden Agrareinkommen. Diese Nebentätigkeiten mußten so beschaffen sein, daß sie erstens keine besonderen Investitionen erforderten, zweitens die saisonal schwankenden Anforderungen der Landwirtschaft nach Arbeitskräften nicht beeinträchtigten, drittens nach Möglichkeit nur Roh- und Hilfsstoffe Verwendung fanden, die lokal vorzufinden waren, und viertens durfte die Ackerfläche zur Nahrungsmittelproduktion nicht gemindert werden. Diesen Kriterien wurde die Hausindustrie in idealer Weise gerecht. Wo Ton vorhanden war, wurde getöpfert, wo Bambus wuchs, wurden Korbwaren geflochten oder Papier hergestellt, wo Baumwolle oder Flachs angebaut wurde, entstand die Spinnerei und Weberei, wo Maulbeerbäume wuchsen, die Seidenraupenzucht und Seidenherstellung. Die Aufzählung deutet an, daß in der Hausindustrie sowohl Güter für den Bedarf der bäuerlichen Massen hergestellt wurden als auch Luxusgüter wie Seide, die für den gehobenen städtischen Bedarf oder den Export bestimmt waren.

Im Zuge der einsetzenden Industrialisierung Ende des 19. Jahrhunderts geriet die ländliche Hausindustrie zwar unter starken Druck, einige Zweige wie die Seidenherstellung und die Baumwollspinnerei wurden weitgehend verdrängt, sie konnte sich aber insgesamt doch behaupten. 1933 wurden noch 65 Prozent der Baumwollstoffe, 81 Prozent aus dem Bereich Töpferei, Ziegel, Glas u.a., 89 Prozent des Pflanzenöls und 95 Prozent des Mehls in handwerklichen Betrieben hergestellt. Der gesamte Beitrag von Hausindustrie und Handwerk zum Sozialprodukt war mit ca. 7

Prozent doppelt so hoch wie der Anteil der modernen Verarbeitenden Industrie.

Die Hausindustrie erfüllte also eine Reihe von wichtigen einzelwirtschaftlichen Funktionen aus der Perspektive der Bauern mit weitreichenden volkswirtschaftlichen Konsequenzen. Als zusätzliche Einkommensquelle der armen Bauern war sie die notwendige Ergänzung zur Subsistenzwirtschaft. Im Winter half sie latente Arbeitslosigkeit abzubauen. Da sie keine Überschüsse erwirtschaftete, sondern agrarische Defizite ausglich, war sie sehr arbeitsintensiv. Weil kapitalintensive Investitionen nicht getätigt werden konnten, wurde die Hausindustrie nicht auf eine eigene Basis gestellt, sondern blieb immer Ergänzung zur Landwirtschaft.

Volkswirtschaftlich bedeutete diese weitgehend stabile Verklammerung von Agrikultur und Manufaktur allerdings, daß dadurch eine sich selbst tragende Industrialisierung, die Verlagerung der Industrie in die Stadt und die mit der geographischen Trennung verbundene Binnenwanderung blockiert oder zumindest gebremst wurden. Die fast völlige Autarkie der Bauernhaushalte verhinderte, daß sich ein Markt für Massenkonsumgüter entwickeln konnte, Kapitalakkumulation in diesem Sektor also wenig erfolgversprechend war. Was sich für den Einzelhaushalt als notwendige und sinnvolle Ergänzung anbot, wurde so zur Schranke der volkswirtschaftlichen Entwicklung. Ein weiteres Moment der Stagnation wird sichtbar.

Diese Blockierung eines integrierten Binnenmarkts förderte umgekehrt die Erhaltung von abgeschlossenen lokalen ökonomischen Einheiten, deren Zentrum nicht das Dorf sondern die Marktgemeinde war. Die Marktgemeinden waren der Sitz periodischer Wochenmärkte. Hier veräußerten die Bauern ihre agrarischen Überschüsse und hausindustriellen Produkte und besorgten ihre Einkäufe. Gleichzeitig waren die Märkte auch Dienstleistungszentren, an denen Ärzte, Schreiber, Wahrsager, Heiratsvermittler u.a. ansässig waren, und wo soziale Kontakte gepflegt wurden. Ihr Einzugsbereich umfaßte im Schnitt 18 Dörfer, die maximal 4 bis 5 Kilometer entfernt lagen. Die Dimension der Marktgemeinden war so bemessen, daß sie für die Bauern innerhalb einer Tagereise mit der zu transportierenden Ware begehbar und somit auch erfahrbar waren. Insgesamt war China mit ca. 70000 solcher Marktgemeinden übersät, von denen 1949 noch ca. 50 000 erhalten waren. Auflösungserscheinungen zeigten sich nur in der Nähe der städtischen Zentren und im Einzugsbereich von Eisenbahn und Dampfschiffahrt.

Eine wichtige Voraussetzung für die Stabilität solcher abgeschlossenen ökonomischen und sozialen Einheiten war der fehlende Zugang zu modernen Verkehrsverbindungen. Ferntransport über Land für Massenkonsumgüter war unökonomisch, da die Transportkosten ein Vielfaches des Wertes der zu transportierenden Waren betragen hätten. Der Fernhandel war somit weitgehend identisch mit dem Handel von Luxusgütern wie Tee oder Seide. Nur da, wo der Wassertransport, etwa im unteren Yangtze-Tal, den rentablen Transport von Massenkonsumgütern zuließ, war am ehesten eine Kommerzialisierung der Landwirtschaft zu beobachten.

Nachdem gezeigt wurde, warum eine Kapialakkumulation und Mechanisierung der Landwirtschaft von seiten der Bauern nicht zur erwarten war, bleibt die Frage, warum nicht andere gesellschaftliche Gruppen, die über die agrarischen Überschüssen verfügten, also die Staatsklasse oder die Gentry eine solche Entwicklung gefördert oder selber in Gang gesetzt haben. Um diese Frage zu klären, sind einige Überlegungen hinsichtlich der chinesischen Klassenstruktur, der Machtverteilung innerhalb der herrschenden Klasse und der Entstehung und Verwendung der Revenue, über die diese herrschende Klasse verfügte, anzustellen. Wittfogel und in seinem Gefolge viele andere Autoren gingen davon aus, daß die Grundlagen der staatlichen Macht und damit auch die Klassenverhältnisse in China unabhängig von den Eigentumsverhältnissen zu bestimmen sind und sich lediglich aus den Funktionen ableiten, die die Bürokratie im gesamten Wirtschaftskreislauf wahrnimmt, wobei insbesondere die agrarrelevanten Wasserbauten im Vordergrund stehen. Diese Funktionen liefern ihr gleichzeitig auch die Legitimation zum Bezug ihrer Revenue in Form der Agrarsteuer. Der Gesellschaftsaufbau ist also im wesentlichen durch das gegenseitige Aufeinanderangewiesensein der beiden Hauptklassen, der Bürokratie und der Bauern, geprägt. Soweit durch die Existenz von Großgrundbesitz feudale Elemente und damit ein auf Besitz gegründetes Moment von Macht und Verfügung über Mehrprodukt auftaucht, wird es von Wittfogel als nicht wesentlich bezeichnet.

Gerade letzteres Element wird von heutigen chinesischen Autoren betont, die in der Existenz von Großgrundbesitz und Pachtleistungen das entscheidende Element zur Charakterisierung der vorrevolutionären Gesellschaft als feudal erkennen, was sich natürlich in das orthodoxe Ablaufschema historischer Epochen einfügt, aber gleichzeitig für China eine besondere, von der westeuropäischen verschiedene Entwicklung leugnet. Hier werden die besondere Rolle des Staates, die nicht auf Besitz gegründete Tributleistung und die Tatsache geleugnet, daß nur eine Minderheit der Bauern pachtpflichtig war, von der Nichtexistenz lehnsherrlicher Rechte ganz zu schweigen.

Weder die ausschließliche Abhebung auf das Kriterium der ökonomischen Funktion innerhalb der „hydraulischen“ Gesellschaft noch der ausschließliche Bezug auf die Besitzverhältnisse reichen als hinreichendes Kriterium zur Charakterisierung der chinesischen Gesellschaft aus. Der Schlüssel zum Verständnis der chinesischen Klassenstruktur scheint vielmehr in der Verschränkung beider Kriterien zu liegen. Diese Verschränkung ist dafür verantwortlich zu machen, daß weder der Staat noch die Grundbesitzer als Innovatoren in Erscheinung traten noch potentiellen anderen Bewerbern für diese Rolle wie Handwerkern oder Händlern eine Chance gaben.

Die chinesische Gesellschaft war durch eine starke Zentralisierung gekennzeichnet. An der Spitze stand das Kaiserhaus und ein Stab von Berufsbeamten, die zentrale Verwaltungsaufgaben wie Steuereinziehung, Getreidetransport, Wasserregulierung etc. wahrnahmen. Diese hohen Beamten waren zusammen mit der Armee am Sitz des Hofes konzentriert. Darunter erstreckte sich bis zur Distriktsebene eine Hierarchie von Beamten, die die Verwaltungseinheiten zu kontrollieren hatten. Die einzelnen Ränge in der Beamtenhierarchie konnten nur durch die Absolvierung eines komplizierten Prüfungssystems erklommen werden, das auf den Nachweis klassischer literarischer Bildung abgestellt war und de jure jedem Chinesen offenstand. Die Beamtenlaufbahn und damit die Ausübung politischer Macht leitete sich nicht, wie etwa im Feudalismus, automatisch aus dem Grundbesitz ab, sondern war an die Leistung geknüpft, die der Kandidat bei den Examina erbrachte. Der dreijährige Wechsel im Administrationsbereich, die periodischen Zwischenprüfungen, die Nichtvererbbarkeit der Beamtenposten und die besondere Rolle, die die Eunuchen an der Spitze der kaiserlichen Verwaltung spielten, deuten darauf hin, daß das System darauf angelegt war, eigenständige Machtenfaltung der Bürokratie gegenüber dem Kaiser durch dauernden Leistungsnachweis, Mobilität und allein an Leistung geknüpfte Nachfolgeregelung zu verhindern.

Die Macht der Zentralregierung reichte aber nur bis auf die Ebene des Distrikts. Darunter begann die lokale Selbstverwaltung der Dorfgemeinden, innerhalb derer die lokalen Grundbesitzer eine besondere Rolle spielten. Hier lebte die Masse der Freibauern und Pächter sowie eine dünne Oberschicht von Grundbesitzern. Bürokratie, Militär, Händler und Handwerker für gehobene Konsumgüter bewohnten die großen Städte, lokale Beamte, Gentry und lokale Händler die befestigten Landstädte. Kennzeichen des Grundbesitzers war die Abwesenheit von seinem Grund und Boden und die Pflege des durch die Rente finanzierten Müßiggangs in den befestigten Landstädten.

Die beiden Machtzentren der chinesischen Gesellschaft lagen bei der Bürokratie qua sie legitimierender Leistung und Funktion und beim lokalen Grundbesitz qua seines Besitztitels an Grund und Boden. Die Verschränkung dieser beiden Kräfte läßt sich auf verschiedenen Ebenen feststellen. Das Bindeglied zwischen Bürokratie und Gentry war die Familie. Zwar stand de jure jedem die Beamtenlaufbahn offen, die langwierige und kostspielige Vorbereitung auf die Prüfungen konnte aber nur von wohlhabenden Familien finanziert werden. Das führte de facto dazu, daß vornehmlich die Gentryfamilien einem ihrer Mitglieder eine entsprechende Ausbildung ermöglichen konnten. Dies geschah aber nicht uneigennützig, sondern die Familie versprach sich von dem zukünftigen Beamten entsprechende materielle Vorteile und innenpolitischen Schutz. Umgekehrt legte der Beamte sein in kaiserlichen Diensten erworbenes Vermögen zusammen mit den aus seiner Position erwachsenden nicht unwesentlichen Einnahmen aus Korruption in Grundbesitz an, wurde somit selber zum Grundbesitzer bzw. vergrößerte den Besitz seiner Familie. Diese „Einkünfte" der Beamten übertrafen die Einkommen aus dem Grundbesitz erheblich.

Insofern konnte die Besitzminderung qua Erbteilung durch Mitgliedschaft in der Bürokratie ausgeglichen werden. Ziel und Selbstverständnis der Beamtentätigkeit waren also weniger die Aufopferung im Dienste des Staates für ein imaginäres Gemeinwohl als die Erlangung materieller Vorteile, sozialen Prestiges und des durch die Vetternwirtschaft garantierten Schutzes nach oben gegenüber Anforderungen des Staates und nach unten vor revoltierenden, die Pachtzahlung verweigernden Bauern. Nach Ausscheiden aus dem Staatsdienst konnten die Beamten ein gesichertes, müßiges Leben als Grundbesitzer auf Kosten ihrer Pächter führen, während neue Familienmitglieder für die Beamtenlaufbahn rekrutiert wurden. Beide Gruppen bezogen ihre Revenue in starkem Maße aus derselben Quelle, der Landwirtschaft. Wie auch immer die Begründungen für die Absorbierung des Überschusses lauten, religiöse Legitimation, funktionale Legitimation oder ökonomische Legitimation durch die Zurverfügungstellung des „Faktors" Boden, letztlich konnte die Ablieferung des agrarischen Mehrprodukts angesichts der erbärmlichen Lebensverhältnisse der Bauern nur durch direkten oder potentiellen Zwang garantiert werden. Nicht umsonst lebten Bürokratie und Gentry nicht auf dem Dorf, sondern in befestigten Städten, die mit militärischer Bedeckung versehen waren.

Hier ergänzten sich Bürokratie und Gentry, sowohl was die Aufbringung der Revenue als auch die Sicherung dieses Vorgangs anbetrifft, optimal. Die zentrale Staatsgewalt reichte de facto nicht bis auf die unterste Ebene, da in dem riesigen Staatsgebiet die Kommunikations- und Verkehrsverbindungen fehlten, eine effektive zentrale Kontrolle zu gewährleisten. Der unterste Beamte in der Hierarchie bekam die seinem Bereich zugehörigen Einwohner in der Regel nie zu sehen und konnte infolge der nur dreijährigen Amtsdauer auch nicht mit den Problemen seines Verwaltungsbezirks vertraut werden. Die wichtigsten Aufgaben der unteren Beamten waren Steuereinziehung und Rechtssprechung. Die konkreten Probleme der Bauern dagegen regelten lokale Verwaltungen auf der Basis der Selbstorganisation. Das Bindeglied zwischen diesen Selbstverwaltungsorganen und der unteren Ebene der Bürokratie bildete die lokale Gentry. Sie führte z.B. die Verhandlungen über die Höhe der zu entrichtenden Agrarsteuer oder sonstiger Leistungen und Dienstpflichten entsprechend den aktuellen Möglichkeiten der Bauern. Umgekehrt konnte sich die lokale Gentry bei der Verweigerung der Pachtzahlung an ihre Verwandten in der Beamtenschaft wenden und durch militärischen Druck die soziale Ordnung wieder herstellen lassen.

Beide Teile der herrschenden Klasse verfügten in den 1880er Jahren über etwa 38 Prozent des Sozialprodukts, die sich aus dem gesamten Steueraufkommen sowie den Einnahmen der Gentry aus Grundbesitz, Wucher, öffentlichen Ämtern und privaten Dienstleistungen zusammensetzten. Bringt man die Steuerleistungen der Gentry an den Staat und umgekehrt die Einnahmen der Gentry aus öffentlichen Ämtern sowie die Staatsausgaben für öffentliche Dienstleistungen, Rüstung und Infrastrukturmaßnahmen zum Abzug, verbleibt der herrschenden Klasse ein Nettoeinkommen von etwa 27 Prozent des Sozialprodukts. Nicht erfaßt sind dabei allerdings illegale und auf Korruption zurückgehende Einnahmen.

Noch im 18. Jahrhundert machte die Agrarsteuer 75 Prozent der Staatseinnahmen aus, die zu einem erheblichen Teil in Naturalien, hauptsächlich Getreide, aber auch Hülsenfrüchte, Holz, Seide, Kupfer u.a. abgeleistet wurde. Zweitwichtigster Posten war die Salzsteuer, die überwiegend auch von den Bauern aufgebracht wurde. Die Zolleinnahmen, die eher auf Luxusgüter erhoben wurden, gewannen erst Ende des 19. Jahrhunderts an Bedeutung, nachdem die Öffnung der Häfen den Aufschwung des Außenhandels eingeleitet hatte, und ein neuer Binnenzoll, der Likin, eingeführt worden war, mit dem die kaiserliche Regierung die Niederschlagung des Taiping-Aufstandes (1850–1864) finazieren wollte. Bevor also seit Mitte des 19. Jahrhunderts das chinesische Staatsgefüge und damit auch die Staatsfinanzen infolge der ausländischen Durchdringung in Unordnung gerieten, bildeten die Landwirtschaft bzw. die bäuerlichen Abgaben im weitesten Sinne die Revenuebasis der Bürokratie, die folglich ein großes Interesse haben mußte, daß die Leistungsfähigkeit dieser Landwirtschaft erhalten und die Aufbringung der Steuern garantiert blieb. Daraus ergaben sich die beiden vornehmsten Aufgaben für die Bürokratie, öffentliche Arbeiten zum Schutz und zur Förderung der Landwirtschaft sowie Schätzung, Eintreibung der (Natural-) Steuer und der Transport des

Tributreis nach Peking. Die Getreidetransportverwaltung und das Amt zur Regulierung des Gelben Flusses bildeten deshalb nicht zufällig die umfangreichsten Behörden, wobei für die letztgenannte allerdings die Vermutung nahe liegt, daß sie nur ein Abfallprodukt der Getreidetransportverwaltung war. Der Tributreis wurde nämlich überwiegend aus den südlichen Reisprovinzen über den Kaiserkanal nach Peking verschifft. Um einen reibungslosen Transport zu gewährleisten, war die Regulierung des Gelben Flusses, der den Kanal kreutzt, unumgänglich. Die Deichbauten zum Schutz der Landwirtschaft in der Großen Ebene waren deshalb in gewisser Weise nur ein Nebenprodukt dieser primären Intention.

Welche Bedeutung innerhalb der Staatsausgaben auch immer die öffentlichen Arbeiten gespielt haben mögen, Tatsache ist jedenfalls, daß zur eigentlichen Bewässerung die staatliche Initiative nicht notwendig war, und daß die staatlichen wasserwirtschaftlichen Defensivmaßnahmen im 19. Jahrhundert erheblich an Zahl und Umfang zurückgegangen waren. Das gleiche Phänomen war bereits in der Niedergangsphase der Ming-Dynastie im 17. Jahrhundert zu beobachten. Soweit eine Aufschlüsselung der Staatsausgaben nach Einzelposten für die 1890er Jahre vorhanden ist, sind lediglich 2,3 Prozent als volkswirtschaftlich relevante Ausgaben und 22,7 Prozent als nationale Verteidigungsanstrengungen ausgewiesen. Die Masse des Budgets, nämlich 68,3 Prozent, diente der Versorgung und der Gehälter des Kaiserhofes, der Zentral- und Provinzverwaltung sowie ihrer militärischen Bedeckung. Die Einnahmen der lokalen Behörden sind hier zwar nicht erfaßt, doch dürfte es mehr als fraglich sein, ob die unteren Beamten daraus in großem Maße öffentliche Arbeiten finanziert haben.

Anhand dieser Daten leuchtet die Feststellung ein, daß zumindest in der Niedergangsphase der Mandschudynastie, also im 19. Jahrhundert, die Bürokratie ihre volkswirtschaftlichen Aufgaben weitgehend vernachlässigte und nur noch auf die Aufbringung ihrer Revenue bedacht war, die lediglich für den luxuriösen Lebenswandel des Hofs und der Bürokratie verwendet wurde. In den Bereichen, wo der Staat weiterhin in die Wirtschaft eingriff, nämlich bei der Monopolisierung des Salz-, Eisen- und Außenhandels (bis 1842) und beim Getreidetransport, blockierte er private Aktivitäten in wichtigen kommerziellen Bereichen bzw. verhinderte infolge der Monopolgewinne, die die staatlich kontrollierten Kaufleute erzielten, daß diese Anreize bekamen, ihre Gewinne in anderen Sektoren anzulegen.

Die Einnahmen der Gentry aus Rente, Wucher, öffentlichen Ämtern und privaten Dienstleistungen betrugen in den 1880er Jahren ca. 24 Prozent des Sozialprodukts und stammten direkt oder indirekt aus der Landwirtschaft. Soweit diese Einnahmen „produktiv" angelegt wurden, geschah das nahezu ausschließlich durch den Erwerb zusätzlichen Bodens oder im Geldverleih, ohne daß die Gentry direkt selber ökonomisch aktiv wurde. Das verhinderten ihre konfuzianische Ethik und der Umstand, daß soziales Prestige nur duch die Zurschaustellung eines müßigen Lebenswandels und die Erarbeitung einer klassischen literarischen Bildung gewonnen werden konnte. Nicht unerheblich waren auch die Aufwendungen, die zur Eintreibung der Pacht und zum persönlichen Schutz gegen revoltierende und die Pachtzahlung verweigernde Bauern gemacht werden mußten. Zu berücksichtigen ist dabei allerdings, daß die Masse der Gentry keineswegs über außerordentlichen Grundbesitz verfügte, der eine besondere Akkumulationsquelle hätte bilden können. Die meisten verfügten gerade über soviel Land, daß die Rente einen „standesgemäßen", sprich müßigen Lebenswandel für die oft umfangreiche Familie gestattete, der sich nur gegenüber ihren Pächtern auszeichnete aber in keiner Weise mit dem Aufwand europäischer Feudalherren oder lateinamerikanischer Haziendados vergleichbar war. Ihre Nachfrage war weitgehend auf die Produkte des gehobenen Bedarfs gerichtet, die von den städtischen Handwerkern erzeugt wurden. Sie eignete sich also kaum als Anstoß zu einer Industrialisierung, die auf die massenhafte Erzeugung von Massenkonsumgütern angewiesen ist.

Ein Wandel dieser Einstellung bei der Gentry war erst in 20. Jahrhundert festzustellen, als die Naturalrente durch die Geldrente ersetzt wurde, und die Gentry über die Aneignung des Oberflächenrechts zur Eigenbewirtschaftung überging bzw. ihre Pächter zu marktorientierter Produktion anhielt. Das war erst in dem Moment sinnvoll, als nach der Öffnung Chinas für den Außenhandel Agrarprodukte für den ausländischen Markt gefragt wurden bzw. die einsetzende importsubstituierende Industrialisierung und partielle Verdrängung der Hausindustrie eine Nachfrage nach agrarischen Rohstoffen und Lebensmitteln seitens der städtischen Industrie hervorrief. Diese Entwicklung traf aber keineswegs generell für die gesamte Landwirtschaft und Gentry zu, sondern war nur in den Regionen zu finden, die im Einzugsbereich moderner Verkehrswege oder städtischer Zentren lagen.

Zur Erklärung des der traditionellen chinesischen Gesellschaftsformation innewohnenden Stagnationsmechanismus bieten sich drei Argumentationsstränge an, deren Ausgangspunkt jeweils wesentliche Strukturelemente der asiatischen Form der tributgebundenen Produktionsweise bilden:

1. das technologische Argument, das aus der besonderen arbeitsintensiven Produktivkraftentwicklung der Landwirtschaft ableitbar ist;
2. das Verteilungsargument, das vor dem Hintergrund der Tribut- bzw. Pachtleistung zu sehen ist;
3. das Marktargument, das sich aus der besonderen Form der gesellschaftlichen Arbeitsteilung (Einheit von Agrikultur und Manufaktur) ergibt.

Die erste Argumentation läuft darauf hinaus, daß aufgrund der geschilderten Bedingungen innerhalb der Landwirtschaft und Hausindustrie nur Produktivitätsfortschritte in Richtung auf Steigerung der Arbeitsintensität und natürliche Produktivkraftentfaltung möglich sind, mithin infolge des Bevölkerungswachstums die Fähigkeit, Überschüsse zu erzielen, immer begrenzter und damit generell die Akkumulationsfähigkeit des Wirtschaftssystems in Frage gestellt wird.

Die zweite Argumentation greift Barans Konzept der Verwendung des Surplus auf und steht damit, für sich allein genommen, in eklatantem Widerspruch zu Argument eins. Hier liegt die Begründung für die Stagnation nicht in der Unmöglichkeit, Überschüsse zu produzieren, sondern in der Tatsache, daß die Überschüsse den unmittelbaren Produzenten durch Steuer, Pacht und Zinsen entzogen werden. Es werden also sehr wohl Überschüsse produziert, nur werden sie nicht produktiv verwendet.

Das dritte Argument schließlich hebt auf die Konsequenz ab, die sich aus der lokalen Einheit von Landwirtschaft und Manufaktur sowie aus dem Arbeitskräfteangebot für Märkte und Investitionsanreize ergeben. Hier wird ebenfalls davon ausgegangen, daß Überschüsse produziert werden, nur finden sie in den Händen der Gentry keine Anlagemöglichkeiten auf dem Massenkonsumgütersektor, da die traditionelle Art der Herstellung von Massenkonsumgütern nicht aufzubrechen ist. Insofern vollzieht sich auch keine Stadtentwicklung auf eigenständiger ökonomischer Basis, die eine Kommerzialisierung der Landwirtschaft über Versorgung der Städte mit agrarischen Rohstoffen fördern würde. In dieses Argument spielt der in Argument eins genannte niedrige Stand der Technologie hinein, der angesichts des Überflusses an Arbeitskraft aus Rentabilitätsgründen aus der Sicht der Grundeigentümer nicht modifiziert zu werden braucht.

Meiner Meinung nach müssen alle drei Argumente berücksichtigt werden. Sie können, weil die ihnen zugrunde liegenden Strukturelemente der asiatischen Form der tributgebundenen Produktionsweise in einem Zusammenhang stehen, nicht isoliert angeführt werden. Die den Ausweg in Intensivierung der Arbeitskraft suchende Landwirtschaft erreicht technologische Grenzen und damit sinkende Überschüsse nicht nur per se, sondern weil ihr durch den unproduktiven Entzug von Surplus die Möglichkeit genommen wird, diese Bahn zu verlassen. Die aus dieser prekären Situation resultierende notwendige Einkommensergänzung durch die hausindustriellen Nebentätigkeiten verhindert die Arbeitsteilung im nationalen Maßstab mit den genannten Konsequenzen für Markt, Infrastruktur, Stadtentwicklung ect. Insofern steht hinter dem subjektiven Nicht-Investieren-Wollen der Gentry das objektive Nicht-Investieren-Können infolge mangelnder Anlagemöglichkeiten. Der politisch-soziale Überbau setzt alles daran, seine Revenuebasis zu erhalten. Mögliche Investitionsfelder des Massenkonsums für Privatleute, damit Konkurrenz zum eigenen Machtanspruch und Bedrohung der Melkkuh Landwirtschaft, werden staatlich blockiert. Die traditionelle chinesische Entwicklung konnte sich an der Basis der Produzenten nur in der Verfeinerung der Möglichkeiten zur Arbeitsintensivierung vollziehen, während sie sich im Überbau in der Verfeinerung der Möglichkeiten unproduktiver Verwendung der Überschüsse in der Kunst, Literatur, Philosophie etc. abspielte. Deswegen konnte bei der herrschenden Klasse kein Verständnis für die Umsetzung technologischer Entwicklungen in Innovationen erwartet werden.

Als entwicklungspolitische Konsequenzen ergeben sich daraus erstens die Redistribution der agrarischen Überschüsse aus den Händen der parasitären Staatsklasse und der Gentry in die Hände der Bauern oder eines Staates, der eine produktive Verwendung dieser Überschüsse gewährleistet, um die unbedingt notwendigen Agrarinvestitionen zu finanzieren; zweitens eine Agrarreform zur Aufhebung der Bodenzersplitterung, um moderne Technologien in der Landwirtschaft zum Einsatz kommen lassen zu können; drittens die Schaffung kollektiver Einheiten, in deren Rahmen Maßnahmen zur Mobilisierung der reichlich vorhandenen aber nicht ausgelasteten Arbeitskräfte möglich sind, um zumindest für eine Übergangsphase das knappe Kapital durch Arbeit zu ersetzen; und viertens als Voraussetzung einer binnenmarktorientierten Industrialisierung Einkommensteigerungen der Bauern auf der Basis einer stärker kommerzialisierten Landwirtschaft sowie der Aufbau von Transportwegen und Handelsorganisationen, die die Autarkie der Marktgemeinden aufbrechen und zu einer Integration des Binnenmarktes führen.

2 Die Öffnung Chinas durch die imperialistischen Mächte

Bis zum Jahre 1842 war es der kaiserlichen Regierung weitgehend gelungen, die traditionelle Abgeschlossenheit nach außen aufrecht zu erhalten. Die einzigen außenpolitischen Kontakte beschränkten sich auf die jährlichen Tributgesandschaften der Vasallenstaaten, wodurch sie die Oberhoheit des Himmelssohns anerkannten. Neben spärlichem Karawanenhandel mit Rußland waren die außenwirtschaftlichen Beziehungen auf Kanton beschränkt, wobei die staatlich kontrollierten Hong-Kaufleute auf chinesischer Seite das Außenhandelsmonopol inne hatten. Die Hauptexportgüter Chinas waren Tee und Seide, die mangels besonderer Bedürfnisse nach europäischen Fertigwaren zu einem beständigen Handelsüberschuß für China führten, der durch Silberzuflüsse ausgeglichen wurde. Diese ungleichen Handelsbeziehungen blieben solange bestehen, bis der Export von Opium nach China einen bedeutenden Umfang annahm. Opium durfte in China nicht hergestellt werden, sondern wurde aus Indien eingeführt und war ursprünglich in seiner Eigenschaft als Heilmittel ein legales Importgut.

Die Ostindische Kompanie hatte seit 1757 das Monopol für den Opiumhandel und war seit 1798 zur profitableren Herstellung von Opium in Bengalen übergegangen, indem die indischen Bauern zum Mohnanbau gezwungen wurden. Da die Kompanie selber offiziell den verbotenen Handel nicht durchführen durfte, wurde das Opium an private Händler verkauft. Seit Beginn des 19. Jahrhunderts entwickelte sich ein permanent steigender Export von Opium nach China. Das wiederum bedeutete, daß England zwar nicht direkt aber über den Dreieckshandel: Textilien nach Indien, Opium nach China, Tee und Seide nach England die negative Handelsbilanz mit China ausgleichen und den Silberabfluß eindämmen konnte. Dieses vor allem für England sehr vorteilhafte Geschäft wurde nur dadurch gestört, daß die chinesische Regierung, um der rasch wachsenden und zerstörerischen Flut von Opium Herr zu werden, ab 1822 Import und Genuß von Opium untersagte. Schmuggel und Korruption der chinesischen Beamten, die den Handel zu kontrollieren hatten, durchlöcherten dieses Verbot zwar, es wirkte sich aber so störend aus, daß das englische Handelsdefizit blieb. Somit bildeten neben dem notwendigen oder vermeintlichen Drang, Englands Fertigwaren in alle Welt zu exportieren, wobei der „sagenhafte" chinesische Markt mit seinen 400 Millionen Konsumenten natürlich besonders begehrliche Hoffnungen erweckte, das Opiumverbot und der Silberabfluß sehr konkrete Hintergründe für die englischen Ambitionen auf die Öffnung Chinas.

Eine spektakuläre Maßnahme der chinesischen Behörden in Kanton 1839, die eine große Menge Opium von englischen Schmuggelschiffen aufbrachten und verbrannten, löste die kriegerischen Verwicklungen aus, obwohl es der englischen Regierung offiziell nicht um den Opiumhandel sondern um die verletzte Souveränität ging. Nach kleineren Geplänkeln traf 1840 eine englische Kriegsflotte in Kanton ein, die die chinesische Regierung nach mehreren Gefechten 1842 zum Vertrag von Nanking zwang. Im Vertragstext schlugen sich vor allem die Vorstellungen der Manchesterleute nieder. Die wichtigsten Bestimmungen betrafen neben der Abtretung der Insel Hongkong die Öffnung von fünf Häfen für den Außenhandel, die Beseitigung des chinesischen Außenhandelsmonopols und die Festsetzung der Ein- und Ausfuhrzölle auf 5 Prozent ad valorem. Bis dahin hatte es keine Regelung in der Zollfrage gegeben. Ein Zusatzvertrag von 1843 gestattete als weitere Konzessionen die Errichtung von besonderen Siedlungen in den Vertragshäfen und deren Unterstellung unter ausländische Gerichtsbarkeit, was quasi die Exterritorialität dieser Siedlungen bedeutete. Außerdem erreichte England das Recht der Meistbegünstigung. Ähnliche Verträge anderer westlicher Länder folgten 1844. Der Opiumschmuggel war in der Folgezeit eine risikolose Unternehmung.

Die eine Folge war, daß die Einfuhr von Opium nach China einen ungeheuren Aufschwung nahm und bis in die 1890er Jahre zum Hauptimportgut wurde. Die andere, von den englischen Kaufleuten so sehnlich herbeigewünschte Folge einer raschen Zunahme des Exports von Fertigwaren nach China stellte sich allerdings nicht ein. Es zeigte sich nämlich, daß im Gegensatz zum indischen Beispiel englische Manufakturwaren nur schwer den chinesischen Markt erobern konnten. Marx, der noch 1853 der Meinung war, daß das chinesische Handwerk ein ähnliches Schicksal wie das indische erleiden würde, stellte bald fest: „Nach einem sorgfältigen Studium der Geschichte des chinesischen Handels kamen wir zu der Meinung, daß im allgemeinen die Konsumtionsfähigkeit und die Kaufkraft der Bewohner des Himmlischen Reiches stark überschätzt worden ist. Bei der gegenwärtigen ökonomischen Struktur der chinesischen Gesellschaft, deren Angelpunkt die in kleinste Zellen zersplitterte Landwirtschaft und das Handwerk ist, kann von einer nennenswerten Einfuhr ausländischer Waren gar nicht die Rede sein." Im Gegenteil, der wachsende Opiumimport schien sogar so viel Kaufkraft abzuschöpfen, daß der Import von Fertigwaren dadurch beeinträchtigt wurde. Die Öffnung von fünf Häfen bedeutete keineswegs automatisch die Verfünffachung des Handels, sondern lediglich die Verlagerung des Handelszentrums von Kanton nach Schanghai.

Offensichtlich sah die englische Regierung die Ursache für das bescheidene Exportwachstum weniger in einer Fehleinschätzung der Absatzmöglichkeiten englischer Waren als in den weiterhin bestehenden administrativen Beschränkungen. Außerdem hatte der Silberabfluß seit 1849 wieder eingesetzt. Ein mysteriöser Zwischenfall um die Verhaftung der chinesischen Mannschaft eines angeblich unter englischer Flagge fahrenden Schiffes durch die chinesischen Behörden 1856 in Kanton wurde zum Vorwand des „Zweiten Opiumkriegs" genommen. Frankreich, das bis dato kaum Handel mit China führte, schloß sich anläßlich der Ermordung zweier französischer Missionare diesem Krieg an, der zeitlich mit der europäischen Handelskrise von 1857 zusammenfällt und somit einen objektiven Hintergrund bekommt. Sein Resultat war der Vertrag von Tientsin (1858) sowie nach der Besetzung der Hauptstandt und Zerstörung des Kaiserpalastes der Vertrag von Peking (1860) mit folgenden Bestimmungen: Der Opiumhandel wurde legalisiert; weitere Häfen, vor allem die am unteren Yangtze gelegenen Binnenhäfen, wurden geöffnet; damit verbunden war das Recht der Yangtzeschiffahrt; ausländische Kontrolle der Seezollverwaltung; Festlegung einer einmaligen Binnenzollabgabe von 2 1/2 Prozent; Entsendung diplomatischer Vertreter nach Peking; Freizügigkeit für Ausländer und Ausreisemöglichkeit für chinesische Arbeitskräfte. Letztere Bestimmung führte in der Folgezeit zu einem Exodus chinesischer Arbeitskräfte (vorwiegend aus der Provinz Kwangtung) nach Europa und Amerika. Die Regelung des Binnenzolls lag den englischen Kaufleuten besonders am Herzen, da dieser Zoll (Likin), der von der chinesischen Regierung zur Finanzierung der Niederschlagung des Taiping-Aufstandes eingeführt worden war und an jeder Binnengrenze erhoben wurde, eine empfindliche Störung des Binnenhandels bedeutete.

Eine Vielzahl von weiteren Verträgen mit England, wie etwa die Konvention von Chefoo (1876), und anderen westlichen Ländern hatte immer die gleichen Inhalte: Öffnung weiterer Häfen, Zollsenkungen, besondere administrative Erleichterungen für ausländische Kaufleute zur Abwicklung des Ex- und Imports. Die chinesische Regierung, durch die zweifache Niederlage sehr beeindruckt und außerdem durch den Taiping-Aufstand im Innern sehr beschäftigt, konnte diesen Forderungen außer hinhaltendem

Taktieren wenig entgegensetzen, da die militärische Überlegenheit der Ausländer erdrückend war. In diese Phase fielen auch die ersten territorialen Abtretungen: 1858 die Gebiete nördlich von Amur und Ussuri an Rußland, 1864 die nordwestlichen Gebiete in Sinkiang an Rußland, 1874 die Riu-Kiu-Inseln an Japan, 1885 Indochina (chinesischer Vasallenstaat) an Frankreich und 1886 Burma (ebenfalls chinesicher Vasallenstaat) an England, wobei China nur gegenüber Frankreich militärische Gegenwehr versuchte.

Die gesamte erste Phase der Penetration Chinas kann also durchaus im Sinn der klassischen Imperialismustheorien interpretiert werden, daß vor Beginn der Monopolisierung in den kapitalistischen Zentren der Warenexport das dominierende Motiv imperialistischer Aktivitäten war. Daß gerade in China das Absatzmotiv vor der Gewinnung von Rohstorffen im Vordergrund stand, ist angesichts der riesigen Bevölkerung einleuchtend. Wie weit es sich dabei um eine Fehlspekulation handelte, soll noch geklärt werden. Das Motiv war subjektiv jedenfalls gegeben und bestimmte die zwischenstaatlichen Vereinbarungen, die die einheitliche Linie verfolgten, durch immer ausgedehntere administrative Erleichterungen den chinesischen Markt zu erobern. Ab 1895 wird der Wandel in der imperialistischen Motivation infolge des Übergangs zum Monopolstadium in den Industrieländern auch für China offenbar.

Der Vertrag von Shimonoseki (1895) markierte den Beginn der zweiten Phase der Penetration Chinas und war durch das Auftreten neuer Großmächte und verschärfte Konkurrenz um den chinesischen Markt gekennzeichnet. Dieser Vertrag von Shimonoseki war das Ergebnis des chinesisch-japanischen Krieges von 1894/95 um die Oberhoheit über den ehemaligen chinesischen Vasallenstaat Korea. Er sah als wichtigste Bestimmung das Recht zu Direktinvestitionen für Ausländer in China vor. Infolge der Meistbegünstigungsklausel, die sich inzwischen auch die anderen vertragschließenden Mächte gesichert hatten, bedeutete das automatisch freien Zugang für europäisches und amerikanisches Kapital. Der verlorene Krieg brachte außerdem den Verlust Taiwans, der Halbinsel Liaotung und der Oberhoheit über Korea. Die Halbinsel Liaotung mußte von den Japanern allerdings auf den gemeinsamen Druck Rußlands, Frankreichs und Deutschlands wieder geräumt werden, ein Hinweis auf die sich verschärfende Konkurrenz unter den imperialistischen Mächten.

Die nächsten Jahre bis 1900 sind durch einen Wettlauf der Großmächte um die Aufteilung Chinas gekennzeichnet, wobei unterschiedliche Konzeptionen sichtbar werden. Die Anrainerstaaten Rußland und Japan erstreben territoriale Annexionen, wobei zweifellos strategische Gründe eine Rolle spielen. Die europäischen Mächte England, Frankreich und Deutschland verfolgen eine Politik der Schaffung von „Interessensphären", innerhalb derer sie Wettbewerbsvorteile gegenüber den Konkurrenten wahrzunehmen suchen. Die USA, als late-comer auf dem internationalen Parkett, setzen dieser monopolistischen Politik ihr Prinzip der „open door" gegenüber, das gleiche Chancen für alle imperialistischen Mächte im freien Wettbewerb bedeuten soll. Die kleineren europäischen Länder wie Belgien und Italien begnügen sich mit der Gewinnung von Konzessionen für einzelne Projekte.

Die Strategie, die von den europäischen Großmächten betrieben wird, läuft nach folgendem Muster ab:

1. Schritt: Besetzung und anschließende „Pachtung" eines Stützpunkthafens; so Rußland 1897 mit Port Arthur und Dairen, Deutschland 1897 mit Tsingtao und Kiautschou, England 1898 mit Weihaiwei und die Erweiterung von Kowloon, Frankreich 1898 mit Kwangschouwan.
2. Schritt: Reklamierung einer Interessensphäre, die von diesem Stützpunkt aus erschlossen werden soll. Diese Interessensphären werden ohne Einschaltung Chinas direkt unter den Mächten ausgehandelt oder einseitig erklärt. Japan erhebt Anspruch auf die Provinz Fukien, die dem annektierten Taiwan gegenüberliegt. Deutschland einigt sich mit England über die Provinz Shantung und das Tal des Gelben Flusses als seiner Interessensphäre, während England das Yangtzebecken, die Provinzen südlich des Yangtze und die Provinz Shansi zugesprochen bekommt. Frankreich erklärt die drei südlichsten Provinzen Yunnan, Kwangsi, und Kwangtung sowie die Insel Hainan zu seiner Einflußsphäre. Diese Gebiete grenzen an das von Frankreich okkupierte Indochina. England einigt sich mit Rußland über eine Aufteilung entlang der Großen Mauer, wobei Rußland die nördlich und England die südlich gelegenen Gebiete erhält.

3. Schritt: Innerhalb dieser Einflußzonen und Interessensphären werden von der jeweiligen Interessenmacht Konzessionen für den Bau und die Inbetriebnahme von Eisenbahnen und Bergwerken erworben. Diese Eisenbahnen werden von den jeweiligen Ländern finanziert, gebaut, d.h. die notwendigen Kapitalgüter geliefert und die Ingenieure gestellt, und z.T. auch in eigener Regie betrieben. Außerdem stehen Gebietsstreifen längs der Strecke unter der Kontrolle der Bahngesellschaften.
4. Schritt: Der Eisenbahnbau soll zusammen mit der Ausweitung der Binnenschiffahrt auf dem Yangtze die infrastrukturellen Voraussetzungen für Handel und Investitionen in den jeweiligen Einflußsphären schaffen.

Dieser Aufteilungspolitik setzten die USA 1898 und 1899 ihre „Open door-Noten" entgegen, da sie trotz verschiedener Versuche (Konzession für den Bau der Bahn Kanton-Hankow, Gewinnung der Samsah-Bucht in Fukien) bei der direkten Verteilung zu kurz gekommen sind. Der Hintergrund dieser US-Strategie ist darin zu suchen, daß bis 1911 infolge der Erschließung des amerikanischen Westens der Kapitalexport gering war, während seit der großen Despression ab 1873 der Drang zum Warenexport mächtig und damit auch der Chinahandel relativ bedeutend wurde, der durch eine solche Aufteilung und Monopolisierung des chinesischen Markts bedroht schien.

Das Jahr 1900 markierte den Abschluß dieser hektischen Aufteilungsphase und erlebte mit dem Boxeraufstand den ersten Versuch des chinesischen Volkes, sich gegen die imperialistische Agression zur Wehr zu setzen. In den beiden Opiumkriegen und den Kriegen mit Frankreich und Japan handelte es sich eher um Versuche der herrschenden Klasse Chinas, ihren Einfluß gegen den Ansturm der Ausländer zu verteidigen. Der Boxeraufstand war die erste nationalistische Volkserhebung, die erst spät von der kaiserlichen Regierung unterstützt wurde. Den vereinigten militärischen Anstrengungen der Westmächte und Japans mußte China sich damals allerdings noch beugen.

Im zuge dieses Krieges besetzte Rußland die gesamte Mandschurei und leitete damit die Okkupationsphase ein, die die Auseinandersetzung zwischen den USA und den europäischen Mächten verdrängte. Fünf Jahre später im russisch-japanischen Krieg stieg nämlich Japan zur dominierenden Macht im Fernen Osten auf und besetzte Port Arthur und die Südmandschurei. Später wurde auch der südliche Teil der russischen Ostbahn übernommen. Nach dem ersten Weltkrieg übernahm Japan auch Kiautschou und die Shantungbahn. 1931 schaffte sich der japanische Faschismus anläßlich des sogenannten „Mukden-Zwischenfalls" seine „Ostgebiete" mit dem Marionettenstaat „Mandschuko", der die Mandschurei und Teile der Inneren Mongolei umfaßte. Damit waren die geheimen Ziele des „Tanaka-Memorandums" erreicht, das schon 1927 die Herauslösung der nördlichen Provinzen aus dem chinesischen Staatsverband vorsah, um sie in das angestrebte japanische Großreich einzugliedern. Der „Zwischenfall an der Marco-Polo-Brücke" 1937 wurde zum Vorwand weiterer kriegerischer Auseinandersetzungen, die bis Ende des Pazifikkrieges dauerten und die nahezu vollständige Besetzung des chinesischen Kernlandes bis zur indochinesischen Grenze nach sich zogen. Japan verfolgte in den okkupierten Gebieten konsequent eine Industrialisierungs- und Agrarentwicklungspolitik, die sich zwar auf private Unternehmer stützte, aber durch staatliche Teilnahme oder Absicherung im Rahmen von 5–Jahresplänen im Hinblick auf die japanische Rüstung für den Zweiten Weltkrieg einen ganz anderen Charakter hatte als die von den Europäern und den USA betriebene Politik, die Investitionen im Hinblick auf ihre Rentabilität nur in den Leichtindustrien konzentrierte.

Anhand verschiedener Indikatoren wie der Partnerkonzentration im Außenhandel und der Herkunft der ausländischen Investitionen lassen sich die wachsende innerimperialistische Konkurenz um den chinesischen Markt und der Wechsel zwischen den jeweils dominierenden Metropolen ablesen. Im 19. Jahrhundert ist England die eindeutig dominierende Macht. Im Verbund mit seinen Dominions und Hongkong, das der Haupteinfuhrhafen für englische Waren ist, bestreitet England nahezu 3/4 des gesamten chinesischen Außenhandels. Seit der Jahrhundertwende gewinnen aber Japan und die USA erhebliche Anteile auf der Importseite und verdrängen England nach dem Ersten Weltkrieg auf Platz drei. Auf der Exportseite erringen auch Rußland, Frankreich und Deutschland gewisse Anteile. Der Wechsel von der Hauptmetropole England auf Japan im 20. Jahrhundert wird anhand der Herkunft der ausländischen Investitionen noch deutlicher. Nach 1895 erzielen England und Rußland infolge ihrer Eisenbahninvestitionen und Regierungsanleihen hohe Anteile. Während England seinen Anteil von etwa einem Drittel bis 1936 behaupten kann, wächst der Anteil Japans von 0 auf 40 Prozent, die Mandschurei eingeschlossen, was nach dem Ersten Weltkrieg auf Kosten Rußlands und z.T. Deutschlands und Frankreichs geschieht. Der drittgrößte Partner USA folgt in weitem Abstand, kann aber seinen Anteil von 2,5 auf 8,6 Prozent steigern.

Die geschilderten Ereignisse mögen den Eindruck erwecken, als ob die Reklamierung von Interessensphären, die Gewinnung von Konzessionen, die Öffnung der Häfen und Binnengewässer sowie der Bau von Eisenbahnen sehr rasch den Weg zu einer vollständigen Durchdringung Chinas geebnet hätten und das Land zu einem integrierten Bestandteil des weltweiten kapitalistischen Systems mit allen typischen Deformationen des Peripheriekapitalismus hätten werden lassen. Anhand der regionalen Konzentration der geschilderten institutionellen und infrastrukturellen Maßnahmen sowie der Bewertung, welche realen Auswirkungen diese Maßnahmen hatten, wird deutlich, daß diese Einschätzung nur bedingt zutrifft. Das läßt sich z.B. dadurch belegen, daß die modernen Transportmittel nur in einigen Regionen in der Lage waren, das durch Djunken, Lastträger, Ochsenkarren und Kamele geprägte traditionelle Transportwesen zu verdrängen.

Der modernen Dampfschiffahrt standen zwar infolge der Verträge bis 1930 105 Küsten- und Binnenhäfen sowie der Yangtze offen, der bis Hankow, 900 km landeinwärts, für Ozeandampfer befahrbar war. Die Verteilung der Tonnage der eingelaufenen Schiffe auf die einzelnen Häfen zeigt aber, daß diese Häfen keineswegs alle über einen nennenswertes Verkehrsaufkommen verfügten. Im Jahre 1913 entfielen allein 21 Prozent der Tonnage auf Schanghai an der Mündung des Yangtze und weitere 34 Prozent auf die Flußhäfen des unteren Yangtze bis Hankow. Ein weiteres Zentrum bestand im Süden in der Region des Perlflußdelta (Kanton, Hongkong und einige kleinere Häfen) mit 12,3 Prozent. Alle übrigen Häfen empfingen nur sehr geringe Anteile.

Der Eisenbahnbau war die zweite Bresche, die in das traditionelle Transportwesen geschlagen wurde. Nach zögernden Anfängen mit Gruben- und Hafenbahnen begann die erste Welle des Eisenbahnbaus 1895 mit dem Gerangel um die Interessensphären, wobei diese Sphären zuerst das Interesse der betreffenden Macht an Eisenbahnbauten gegen die Konkurrenz andere Mächte sichern sollten. Rußland baute quer durch die Mandschurei die sogenannte Ostbahn, die Vladivostok mit der Transsibirischen Eisenbahn verband, noch bevor die Trasse nördlich des Amur fertiggestellt war. Eine südliche Abzweigung führte von Harbin zum Militärhafen Port Arthur und dem Handelshafen Dairen auf der Halbinsel Liaotung. Dieser südliche Teil wurde nach dem russisch-japanischen Krieg von 1905 von der japanischen Südmandschurischen Eisenbahngesellschaft übernommen. Deutschland baute die Shantung-Bahn von Tsingtao nach Tsinan, Frankreich die Yunann-Bahn von Haiphong nach Kunming im Süden und England die Strecke Kanton-Kowloon. Diese genannten Eisenbahnen wurden von der jeweiligen Interessenmacht finanziert, gebaut und betrieben.

Die Linien verfolgten aber keineswegs die traditionellen Transportrouten, sondern zapften China von den Rändern, d.h. von den einzelnen Pachtgebieten her, an. Dadurch wurden die Grundlagen für neue wirtschaftliche Zentren gelegt. Rußland verschaffte sich eine erhebliche Abkürzung für die Transsibirische Eisenbahn, band den eisfreien Pazifikhafen Port Arthur an und versuchte, seine Einflußsphäre zu erschließen. Ähnlich verfuhr Deutschland, das von seinem Hafen Tsingtao aus eine Strecke durch „sein“ Hinterland Shantung errichtete. Frankreich beabsichtigte, die Yunnan-Bahn bis zum oberen Yangtze zu verlängern, um so „seine“ Region an ein ökonomisches Zentrum anzubinden. England baute die kurze Verbindung seiner Kolonie Hongkong mit Kanton.

Ab 1905 wollte auch die chinesische Regierung ein Eisenbahnnetz errichten, das den traditionellen Verkehrsrouten folgte. Hart bedrängt von ausländischen Kapitalgesellschaften und mangels chinesischer privater Investitionsbereitschaft mußte sie dabei auf ausländische Finanzierung zurückgreifen. Auch die technische

Leitung unterstand der betreffenden Finanzierungsmacht. Die notwendigen Kapialgüter wurden aus den jeweiligen Metropolen importiert. So fiel die Masse des seit 1895 erlaubten Kapitalimports zunächst auf die Einsenbahnanleihen der chinesischen Regierung.

Folgende wichtige Strecken wurden bis in die 1930er Jahre in Betrieb genommen:

1. Die Strecke Peking-Mukden, die die Hauptstadt mit dem Zentrum der Mandschurei verbindet und an die Strecke Harbin-Port Arthur anschließt.
2. Die Strecke Tientsin-Nanking-Schanghai. Diese Route folgt dem alten Kaiserkanal, der nach der Verlagerung des Bettes des Gelben Flusses (1852) und der Aufnahme der Küstenschiffahrt viel von seiner Bedeutung verloren hatte und seit der Eröffnung der Bahnlinie nur noch dem lokalen Verkehr diente. Diese Strekke, an die auch die Shantung-Bahn angebunden ist, stellte in moderner Form die Haupttransportader zwischen dem ökonomischen Zentrum am unteren Yangtze und dem politischen Zentrum Peking wieder her.
3. Die zweite wichtige Nord-Süd-Verbindung bildet die Strecke Peking-Hankow, dem Endpunkt der Yangtze-Schiffahrt für Ozeandampfer. Die Verlängerung der Strecke bis Kanton reichte Mitte der 30er Jahre erst bis Changcha.

Nach der Besetzung der Südmandschurei durch Japan 1905 und besonders seit der Gründung des japanischen Marionettenstaates Mandschuko bauten die Japaner in dieser Region ein verzweigtes Eisenbahnnetz auf, das sowohl der ökonomischen Erschließung wie der strategisch-ökonomischen Verbindung mit Korea diente.

Die Gesamtlänge dieser Eisenbahnen stieg zwar von 1894 (= 312 km) bis 1945 (= 24 946 km) erheblich, wies aber starke regionale Konzentrationen auf. Allein 46 Prozent der Strecken entfielen auf die Mandschurei und dort vornehmlich auf den südlichen Teil. Ein Transportindex zeigt, daß das Frachtaufkommen nur bis 1936 anstieg und dann infolge des chinesisch-japanischen Kriegs rasch bis zur fast völligen Bedeutungslosigkeit absank. Das heißt, die Eisenbahnen konnten eigentlich nur von etwa 1903 bis 1936 ein Träger der Penetration gewesen sein, da erst seit diesem Datum ein nennenswertes Streckennetz existierte, und nur bis 1936 ein größeres Verkehrsaufkommen zu verzeichnen war. Die eigentliche Blütezeit der Eisenbahn fiel in die kurze Phase der Kuomintang-Herrschaft über das chinesische Kernland von 1927 bis 1936.

Eine Bilanz des durch die Verträge erzwungen institutionellen Rahmens für ausländische Aktivitäten ergibt folgendes Bild: Von grundsätzlicher Bedeutung waren die Verträge von Nanking (1842) und Shimonoseki (1895), da sie umfangreichen Handel und Direktinvestitionen erst ermöglichten. Die exterritorialen Vorrechte für Ausländer in den Vertragshäfen erleichterten zudem die Abwicklung des Ex- und Imports und dienten später als Basis der ausländischen Industrie. Die Festlegung auf den niedrigen Zollsatz von 5 Prozent erleichterte den Import und überließ die traditionelle Hausindustrie sowie die im Aufbau befindliche chinesische Industrie fast ungeschützt der ausländischen Konkurrenz. Dieser Zollsatz wurde 1902 sogar noch auf effektiv 4 Prozent gesenkt und bestand bis 1929. Ab 1929 erlangte China wieder die Tarifautonomie. Das rasche Ansteigen der Zölle bis 1936 auf 29,7 Prozent zeigt, welche Bedeutung die chinesische Industrie dem gewaltsam verweigerten Zollschutz beimaß. Die Festsetzung des Binnenzolls auf die einmalige Zahlung von 2,5 Prozent für Ausländer brachte zudem einen echten Wettbewerbsvorteil, da die mehrmalige Erhebung dieses Zolls entsprechend der Zahl der zu überschreitenden Binnengrenzen die einheimischen Produkte erheblich verteuerte.

Die Forderung nach immer weiteren Vertragshäfen, bis 1930 waren es 105, hatte demgegenüber keinen besonderen Effekt, da das Handelsvolumen dadurch kaum erhöht wurde. Der Handel verlagerte sich nur von dem ehemaligen Zentrum Kanton nach Schanghai und den Häfen am unteren Yangtze. Die Reklamierung der teilweise riesigen Interessensphären hatte außer der Gewinnung von Eisenbahnkonzessionen wenig konkrete Folgen, zumal viele Konzessionen gar nicht wahrgenommen wurden wie etwa im Fall der englischen Yunnan-Bahn, die Burma mit dem Yangtze verbinden sollte. Manche Bahnen, wie die französische Yunnan-Bahn, waren zudem eine ausgesprochene wirtschaftliche Pleite.

Nur da, wo Häfen mit nennenswertem Frachtaufkommen und für die Dampfschiffahrt geeignete Flüsse bzw. Eisenbahnlinien mit bedeutendem Frachtaufkommen vorhanden waren, kann von einer wirklichen Durchdringung gesprochen werden. Es handelte sich dabei im wesentlichen um drei Regionen:

1. Der südliche Teil der Mandschurei. Hier war das Eisenbahnnetz am weitesten ausgebaut. Die Küstennähe erforderte keine schiffbaren Flüsse. Da beide Metropolen in dieser Region, erst Rußland und später Japan, den direkten Landzugang besaßen, spielte die Schiffahrt insgesamt keine besondere Rolle.
2. Das Gebiet des unteren Yangtze von Schanghai bis Hankow 900 km landeinwärts. Der Küstenhafen Schanghai als Haupteinfuhrhafen und die Flußhäfen auf diesem Stromabschnitt wiesen alle ein hohes Verkehrsaufkommen auf. Darüber hinaus waren die wichtigsten Städte durch die Eisenbahn untereinander und mit dem Norden verbunden.
3. Das Perlflußdelta in der Provinz Kwangtung. Hier fielen alle drei Kriterien zusammen: Häfen mit besonderem Verkehrsaufkommen, Flußschiffahrt und Eisenbahn. Die Verbindung zu den anderen Zentren bestand über den Seeweg.

Die Masse der Vertragshäfen verzeichnete demgegenüber kein besonderes Verkehrsaufkommen und konnte kaum zur Penetration beigetragen haben. Ausnahmen bildeten Swatow, Amoy und Foochow im Süden sowie Tsingtao und Tientsin im Norden. Die beiden Nord-Süd-Verbindungen der Eisenbahn ersetzten die traditionelle Verkehrsader, die aber eher den Herrschaftsanspruch Pekings über den Süden garantieren und weniger ihr Hinterland erschließen sollten.

Diesen weitgehend oder partiell erschlossenen Regionen standen weite Gebiete gegenüber, die von modernen Verkehrsmitteln vollkommen unberührt waren. Dazu gehörte der gesamte Westen mit Sinkiang, Tibet, Tsinghai und Kansu, im Norden die Mongolei, Ningshia und Shensi und im Südwesten Szechwan, Yunnan, Kweichow und Kwangsi. Das waren 67 Prozent der Fläche in den Grenzen von 1949, aber nur 27,2 Prozent der Bevölkerung. Zu den nur gering erschlossenen Gebieten gehörten Heilungkiang, Shansi, Honan, Hunan, Kiangsi und Fukien mit weiteren 16,1 Prozent der Fläche und 23,2 Prozent der Einwohner. Diese Annäherung soll aber keineswegs heißen, daß die restlichen 17 Prozent der Fläche mit 49,6 Prozent der Einwohner bereits der Penetration unterworfen waren. Die These lautet vorläufig nur, daß letztere Regionen aufgrund der genannten Indikatoren einer solchen Penetration überhaupt zugänglich waren.

Hier muß sicherlich innerhalb der Provinzen differenziert werden, denn es ist fraglich, ob eine 200 oder 300 km entfernte Bahnlinie oder ein Hafen bereits Kontakt bedeutete, solange die Landstraßen fehlten, die das Hinterland mit den Eisenbahnlinien oder Häfen verbanden. Ferner spielt die Dauer seit der Inbetriebnahme eines Verkehrswegs eine große Rolle. Andererseits war in den drei genannten Zentren die Bevölkerungskonzentration sehr hoch. Diese Einschätzung unterstreicht der Hinweis, daß 1933 der Beitrag des traditionellen Transportgewerbes noch das Dreifache des modernen Transportwesens betrug, also Djunken, Ochsenkarren und Lastträger mit ihrer beschränkten Kapazität und ihrem engen Radius gegenüber Eisenbahn und Dampfschiffahrt noch eindeutig dominierten.

Einen weiteren Indikator für die geringe außenwirtschaftliche Verflechtung liefern Umfang und Struktur des Außenhandels. Der Mengenindex des chinesischen Imports stieg von 25 (1846) auf 131 (1930), um dann bis 1936 wieder auf 78 zu fallen. Das heißt, innerhalb von 77 Jahren war lediglich eine Verdreifachung zu verzeichnen. Im Vergleich zum Sozialprodukt erreichte der Import lediglich einen Anteil, der zwischen 3 und 5 Prozent schwankte. Die Exportquote lag mit 2–3 Prozent sogar noch darunter. Diese Quoten sind im internationalen Vergleich extrem niedrig. Andere Länder der Dritten Welt wiesen in der ersten Hälfte des 20. Jahrhunderts Ex- und Importquoten von 20–30 Prozent auf. Selbst vergleichbar große Länder wie Indien oder Brasilien verzeichneten Quoten von 10–15 Prozent. Auch wenn für einzelne Produkte wie etwa Rohseide, Sojabohnen und in geringerem Maße für Tee, Wolle und Pflanzenöl Exportanteile von 15–60 Prozent festzustellen sind, konnte für die chinesische Volkswirtschaft als ganze in keiner Weise von externer Orientierung oder außenwirtschaftlicher Abhängigkeit gesprochen werden. Angesichts dieser Ausgangssituation war es für China nach 1960 im Vergleich zu anderen Ländern relativ einfach, eine Strategie der Separation vom Weltmarkt einzuschlagen.

Aber nicht nur der Umfang des Außenhandels, auch seine Struktur war untypisch gegenüber anderen Ländern, wo in der Regel die hohe Außenhandelsquote durch wenige oder nur ein einziges Produkt zustande kam. Nachdem noch im 19. Jahrhundert der gesamte chinesische Export durch Tee und Seide bestritten wurde, wich diese Monostruktur mit Beginn des 20. Jahrhunderts einer breiten Palette von Agrarprodukten. Der Außenhandel hat also im Fall China nicht die Herausbildung einer Monokultur gefördert, deren Abbau für andere Länder so problematisch ist. Der chinesische Import wies demgegenüber neben den dominierenden Konsumgütern in steigendem Maße auch Kapitalgüter auf. Dies war eine Folge des nach 1895 einsetzenden Übergangs von reinen Import zu importsubstituierenden Direktinvestitionen im Bereich von Textilien, Nahrungs- und Genußmitteln sowie des einsetzenden Eisenbahnbaus.

Die genannten Faktoren – geringe Weltmarktintegration infolge niedriger Außenhandelsquote, breite Streuung der Exportgüter, keine erkennbaren Ansätze zur Herausbildung einer exportorientierten Monokultur und der sehr frühe Übergang zur Importsubstitutionsindustrialisierung sowie von Japan betriebener Schwerindustrialisierung in der Mandschurei – unterschieden China in starkem Maße von anderen Ländern der Dritten Welt. Wenn der Außenhandel auch keine besonderen stimulierenden Effekte im Hinblick auf eine eigenständige Industrialisierung ausgeübt hat, sondern nur der Versorgung eines gehobenen Markts der Vertragshäfen bzw. der japanischen Armee mit Rüstungsgütern diente, so hat er doch umgekehrt im Vergleich zu anderen Ländern in geringerem Maße zu einer vollständigen Deformation der gesamten Ökonomie mit tiefgreifenden Blockierungseffekten im Hinblick auf eigenständige Entwicklung beigetragen. Der Aufbau einer autozentrierten Industrialisierung nach 1949 war also mit geringeren Hypotheken belastet als das in anderen, auch sozialistischen, Ländern wie etwa Kuba zu beobachten ist.

3 Die Herausbildung des modernen Sektors

Die geschilderten ausländischen Aktivitäten führten zunächst mittelbar und später im Zuge der Direktinvestitionen auch unmittelbar zur Herausbildung eines modernen Sektors. Indirekt insofern, als fortschrittlich denkende Männer innerhalb der kaiserlichen Regierung nach den Niederlagen in den beiden Opiumkriegen zu der Einsicht kamen, daß nur eine moderne Armee, die durch eine moderne Rüstungsindustrie versorgt wird, in der Lage ist, weitere imperialistische Agressionen abzuwehren. Arsenale und kleine Schiffswerften, die auf staatliche Initiative hin gegründet wurden, standen demzufolge seit 1862 am Beginn der Industrialisierung Chinas.

Das Beispiel der erfolgreichen staatlichen Hilfestellung in Japan – die japanische Überlegenheit hatte sich im chinesisch-japanischen Krieg von 1894/95 deutlich gezeigt – animierte die chinesische Regierung im Zeitraum von 1878 bis 1894 zur Gründung sogenannter „kuan-tu shang-pan" Betriebe. Dieser Begriff bedeutet soviel wie private Leitung (shang-pan) unter staatlicher Kontrolle (kuan-tu). Die unentschlossene Haltung der kaiserlichen Regierung gegenüber dieser Politik, je nachdem ob konservative oder reformerische Kräfte gerade dominierten, die Unergiebigkeit des nationalen Kapitalmarkts – Großgrundbesitzer, Beamte und Kaufleute zogen es vor, ihr Geld zu horten, zu verleihen oder in Boden zu investieren – sowie technologische Schwierigkeiten und Mismanagement führten dazu, daß diese ersten Ansätze scheiterten. Hinzu kam in einigen Bereichen bereits der ausländische Konkurrenzdruck. Bis 1895 existierten ca. 103 Betriebe, deren Unterschied zur handwerksmäßigen Produktion hauptsächlich darin bestand, daß einige energiebetriebene Maschinen aufgestellt wurden. Ausreichende Infrastruktur war kaum vorhanden, und der Mechanisierungsgrad war gering.

Erfolgversprechender waren die Anfänge, die in direktem Zusammenhang mit der ausländischen Penetration standen. Der seit der Öffnung der Häfen zunehmende Handel hatte verschiedene Direktinvestitionen hervorgerufen, die zur Abwicklung des Außenhandels notwendig waren. Bis 1894 sollen 88 Firmen gegründet worden sein, die entweder direkte Niederlassungen der Handelsfirmen waren, den Bau und die Reparatur von Schiffen betrieben oder einfache Verarbeitungsprozesse der Hauptexportgüter Tee und Seide vornahmen, soweit das aus Transportgründen notwendig oder vorteilhaft erschien. Die Niederlassung von Ausländern in den Pachtgebieten der Vertragshäfen rief darüber hinaus einen Bedarf nach öffentlichen Dienstleistungen wie Gas-, Wasser- und Elektrizitätsversorgung hervor, der von den Ausländern selber gedeckt wurde. Die Yangtze- und Küstenschiffahrt war ein weiteres Betätigungsfeld für Ausländer.

Diese zunächst weitgehend illegalen ausländischen Unternehmungen wurden seit dem Vertrag von Shimonoseki (1895) legalisiert und nahmen rasch an Umfang zu. Der Gesamtwert der ausländischen Investitionen betrug im Jahre 1902 787,9 Mio US-$ und stieg bis 1936 auf 3 483 Mio US-$. Davon waren etwa drei Viertel Direktinvestitionen und der Rest überwiegend Anleihen, die die chinesische Regierung aufnehmen mußte, um die Kontributionen nach drei verlorenen Kriegen leisten zu können, den Staat nach der Niederschlagung des Taiping-Aufstandes zu reorganisieren und die staatlichen Eisenbahnprojekte zu finanzieren.

Bei den ausländischen Direktinvestitionen waren im wesentlichen drei Bereiche vertreten. Der größte Anteil, etwa 25 bis 30 Prozent, entfiel auf den Transportsektor, also Eisenbahn und Dampfschiffahrt. Der nächstgrößte Bereich umfaßte die Abwicklung des Außenhandels nebst zugehörigen Banken, Versicherungen und sonstigen Dienstleistungen. Der Anteil der Verarbeitenden Industrie erreichte bis 1936 ca. 20 Prozent und war auf die Textil- und Nahrungsmittelbranchen konzentriert. Die klassischen Felder ausländischer Investitionen in der Dritten Welt, Bergbau und Landwirtschaft, fehlten fast völlig bzw. dienten, wo sie vorhanden waren, der Versorgung der Eisenbahn und Schiffahrt mit Kohle, waren aber nicht exportorientiert. Auch hier wird wieder das vorherrschende ausländische Motiv sichtbar, den chinesischen Markt zu erobern und nicht etwa exportorientierte Aktivitäten zu entfalten.

Ein großes Hindernis geschäftlicher Aktivitäten in China waren für Ausländer ihre mangelhaften Sprachkenntnisse und die fehlende Einfühlungsgabe in Bezug auf chinesische Konsumgewohnheiten und Geschäftspraktiken. Deswegen war es üblich, Chinesen, sogenannte Kompradoren, einzustellen, die diese bei den Ausländern fehlenden Voraussetzungen erfüllten und als Mittelsmänner zu den einheimischen Geschäftspartnern fungierten. Diese Kompradoren adaptierten schnell die modernen westlichen Geschäftspraktiken und bildeten den Kern einer nationalen chinesischen Bourgeoisie, die etwa seit dem ersten Jahrzehnt des 20. Jahrhunderts dazu übergıng, eigene, von der Regierung unabhängige, Unternehmungen im industriellen Sektor aufzubauen. Ihre Aktivitäten beschränkten sich ebenfalls vorwiegend auf die importsubstituierenden Textil- und Lebensmittelindustrien. Diese Industrialisierungsanfänge veränderten die Struktur der chinesischen Wirtschaft bis 1912 kaum.

Eine dazu völlig konträre Entwicklung begann nach dem russisch-japanischen Krieg (1905) in der Mandschurei. Hier verfolgten die Japaner eine planmäßige Industrialisierung, die nach der Okkupation des gesamten Territoriums und der Gründung von Mandschuko (1932) auf die japanische Rüstungsanstrengungen für den Zweiten Weltkrieg ausgerichtet war. Neben dem großzügigen Ausbau des Eisenbahnnetzes entstand ein kompletter schwerindustrieller Sektor mit Kohle- und Eisenerzbergbau, Eisen- und Stahlindustrie sowie Maschinen- und Fahrzeugbau. Dieser gesamte Komplex war, völlig losgelöst vom übrigen China, über seine Infra- und Lieferstruktur an die japanische Kolonie Korea und an Japan angebunden. Diese japanischen Aktivitäten waren es, die einen wesentlichen Beitrag zum Wachstum des industriellen Sektors in ganz China ab 1912 bis zum Zweiten Weltkrieg leisteten.

Seit diesem Datum war bis 1936 ein kontinuierliches Wachstum des industiellen Sektors zu verzeichnen, das infolge des chinesisch-japanischen Kriegs allerdings abrupt zurückging und erst seit 1938/39 durch die forcierte japanische Rüstungsindustrialisierung in der Mandschurei überkompensiert wurde, so daß statistisch gesehen für ganz China ein erneuter Aufschwung einsetzte. Über die Periode von 1912 bis 1949 wurde ein durchschnittliches jährliches Wachstum von 5,6 Prozent erreicht. Die höchsten Zuwachsraten fielen mit 13,4 Prozent jährlich in die Zeit von 1912 bis 1920. Während der größten innenpolitischen Stabilität von 1931–1936 erreichte die Quote bemerkenswerte 9,3 Prozent jährlich. Bei diesen Zuwachsraten ist natürlich zu berücksichtigen, daß das Ausgangsniveau extrem niedrig war, und der Anteil des Industriesektors am Sozialprodukt 1933 erst 2,2 Prozent betrug.

Für unseren Kontext interessanter ist dabei die Frage, welche Struktur dieser moderne Sektor aufwies, das heißt, ob die 20er und 30er Jahre, wie von manchen Autoren behauptet, eine Takeoff-Phase darstellten, die zu einer eigenständigen und sich selbst tragenden Industrialisierung geführt hätte, wenn das nicht durch die japanische Okkupation verhindert worden wäre, oder ob diese Industrialisierung die typischen Kennzeichen des peripheren Kapitalismus aufwies, mithin nur den Übergang von der Stagnation zur Unterentwicklung eingeleitet hat.

Der periphere Kapitalismus der Länder der Dritten Welt unterscheidet sich vom metropolitanen Kapitalismus Westeuropas, Nordamerikas und Japans dadurch, daß strukturell heterogene Beziehungen zwischen den einzelnen Segmenten der Volkswirtschaft bestehen. Die Bezeichnung „strukturell heterogen" will heißen, daß in ihnen unterschiedliche Produktionsweisen mit unterschiedlichem Entwicklungsstand der Produktivkräfte aufeinander bezogen existieren, wobei die jeweils fortgeschrittensten Produktionsaktivitäten auf den Weltmarkt hin orientiert sind, und die übrigen Sektoren der peripheren Gesellschaften von diesen im wesentlichen außenorientierten Sektoren funktional abhängig sind, d.h. je nach Bedürfnis selbst auf Zeit dynanisiert bzw., soweit ein solches Bedürfnis nicht vorliegt, in Stagnation abgedrängt werden. In der Entwicklung des metropolitanen Kapitalismus ist die tendenzielle Homogenisierung der verschiedenen Wirtschaftssektoren eines der hervorstechendsten Merkmale des Entwicklungsprozesses gewesen. Diese Homogenisierung drückt sich aus in der tendenziellen Angleichung der Produktivitätsniveaus, der Intensität der Arbeit sowie dem Übergang von arbeitsintensiver zu kapitalintensiver Produktion in allen wesentlichen Sektoren. Dadurch gewannen diese Gesellschaften eine Homogenität und Kohärenz, die sie zu eigenständigen, autonomen Gebilden werden ließen.

Gerade eine solche Entwicklung zur strukturellen Vereinheitlichung einer gegebenen Gesellschaftsformation ist in den Peripherien nicht zu beobachten. Durch das wachsende Eindringen der ausländischen Investoren in den Bereich von Dienstleistungen und der Produktion von Konsumgütern für eine privilegierte Minorität in den Peripherien wird diese strukturelle Heterogenität vertieft. Die Kluft besteht demzufolge nicht nur zwischen der nach außen orientierten Exportwirtschaft und einer bis auf wenige sektorale Ausnahmen stagnierenden Landwirtschaft, sondern gerade auch zwischen dem für einen kleinen Binnenmarkt von Luxusgütern produzierenden Sektor und der übrigen, nicht für den Außenmarkt produzierenden Gesellschaft und Ökonomie.

Neben der Unterscheidung „traditionell“ und „modern“ wird also innerhalb des modernen Sektors zwischen nationalem modernem und ausländischem Sektor unterschieden. Die Beziehungen zwischen den Sektoren sind aber keineswegs, wie von der Dualismustheorie behauptet, nicht vorhanden. Der traditionelle Sektor alimentiert vielmehr auf vielfältige Weise (Surplustransfer qua Handel zwischen den Sektoren, zeitweise Bereitstellung von billiger Arbeitskraft, staatliche Subventionen des modernen Sektors, die durch die gesamte Ökonomie finanziert werden, u.a.) die Rentabilität des modernen Sektors, was dazu führt, daß die Heterogenität der Sektoren immer weiter verschäft wird. Die entwicklungspolitische Konsequenz besteht im grundsätzlichen Wandel der Gesellschaftsstruktur und einer außenwirtschaftlichen Neuorientierung.

Ein solches Drei-Sektoren-Modell mit den genannten Konsequenzen läßt sich auch für China in der ersten Hälfte des 20. Jahrhunderts nachweisen. Detaillierte Schätzungen geben für das Jahr 1933 ein Nettoinlandsprodukt von 28,86 Mrd Yuan an. Eine weitgefaßte Definition der Aktivitäten, die innerhalb der Gesamtökonomie als modern anzusehen sind, also Verarbeitende Industrie, Bergbau, Transport- und Kommunikationswesen, Öffentliche Dienste, Banken, Versicherungen, Handel und Gaststättengewerbe, führt zu einen Anteil von 3,64 Mrd Yuan bei 11,5 Mio Beschäftigten, was 12,6 Prozent des Nettoinlandsprodukts bzw. 4,4 Prozent der ökonomisch aktiven Bevölkerung entsprach. Als Industriearbeiter im modernen Sinn waren maximal 2 Mio bzw. 0,7 Prozent der Beschäftigten anzusehen. Eine weitere Untergliederung dieses modernen Sektors kommt zu dem Ergebnis, daß von diesen 12,6 Prozent etwa ein Drittel auf ausländische Aktivitäten zurückgingen. Demnach betrug im Jahre 1933 die Relation von traditionellem, nationalem modernen und ausländischem Sektor 87,4 : 8,5 : 4,1 Prozent.

Die außerordentliche Prägung des vorrevolutionären Chinas durch die Landwirtschaft und damit die Dominanz der beschriebenen Produktionsweise steht außer Frage. Zum traditionellen Bereich zählten weiterhin die von Rhythmus der Landwirtschaft bestimmte Hausindustrie, das Handwerk, der Transport mit Djunken, Ochsenkarren, Maultieren, Lastträgern, die Kleinhändler und die für die lokalen Märkte so wichtigen Hausierer, die Geldverleiher und die Getreidewucherer, Hauspersonal, Schreiber, Advokaten, Privatlehrer, Artisten und andere Freie Berufe sowie die gesamte klassisch-literarisch gebildete aber modernen administrativen Anforderungen nicht gewachsene Beamtenschaft. Die Arbeitsteilung zwischen dem traditionellen und den modernen Sektoren bedarf keiner weiteren Erläuterung. Die Arbeitsteilung zwischen den beiden modernen Sektoren und ihre Beziehungen kann nur durch eine differenzierte Branchenanalyse geklärt werden.

In den wichtigsten Branchen innerhalb der Verarbeitenden Industrie – Textilien, Nahrungs- und Genußmittel – wichen die ausländischen Anteile mit Ausnahme der Zigarettenindustrie nicht signifikant vom Durchschnittswert von 33 Prozent ab. Dabei ist allerdings zu berücksichtigen, daß diese Branchen gleichzeitig den Schwerpunkt der Importgüter bildeten, der ausländische Marktanteil also wesentlich höher lag.

Im Bereich des Kohle- und Erzbergbaus, der Erzeugung von elektrischer Energie sowie der Roheisenherstellung war der ausländische Anteil erdrückend. Gleiches galt für den Transportbereich (Dampfschiffahrt und Eisenbahnen). Im Bereich des Handels war der Außenhandel total in ausländischer Hand. Bei den Dienstleistungsbereichen Banken, Versicherungen und Öffentliche Dienste war das Verhältnis zwischen inländischen und ausländischen Anteilen ausgeglichen.

Daraus läßt sich der Schluß ziehen, daß das chinesische Kapital zwar einen dominierenden Anteil im Bereich der Leichtindustrie aufwies – Maschinenbau und Metallverarbeitung waren 1933 noch marginale Größen –, daß aber im Bereich der Grundstoffindustrien, der Energieerzeugung und des Transportwesens eine nahezu vollständige ausländische Dominanz festzustellen war. Hinzu kam das ausländische Außenhandelsmonopol. Diese Arbeitsteilung im Hinblick auf Leicht- und Schwerindustrie wurde nach 1933 weiter ausgeprägt, weil die Masse der japanischen Investitionen im Bereich der Eisen- und Stahlerzeugung und des Maschinenbaus erst nach 1933 getätig wurde. Hinzu kommt, daß Transportmittel, Textilmaschinen und Elektromotoren importiert wurden, während die entsprechenden einheimischen Branchen nur Reparaturaufgaben wahrnahmen.

Sogar innerhalb der einzelnen Branchen läßt sich eine Arbeitsteilung feststellen. So produzierte die einheimische Garnindustrie groberes Garn, das im Hinterland abgesetzt wurde, während die ausländischen Betriebe bessere Qualitäten für den städtischen Markt herstellten. Die Verarbeitung der exportorientierten Konsumgüter für den Markt der Metropolen war ebenfalls eine ausländische Domäne. Die ausländischen Banken und Versicherungen finzanzierten den Außenhandel (in den 30er Jahren noch zu 90 Prozent), die gesamten Direktinvestitionen aber auch Großprojekte chinesischer Unternehmer wie etwa das Kaiping Bergwerk. Die ausländischen Bergwerke versorgten die Eisenbahnen, die Binnenschiffahrt und die Vertragshäfen mit Kohle. Die ausländischen Betriebe im Bereich der Gas-, Wasser- und Elektrizitätsversorgung bedienten die ausländischen Niederlassungen in den Vertragshäfen.

Aufgrund dieser Beispiele läßt sich die These aufstellen, daß neben der genannten Arbeitsteilung zwischen den Branchen auch innerhalb der Branchen eine klare Funktionstrennung zu beobachten ist. Die ausländischen Direktinvestitionen hatten vorwiegend zwei Aktionsfelder:

1. Durchführung des Ex- und Imports mit zugehöriger Finanzierung, Versicherung, Transport, Verarbeitung von Exportgütern. Hier übernahm das nationale chinesische Kapital keinerlei Funktionen.
2. Nich so eindeutig geschieden aber doch mit deutlichen Schwerpunkten: Versorgung des Markts der Vertragshäfen mit vor allem dauerhaften Konsumgütern durch Produktion und Import. Öffentliche Dienste sowie finanzielle Versorgung dieser Häfen durch Banken und Versicherungen.

Die einheimischen Aktivitäten des modernen Sektors konzentrierten sich demgegenüber auf die Lebensmittel- und Textilindustrie, wobei eher das Hinterland beliefert wurde. Entsprechend bestand einheimische Doninanz im Binnenhandel, den Dienstleistungen außerhalb der Vertragshäfen, der Finanzierung kapitalärmerer nationaler Industrie und beim Gaststättengewerbe.

Neben der regionalen und funktionalen Trennung lassen sich auch Unterschiede in der durchschnittlichen Kapitalausstattung, der Zahl der Beschäftigten, der Qualifikation der beschäftigten Arbeitskräfte, dem Einsatz moderner Maschinen, moderner Finanzierungsmethoden (Anteil der Aktiengesellschaften) u. a. feststellen, wobei die ausländischen Betriebe in der Regel im Vorteil waren. So ist es nicht verwunderlich, daß angesichts des begrenzten Markts der Konkurrenzdruck durch Direktinvestitionen und Importe die Entfaltungsmöglichkeiten der nationalen Industrie stark einschränkte. Das führte dazu, daß Chinesen es oft vorzogen, ihr Kapital in ausländische Firmen zu investieren.

Der weitgehend direkt oder indirekt auf die ausländische Penetration zurückgehende Industrialisierungsprozess Chinas hat nicht nur zur beschriebenen Aufgliederung in drei Sektoren geführt. Wenn Importsubstitution oder Verarbeitung von Exportgütern sowie strategisch-militärische Beweggründe des Auslands die Haupttriebkräfte der Industrialisierung sind, dann hat das auch wesentliche Konsequenzen für Branchenstruktur und Akkumulationsdynamik sowie die regionale Konzentration der Industrie. Im Gegensatz zu anderen unterentwickelten Ländern, wo diese Erscheinungsformen abhängiger industrieller Entwicklung oft nur auf ein einziges Erklärungsmuster gebracht werden können, etwa die Gewinnung und der Export eines bestimmten Rohstoffs versus Import von Konsumgütern, lassen sich in China von der Motivation des Auslands, den binnenwirtschaftlichen Auswirkungen und dem zeitlichen Ablauf der Penetration zwei völlig unterschiedliche Entwicklungen feststellen, die zu einer Verdoppelung der Strukturmerkmale abhängiger Industrialisierung geführt haben. Das hängt zusammen mit den bereits geschilderten unterschiedlichen Typen des Imperialismus, die in China wirksam wurden, was auf die unterschiedlichen politisch-wirtschaftlichen Strukturen der Metropolen zurückzuführen ist.

Nach „liberal-imperialistischen" Muster verlief die 1842 einsetzende und zunächst durch England, seit der Jahrhundertwende auch durch Deutschland, Frankreich und die USA, betriebene Penetration des Handels und der Interessensphären. Außenhandel und später importsubstituierende Industrialisierung führten zu einer Konzentration der Leichtindustrie auf wenige, verkehrsmäßig günstig gelegene Küstenstädte. Dieser Prozeß wurde 1937 mit der Besetzung des chinesischen Kernlandes durch Japan abrupt unterbrochen.

Die faschistische Variante des japanischen Imperialismus, die nicht die, zumindest auf Seiten der Westmächte behauptete, „friedliche" kommerzielle Durchdringung Chinas im Sinn hatte, sondern die im Tanaka-Memorandum klar bekannte Okkuption und Annexion bestimmter Gebiete anstrebte, um sie zu einem integralen Bestandteil des angestrebten japanischen Großreichs und der japanischen Wirtschaft zu machen, führte demgegenüber seit 1905 (russisch-japanischer Krieg) zunächst im Süden und seit der Gründung des japanischen Marionettenstaates „Mandschuko" im Jahre 1932 in der gesamten Mandschurei zum Aufbau eines integrierten schwerindustriellen Komplexes unter nahezu völliger Vernachlässigung der Leichtindustrie. Diese Entwicklung setzte ab 1934 in voller Stärke ein, besonders forciert im Hinblick auf die japanische Aufrüstung für den Pazifik-Krieg, und wurde erst 1943 durch die amerikanische Luftwaffe und die Versenkung japanischer Frachter unterbrochen.

So ergab sich die paradoxe Situation, daß sowohl ein leichtindustrieller wie ein schwerindustrieller Sektor aufgebaut wurden, beide aber keinerlei funktionale Beziehungen zueinander aufwiesen und zudem noch regional vollständig separiert waren. Die strukturelle Heterogenität der drei Sektoren wurde also bestimmt von zwei Akkumulationsmodellen mit unterschiedlichen Auswirkungen auf den nationalen modernen und den traditionellen Sektor.

Diese Kennzeichnung des chinesischen Industrialisierungsprozesses läßt sich durch einige Daten belegen. Im Jahre 1936 fielen allein 55 Prozent der ausländischen Direktinvestitionen innerhalb der Verarbeitenden Industrie auf den Textilbereich. Dabei handelte es sich vorwiegend um Spinnereien und Webereien (Importsubstitution) sowie die Seidenherstellung (Exportindustrie). Der nächstgrößte Bereich, Chemie, betraf ursprünglich importierte Konsumgüter wie Steichhölzer, Seife, Kerosin und Farben, die zur Textilverarbeitung benötigt wurden. Der dritte Bereich, Lebensmittel und Tabak, setzte sich im wesentlichen aus Ölmühlen (Exportverarbeitung) sowie der Zigarettenindustrie und Getreidemühlen (Importsubstitution) zusammen. Der vierte relevante Bereich, Metall und Maschinenbau, der dem schwerindustriellen Sektor zuzurechnen wäre, umfaßte nur 8,8 Prozent der Direktinvestitionen in der Verarbeitenden Industrie, was lediglich einem Anteil von 1,7 Prozent der gesamten Direktinvestitionen entsprach. Letztgenannte Investitionen dienten zum Aufbau von Reparaturwerkstätten für Transportmittel und die Maschinerie der Textilindustrie. Da die Direktinvestitionen im Bergbau 1936 nur 1,6 Prozent betrugen, fielen auf den Produktions- und Grundstoffsektor insgesamt nur 3,2 Prozent. Wenn man berücksichtigt, daß der Auslandsanteil 1933 in der Verarbeitenden Industrie 33 Prozent und im Bergbau mehr als 80 Prozent betrug, läßt sich die Vernachlässigung des gesamten schwerindustriellen Bereichs bis zu diesem Zeitpunkt direkt auf das ausländische Investitionsverhalten zurückführen. Da die einheimische Industrialisierung durch ähnliche Betätigungsfelder, Importsubstitution und Exportverarbeitung, geleitet wurde, erschien das Gesamtbild des modernen Industriesektors nicht wesentlich anders. Bei einer Zusammenfassung von Verarbeitender Industrie und Bergbau erreichte die Konsumgüterindustrie 1933 fast 73 Prozent, während für den Produktionsgütersektor knapp 17 und den Bergbau 10 Prozent übrig blieben.

Innerhalb des leichtindustriellen Sektors dominierten eindeutig der Textilbereich (32,4 Prozent), die Lebensmittel (21,5 Prozent) und die Genußmittel (9,4 Prozent), d.h. im wesentlichen die Spinnerei und Weberei, die Öl- und Getreidemühlen und die Zigarettenfabriken. Diese fünf Branchen hielten zusammen 53,4 Prozent von Verarbeitender Industrie und Bergbau. Ihre Entstehung war lediglich ein Reflex auf den Außenhandel. Die Gesamtstruktur der Leichtindustrie unterschied sich also kaum vom ausländischen Anteil in diesem Bereich. Der Produktionsgütersektor wich nur unerheblich von dem ausländischen Muster ab. Eisen und Stahl erreichten 1,1 und der Kohle- und Eisenerzbergbau 5,1 Prozent.

Das Gesamtbild entsprach der peripheren Industrialisierung, deren Kennzeichen die Verzerrung zugunsten der Konsumgüter statt der ausgewogenen Beziehung zwischen Grundstoffe, Produktionsmittel und Konsumgüter erzeugenden Industrien ist. Soweit Produktionsgüter oder Transportmittel nötig waren, regten sie nicht den Aufbau einer entsprechenden Industrie an, sondern führten nur zum Import der konkurrenzfähigeren ausländischen Maschinen und Fahrzeuge, da der notwendige Zollschutz für eine einheimische Industrie fehlte. Nur da, wo Transport- und Lohnkostenvorteile die Verarbeitung der Exportgüter verlangten, bzw. die Importsubstitution ermöglichten, fand Industrialisierung statt. Das bedeutete im Fall China mechanische Seidenherstellung, Teeverarbeitung und Ölmühlen einerseits, Spinnereien, Webereien und Zigarettenfabriken andererseits.

Ebenso wie die Branchenstruktur war auch die regionale Verbreitung der Direktinvestitionen sehr stark durch die Bedürfnisse des Außenhandels geprägt, d.h. vornehmlich dort konzentriert, wo die natürliche Infrastruktur den Außenhandel am meisten begünstigte. Nach der Öffnung der Häfen verlagerte sich die Masse des Außenhandels von Kanton nach Schanghai, das wegen seiner zentralen Lage an der Mündung des Yangtze idealer Stapelplatz für die Küsten- und Yangtzebinnenschiffahrt war. Obwohl der Yangtze bis Hankow für Ozeanschiffe passierbar war, und eine Vielzahl von Häfen entlang der Küste existierte, empfing Schanghai neben seinem eigenen Frachtaufkommen auch einen großen Teil der für andere Gegenden bestimmten Güter, die in Schanghai auf Küsten- und Flußdampfer umgeladen wurden. Das ehemalige Außenhandelszentrum Kanton sank in den 30er Jahren bis zur Bedeutungslosigkeit herab. Neben Schanghai, über das mehr als 50 Prozent des Außenhandels abgewickelt wurden, behauptete lediglich Tientsin einen allerdings abnehmenden Anteil von 12 Prozent bis 1936. Alle übrigen Häfen hatten nur geringe Anteile.

Diese Konzentration des Außenhandels auf Schanghai und in geringerem Maße auf andere Vertragshäfen zog natürlich auch den größten Teil der Direktinvestitionen auf sich, soweit sie nicht wie bei Bergwerken oder Eisenbahnen geographisch gebunden waren. Schanghai war der Sitz der großen Handelshäuser, Hauptbankplatz, Sitz der Versicherungen und Transportgesellschaften, vielfach Verarbeitungsort für Exportgüter und wegen der vielen ansässigen Ausländer, die mit der Abwicklung des Außenhandels beschäftigt waren, Markt für gehobene Konsumgüter und Öffentliche Dienste. Deswegen siedelten sich seit 1895 viele Konsumgüterbetriebe in Schanghai an. Während im Jahre 1902 erst 14 Prozent der Direktinvestitionen in Schanghai getätigt wurden, waren es 1931 bereits 46 Prozent. Das zweite Zentrum bildete die Mandschurei mit 36 Prozent. Hier setzte die Masse der japanischen Investitionen allerdings erst nach 1932 ein, so daß dieser Anteil noch zugenommen haben dürfte.

Bei der regionalen Verteilung der einheimischen Industrie ist eine ähnliche Konzentration zu beobachten. Das geht daraus hervor, daß der Anteil der Schanghai beherbergenden Provinz Kiangsu an der gesamten Industrie (ausländisch und national) im Jahre 1928 36,7 Prozent betrug und bis 1932 auf 61 Prozent stieg. Im wichtigsten Industriezweig, der Baumwollspinnerei, waren 1932 55,4 Prozent der Spindeln in Schanghai in Betrieb. Demnach ist zu vermuten, daß eine außerordentliche Konzentration des gesamten leichtindustriellen und Dienstleistungsbereichs auf wenige Vertragshäfen zu verzeichnen war, wobei Schanghai die einsame nationale Metropole bildete. Ein ganz anderes Bild bot die Mandschurei.

Bis 1931 unterschied sich die Mandschurei im Industrialisierungsgrad kaum vom übrigen China. Die Anfänge gingen auf russische Initiativen zurück und dienten der Versorgung der russischen Truppen und der Ostbahn. Während des Ersten Weltkrieges gab es einen gewissen Aufschwung in der Verarbeitung von Öl und Getreide. Sojabohnen waren das traditionelle Anbauprodukt. 90 Prozent der Exporte der Mandschurei bestanden aus Bohnen und Bohnenprodukten. Der Kohlebergbau (Fushun-Bergwerk) diente der Versorgung der Eisenbahn. Nach dem Sieg über Rußland forcierten die Japaner im südlichen Teil die Entwicklung, indem sie den Hafen von Dairen ausbauten und 16 Städte durch den Vertrag von Peking dem Außenhandel öffneten. Dairen löste Newchwang als Handelszentrum ab. Die Südmandschurische Eisenbahngesellschaft (SME), die den südlichen Teil der russischen Ostbahn von Harbin bis Dairen/Port Arthur übernommen hatte, wurde

Hauptträger der verschiedensten industriellen Aktivitäten: Transport, Verarbeitende Industrie, Bergbau, Öffentliche Dienste u.a. Sie konzentrierten sich vornehmlich auf das Pachtgebiet Kwangtung am äußersten Zipfel der Halbinsel Liaotung und die Eisenbahnzone entlang der Strecke. In diesen beiden Gebieten wurde bis 1934 65 Prozent der gesamten Industrieproduktion erzeugt. Die genannten Aktivitäten blieben aber vorläufig in ähnlichem Rahmen wie in Zentralchina, wenn auch durch die Fushun-Kohlengruben (seit 1911), das Eisen- und Stahlwerk Anshan (seit 1919) und ein Eisenerzbergwerk (seit 1916) ein Akzent auf den schwerindustriellen Sektor gelegt wurde. Japan stieg nach dem russisch-japanischen Krieg zur eindeutigen Metropole in dieser Region auf.

Der von Japan angestrebte Aufbau eines schwerindustriellen Komplexes mit Rüstungsgüterproduktion setzte erst nach der völligen Besetzung des gesamten Territoriums und der formalen Abtrennung vom übrigen China ein. In der Phase von 1932 bis 1936 wurden unter der Federführung der SME und der japanischen Armee die Grundlagen für eine planmäßige Industrialisierung gelegt, um einen Eckpfeiler des zukünftigen japanischen Großreiches zu errichten. Im einzelnen wurden folgende Maßnahmen ergriffen:

- Gründung einer „Mandschurischen Gesellschaft zur industriellen Entwicklung", die langfristige Wirtschaftspläne ausarbeiten sollte. Die eine Hälfte des Kapitals dieser Gesellschaft übernahm der Nissan-Konzern, die andere Hälfte die Regierung von Mandschuko, Kontrollinstanz war die japanische Armee unter Mitarbeit der SME.
- Staatliche Kontrolle folgender Industrien: Metall, Maschinenbau, Papier, Lebensmittel, Textilien, Zement, Chemie (gleichbedeutend mit allen wichtigen Wirtschaftszweigen). Prinzip war dabei die Zusammenfassung jeder Branche in eine Gesellschaft.
- Reorganisation des Geld-, Bank- und Transportwesens. Private Finanzierung und Rendite waren erwünscht, staatliche Kontrolle aber vorhanden.

– Bau von insgesamt 10 000 Kilometern neuer Eisenbahnlinien (bis in die 40er Jahre), Übernahme der gesamten russischen Ostbahn durch die SME (1935) und Aufbau eines Fernstraßennetzes.

Der erste Fünfjahresplan, ursprünglich von 1937 bis 1941 terminiert, wurde revidiert, da sich u. a. die angestrebte Versorgung Deutschlands und Italiens mit Soja aus der Mandschurei infolge des Zweiten Weltkriegs nicht mehr realisieren ließ. Nach Kriegsausbruch wurde die Mandschurei deshalb in einen Plan für den gesamten Yen-Block integriert, der 1938 in Kraft trat. Ziel dieses Plans war die Autarkie der Mandschurei in strategisch besonderes wichtigen Bereichen, wobei insbesondere Steigerungen bei der Produktion von flüssigen Brennstoffen, NE-Metallen, Eisen und Stahl, Chemie, Maschinen- und Fahrzeugbau vorgesehen waren. Wenn auch die tatsächlich erreichte Produktion im Spitzenjahr 1943 zum Teil erheblich unter den Planzielen blieb (bei Kohle statt 34,9 Mio t nur 25,5 Mio t, bei Roheisen statt 4,85 Mio t nur 1,71 Mio t, bei Kraftfahrzeugen statt 30000 nur 2 800), so war der Ausstoß im gesamten Bereich des Bergbaus, der Energieerzeugung, der Eisen- und Stahlindustrie sowie des Maschinen- und Fahrzeugbaus enorm, besonders wenn man Vergleiche zum übrigen China anstellt.

Diese totale Ausrichtung auf den japanischen Rüstungsbedarf, der sogar Flugzeugbau beinhaltete, der ohne Rücksicht auf Kosten und Profitabilität rein unter strategischen Gesichtspunkten durchgeführt wurde – hier liegt der wesentliche Unterschied in der Entwicklungslogik zur Industrialisierung in den Vertragshäfen – bedeutete die weitgehende Ignorierung des Konsumgütersektors. Das Problem des Arbeitskräftemangels wurde durch die Einwanderung von Chinesen, die vorher verboten gewesen war, behoben. Als Reservearmee für billige Arbeitskräfte nahm hier der traditionelle Sektor eine wesentliche Funktion für die Dynamik des modernen Sektors wahr. Diese Zuwanderungspolitik stand zwar im Gegensatz zur ursprünglich angestrebten „Japanisierung“ der Mandschurei, die durch die Ansiedlung von einer Million japanischer Bauern, vor allem im nördlichen Neulanderschließungsgebiet, erreicht werden sollte. Dieser Plan war aber infolge des Truppen- und Rüstungsarbeiterbedarfs in Japan nicht zu verwirklichen.

Vier Merkmale kennzeichneten demnach die chinesische Industrialisierung bis 1945:

1. Sektorale Hypertrophie
   Bis 1933 absolute Dominanz der Leichtindustrie im modernen Sektor. Ihre Dynamik wurde lediglich durch Exporterfordernisse und Importsubstitution bestimmt. Stimuli im Hinblick auf einen vorgelagerten Maschinenbau und Grundstoffindustrien entstanden kaum. Kapitalgüter wurden importiert. Ab 1933 völlig losgelöst davon der forcierte Aufbau eines nur in sich geschlossenen schwerindustriellen Komplexes, der keinen Bezug zum chinesischen Markt hatte, aber Arbeitskräfte absorbierte, die japanische Rüstungsgüter herstellten. Hier wurde umgekehrt der Konsumgüterbereich total vernachlässigt. Es existierten paradoxerweise sowohl ein leicht- wie ein schwerindustrieller Komplex, nur waren sie durch keine Lieferstruktur verbunden, sondern auf Kapitalgüterimporte im einen und die Lebensmittelversorgung des traditionellen Sektors im anderen Fall angewiesen. Die Erklärung liegt in der unterschiedlichen metropolitanen Motivation, die im einen Fall kommerziell und im anderen Fall militärisch bestimmt war.
2. Regionale Hypertrophie
   Die aufgrund der sektoralen Struktur geringen Trickle-down-Effekte für die übrige Wirtschaft wurden dadurch verschärft, daß beide Komplexe auf jeweils eng begrenztem geographischem Raum angesiedelt waren: Die Leichtindustrie in wenigen Vertragshäfen mit Schwerpunkt Schanghai; die Schwerindustrie in der südlichen Mandschurei mit den Schwerpunkten Kwangtung (Port Arthur und Dairen), Anshan, Harbin und Mukden. Das führte zu einer zusätzlichen Agglomeration von Transporteinrichtungen, Finazierungs- und Dienstleistungsgewerben, die der übrigen Wirtschaft nicht zur Verfügung standen. Der Infrastrukturausbau hatte geringe Flächenwirkung.

3. Phasentrennung
   Zeitlich liefen beide Entwicklungen getrennt, so daß erhebliche Konsequenzen für Absorption und Resorption von Arbeitskräften, Anforderungen an die Landwirtschaft nach Lebensmitteln und Rohstoffen, die nicht so kurzfristig wie der Bergbau umzuorientieren waren, Migrationsbewegungen, Auflösung und wieder Zurückbildung der dörflichen Autarkie in den Einzugsbereichen der entstehenden und wieder vergehenden Zentren auftraten.
4. Abhängigkeit von außen
   Alle drei Phänomene sind der völligen Abhänigkeit von externen Bedürfnissen geschuldet, die nach sich wandelnden Einflüssen sofort zum totalen Zusammenbruch der gesamten Industrialisierung führten, da keine organisch gewachsene, an innerchinesischen Bedürfnissen orientierte Entwicklung stattgefunden hatte. Mit der Blockierung der Seerouten und dem Rückgang des Außenhandels verloren Industrie und Dienstleistungen in den Vertragshäfen weitgehend ihren Sinn. Mit der japanischen Niederlage standen in der Mandschurei nur Hülsen, die von den Chinesen nicht mit know how, Bedarf, Lieferung von Inputs und Ersatzteilen sowie verkehrsmäßiger Anbindung gefüllt werden konnten.

Die Hauptaufgaben einer Entwicklungsstrategie nach 1949 mußten im Hinblick auf den modernen Sektor also darin bestehen, die internen Deformationen zu beseitigen und an ihre Stelle eine ausgewogene Beziehung zwischen den Sektoren, Branchen und Regionen herzustellen und insbesondere eine Einbindung des modernen Sektors in die Gesamtökonomie herbeizuführen.

Konzeptionen

4 *Die Übernahme des sowjetischen Industrialisierungsmodells: Entwicklung oder Industrialisierung?*

Der Sieg der sozialistischen Revolution in einem unterentwickelten Land, das nicht entsprechend dem klassischen marxistischen Revolutionsverständnis bereits die Phase des Kapitalismus durchlaufen hat, stellt die Partei vor das Problem, wie die Überwindung der Unterentwicklung mit den sozialistischen Zielvorstellungen zu vereinbaren ist. Gemäß der Theorie müßte die Entfaltung der Produktivkräfte, sprich Industrialisierung, den Anstoß zur Veränderung der Produktionsverhältnisse, d.h. zur Einführung sozialistischer Produktionsverhältnisse, gegeben haben. Da das aber kaum der Fall war, stellt sich die Frage, ob sich die Formel vom „Aufbau des Sozialismus" rein auf ihre materielle Seite, also die Entfaltung des gesellschaftlichen Reichtums qua Industrialisierung reduzieren läßt, oder ob dieser Prozeß von der Entfaltung sozialistischer Verkehrsformen begleitet sein muß. Im ersten Fall könnte man argumentieren, daß der Begriff „Sozialismus" nur noch im Sinne zentral geplanter und staatlich organisierter Industrialisierung zu einer für unterentwickelte Länder effizienteren Entwicklungstechnologie verkommt. Ist aber andererseits die damit verbundene Verbesserung der Lebensbedingungen der Massen nicht bereits ein Stück Sozialismus, auch wenn dieser sich zunächst „nur" in der ausreichenden und permanenten Versorgung mit Lebensmitteln, Beschäftigung, Gesundheitsfürsorge und Schulbildung äußert? Eine Frage, der die herrschende Klasse des vorrevolutionären China weitgehend gleichgültig gegenüberstand.

Im zweiten Fall könnte eingewendet werden, daß in einer Situation, in der der Mangel und nicht der Überfluß in allen Lebensbereichen regiert, die Verwirklichung sozialistischer Produktionsverhältnisse mit großen Schwierigkeiten und Reibungsverlusten verbunden ist, mithin für die Entwicklung der Produktivkräfte, die diesen Mangel beseitigen sollen, nur dysfunktional ist. Andererseits kann aber bereits in der Veränderung der Produktionsverhältnisse ein Potential liegen, das seinerseits zur Entfaltung der Produktivkräfte beiträgt. Wie diese Dialektik von Produktivkraftentfaltung und Änderung der Produktionsverhältnisse gemeistert wird, ist fraglos ein zentrales Problem in Ländern, die zur Überwindung ihrer Unterentwicklung einen wie auch immer gearteten sozialistischen Weg einschlagen wollen.

Soweit man den offiziellen Verlautbarungen entnehmen kann, stellte sich dieses Problem der chinesischen Parteiführung Anfang der 50er Jahre noch nicht. Bei der Suche nach möglichen Beispielen und Erfahrungen sozialistischer Entwicklungsstrategien stand mit der Sowjetunion nur ein einziges Modell zur Verfügung, das mit seinen wirtschaftlichen Erfolgen und mit dem Sieg über den Faschismus seine Stabilität und Leistungsfähigkeit eindrucksvoll unter Beweis gestellt hatte. Angesichts der politischen Verbundenheit, der internationalen Machtverhältnisse, der wirtschaftlichen Blockade seitens der USA und des Angewiesenseins auf materielle Unterstützung konnte es für die chinesische Parteiführung keine Frage sein, dem sowjetischen Vorbild zu folgen, auch wenn man in den befreiten Gebieten bereits eigene Erfahrungen zur Bewältigung wirtschaftlicher Probleme gemacht hatte.

Damit war zunächst die oben aufgezeigte Alternative entschieden, da diese sich im sowjetischen Entwicklungsmodell gar nicht stellt. Entwicklung heißt hier immer nur Entwicklung der Produktivkräfte. Aufbau des Sozialismus heißt Schaffung seiner materiellen Voraussetzungen. Diese Gleichsetzung von Entwicklung und Industrialisierung bedeutet konkret, daß sich alles dem angestrebten Ziel, also der Schaffung einer breiten materiellen Basis des Sozialismus, unterzuordnen hat. Zur möglichst raschen Erreichung dieses Ziels sind Leistungsprinzip, gerechtfertigt durch Marx' Äußerungen in der „Kritik des Gothaer Programms", Effizienzdenken, Erzielung von Skaleneffekten, sozialistischer Wettbewerb und dergleichen ohne weiteres legitimiert, auch wenn sie in Konflikt mit Prinzipien geraten, die unter den Komplex „sozialistische Verkehrsformen" fallen. Die Lösung dieser Probleme wird aus der sogenannten „Übergangsphase" eskamotiert und auf die Phase des Sozialismus verschoben. Inwieweit damit gesellschaftliche Mechanismen reproduziert oder weiter gepflegt werden, wie sie in kapitalistischen Gesellschaftssystemen auftreten, bzw. ganz neue Probleme geschaffen werden, wie etwa ein verstärkter Stadt-Land-Gegensatz, wird tabuisiert oder mit Formeln vom „Bündnis der Arbeiter und Bauern" verkleistert. An dieser gesellschaftlichen Problematik sollte sich später wesentlich das maoistische vom sowjetischen Modell unterscheiden.

Eine Spezialität des allein auf Industrialisierung abgestellten sowjetischen Modells besteht außerdem darin, daß dem schwerindustriellen Sektor absoluter Vorrang eingeräumt wird. Seine Entwicklung wird in der Anfangsphase vornehmlich auf Kosten der Landwirtschaft vorangetrieben. Dies geschieht, indem die Überschüsse des privaten oder genossenschaftlichen Agrarsektors über Steuern, Preise, Sparen oder Requirierung in den staatlichen Sektor transferiert werden und dort zur Finanzierung von Investitionen im Bereich der Schwerindustrie dienen. Dabei sind diese so angelegt, daß sie vorrangig die Erweiterung des schwerindustriellen Sektors selbst betreiben. Die Produktion von solchen Produktionsmitteln, die zur Herstellung von Konsumgütern oder agrarischen Inputs dienen, insofern also eine Gegenleistung für den Agrarsektor erbringen, werden in der Anfangsphase dieses Industrialisierungsmodells weitgehend vernachlässigt. Erst zu einem späteren Zeitpunkt, wenn eine breite schwerindustrielle Basis geschaffen ist, soll die Schwerindustrie einem Funktionswandel unterzogen werden und verstärkt agrarische bzw. leichtindustrielle Inputs liefern. Im Gegensatz zum kapitalistischen Entwicklungsmodell, das anfänglich von der Nachfrageseite seine Dynamik gewinnt, also folgerichtig mit der Textilindustrie und der Herstellung von Textilmaschinen begann, wird der umgekehrte Weg eingeschlagen, von dem man glaubt, daß er schneller zu bewältigen ist. Hier liegt angesichts der unterentwickelten Ausgangssituation die Rechtfertigung für dieses Vorgehen. Das ist aber nur möglich, weil in einem zentral geplanten Wirtschaftssystem der Zwang zur Verwertung des Kapitals nicht besteht, mithin unabhängig von zahlungsfähiger Nachfrage der Konsumenten die Ressourcen verteilt werden können. Eine Vernachlässigung des Konsums oder einzelner Wirtschaftssektoren wie der Landwirtschaft zugunsten beschleunigter

Kapitalakkumulation im Bereich der Schwerindustrie ist zumindest zeitweise möglich.

Damit stellte sich bei der Übernahme des sowjetischen Modells durch China ein zweites Problem. In der Sowjetunion war das Konzept aufgrund der gegebenen Voraussetzungen 1928 offensichtlich, wenn auch unter Zwang, zu verwirklichen. Fraglich ist aber, ob die wirtschaftlichen, natürlichen und demographischen Voraussetzungen auch in China zu Beginn der 50er Jahre bestanden. Zu der genannten gesellschaftlichen Problematik kommt also die akkumulationstechnische Problematik der Übertragbarkeit ökonomischer Modelle auf andere Länder. Vergleicht man die Sowjetunion von 1928 (Beginn des 1. Fünfjahresplans) und die VR China von 1952 (Jahr vor Beginn des 1. Fünfjahresplans) anhand einiger Schlüsselindikatoren, lassen sich erhebliche Unterschiede im Ausgangsniveau erkennen. Das industrielle Ausgangsniveau, zumal im für den einzuschlagenden Entwicklungsweg zentralen Bereich der Schwerindustrie, lag in der Sowjetunion 1928 wesentlich höher als in China 1952. Außerdem sollte berücksichtigt werden, daß man in China 1949 infolge der Kriegszerstörungen und Demontagen gerade im Bereich der Schwerindustrie nahezu bei Null anfangen mußte. Hinzu kam eine bessere Infrastruktur im Transportwesen und der Energieversorgung auf seiten der Sowjetunion. Der höhere sowjetische Anteil bei der Stadtbevölkerung in Verbindung mit dem höheren Industrialisierungsgrad deutet auf eine vergleichsweise umfangreichere qualifizierte Arbeiterschaft. Wesentlichster Punkt im Hinblick auf das praktizierte Akkumulationsmodell war die viel geringere Agrarbevölkerung pro kultivierter Flächeneinheit. Rußland war traditionell ein Land mit großen Agrarüberschüssen, die nach Westeuropa exportiert wurden. Der hohe Bevölkerungsdruck auf die Ackerfläche in China sorgte demgegenüber für ein labiles Gleichgewicht, das permanent vom Defizit bedroht war. Seit ca. 1890 mußte China in größerem Maße Getreide und andere agrarische Lebensmittel importieren. Diese Importe nahmen seit den 30er Jahren des 20. Jahrhunderts ein bedeutendes Ausmaß an. Das heißt, der zentrale Transfermechanismus im sowjetischen Industrialisierungsmodell: Auf sich selbst gerichtete Schwerindustrialisierung, finanziert durch die Überschüsse des Agrarsektors, war aufgrund der Ausgangsbedingungen in der Sowjetunion der späten 20er Jahre zumindest möglich, während er in China den Effekt ausübte, das schwerwiegendste Problem, die unzureichende Agrarproduktion, nicht nur zu vernachlässigen, sondern noch zu verschärfen, ohne wenigstens indirekt zur agrarischen Produktivitätssteigerung beizutragen. An dieser eher akkumulationstechnischen Problematik der Übertragung des sowjetischen Modells entzündete sich die chinesische Entwicklungskonzeption, die den Namen Liuismus trägt.

Soweit aus den offiziellen Dokumenten ersichtlich ist, wich die theoretische Rezeption des sowjetischen Industrialisierungsmodells in China bis zur Mitte der 50er Jahre in keiner Weise vom sowjetischen Vorbild ab. Folgende Grundprinzipien wurden in allen wirtschaftlichen Dokumenten betont:

1. Die Akkumulation hat absoluten Vorrang vor dem Konsum. Da der hauptsächliche Investor der Staat ist, muß der Staatsanteil möglichst rasch ausgedehnt und ein wachsender Anteil der Staatsausgaben für Kapitalinvestitionen verwendet werden. Alle anderen Staatsausgaben und vor allem der private Konsum sind weitgehend einzuschränken, um diese Politik zu finanzieren.
2. Die Akkumulation der Industrie, insbesondere der Schwerindustrie, hat unbedingten Vorrang vor der Landwirtschaft. Erst wenn die Schwerindustrie ein bestimmtes Niveau erreicht hat, kann sie von dem Primärziel, ihrer eigenen Erweiterung, abgehen und Inputs für die anderen Sektoren der Wirtschaft liefern.
3. Optimale Ergebnisse werden nur dann erzielt, wenn man sich bei den Investitionen auf Großbetriebe und modernste Technologien konzentriert.
4. Eine Dezentralisierung dieser Industrie ist zwar wünschenswert, aus Gründen der optimalen Leistungsfähigkeit ist aber der Wiederaufbau und die Ausweitung der vorhandenen Kapazitäten vorteilhaft und nicht zu umgehen. Das bedeutet in der Praxis die Konzentration der Investitionen auf die bereits vorhandenen Industriezentren.
5. Um die Leistungsfähigkeit der Betriebe zu erhöhen, werden die sowjetischen Erkenntnisse über Management, Arbeitsorganisation, materielle Anreize für die Arbeitskräfte u. a. übernommen.

6. Der Landwirtschaft kommt im Zuge der Industrialisierung eine steigende Bedeutung als Lieferant von Nahrungsmitteln für die Arbeiter und agrarischer Rohstoffe für die Leichtindustrie zu. Da staatliche Investitionen für die Landwirtschaft vorläufig, abgesehen von den Staatsfarmen, nicht zu erübrigen sind, muß die Landwirtschaft Produktivitätssteigerungen mittels der Intensivierung der bekannten traditionellen Methoden herbeiführen. Die später einsetzende Kollektivierung kann in diesem Sinne rein als organisatorisches Mittel zur Ertragssteigerung angesehen werden.
7. Der Außenhandel dient der Industrialisierung. Der Schwerpunkt der Importe liegt auf den Kapitalgütern, die durch vermehrte Exporte von Agrargütern finanziert werden müssen. Zu diesem Zweck muß ebenfalls die Produktion in der Landwirtschaft gesteigert werden. Agrarimporte werden eingestellt. Gerechtfertigt wird diese Form der Arbeitsteilung mit einer Theorie der komparativen Kostenvorteile innerhalb des sozialistischen Lagers, nach der es nur natürlich und vorteilhaft sei, die Technologie der Sowjetunion qua Außenhandel in Anspruch zu nehmen.
8. Ideologisch abgesichert wird diese Industrialisierung auf Kosten der Masse der bäuerlichen Produzenten und Konsumenten durch die Propagierung des Bündnisses der Arbeiter und Bauern.

Es muß betont werden, daß die Sowjetunion nicht nur ihr Industrialisierungskonzept anempfohlen, sondern auch in tatkräftiger Weise zu seiner Verwirklichung beigetragen hat. Die sowjetische Hilfe erstreckte sich dabei auf die Bereiche Planung, Lieferung von Produktionsgütern und kompletten Industrieanlagen, Gewährung von Krediten, Transfer von Technologien im weitesten Sinn sowie die Übermittlung betriebswirtschaftlicher Methoden und aktiver Unterstützung bei der Betriebsführung.

Der erste Fünfjahresplan begann offiziell am 1.1.1953. Es ist allerdings mehr als fraglich, ob der Plan zu diesem Zeitpunkt bereits ausgearbeitet war. Die Staatsplankommission war nämlich erst im November 1952 gegründet worden, und die Vereinbarungen über die von der Sowjetunion zu erstellenden Industrieprojekte, die das Herz des 1. Fünfjahresplanes bildeten, waren größtenteils noch gar nicht getroffen. Im Februar 1950 war zwar bereits ein erstes

Abkommen über 50 Industrieprojekte geschlossen worden, die Verträge über weitere 91 Projekte verzögerten sich aber bis September 1953, nachdem eine chinesische Delegation mehr als ein Jahr in Moskau verhandelt hatte. Die erste öffentliche Erwähnung des 1. Fünfjahresplanes erfolgte bezeichnenderweise in der „Pravda" vom 28.9.1953, was darauf schließen läßt, daß sowohl die Entscheidung wie die grundsätzliche Fixierung des 1. und vermutlich auch der beiden weiteren Fünfjahrespläne in Moskau gefallen waren. Der Plan konnte dann während des Jahres 1954 im Detail ausgearbeitet werden. Von den 694 sogenannten „Übernormprojekten" sollte die Sowjetunion 156 erstellen und für die übrigen in erheblichem Maße die Technologie und die Ausrüstungsgüter liefern. Damit waren die sowjetischen Zusagen aber keineswegs erschöpft. In den Jahren 1956 bis 1959 wurden weitere Projekte vereinbart, deren Zahl sich insgesamt auf 291 mit einem Gesamtwert von 3,825 Mrd US-$ belief. Ihre Inbetriebnahme setzte etwa 1957 ein. Infolge des Bruchs im Sommer 1960, der zu einem abrupten Abzug der sowjetischen Berater und Ingenieure und einer Einstellung der Kapitalgüterlieferungen führte, konnten diese Projekte allerdings nicht mehr alle verwirklicht werden. Hinweise besagen, daß bis 1963 etwa zwei Drittel fertiggestellt wurden.

Die Branchenverteilung ist nur für die 156 Betriebe des 1. Fünfjahresplans bekannt. Sie zeigt, daß die sowjetischen Projekte nahezu ausschließlich auf den schwerindustriellen Sektor, insbesondere auf den Montanbereich, konzentriert waren. Im Zentrum standen dabei die Neugründungen bzw. Wiederinbetriebnahme und Erweiterung der drei großen Eisen- und Stahlkomplexe in Anshan, Wuhan und Paotow, die noch heute das Rückgrat der chinesischen Schwerindustrie bilden. Die chinesischen Übernormprojekte waren demgegenüber vorwiegend auf die Grundstoffindustrien: Elektrizität, Kohle, Erdöl, Baustoffe u. a. konzentriert, während die Leichtindustrie insgesamt einen geringen Stellenwert einnahm. Allein die Branchenverteilung läßt die klare Orientierung am schwerindustriellen Akkumulationsmodell erkennen. Im Bereich der Landwirtschaft ist lediglich der Aufbau einer Staatsfarm in der Mandschurei durch die Sowjetunion belegt.

Die Lieferungen für diese Industrien prägten den sowjetisch-chinesischen Handel bis 1960, wobei allerdings zwei Trends hervortraten. Bis 1955 dominierte bei den sowjetischen Exporten die Rubrik „unspezifiziert". Hierbei handelte es sich mit ziemlicher Sicherheit um Rüstungslieferungen im Hinblick auf den Koreakrieg und eine mögliche amerikanische Bedrohung des chinesischen Territoriums. Das Gesamtvolumen der sowjetischen Exporte nach China, das sich bis zum Ende des 2. Fünfjahresplans 1962 auf 7,9 Mrd US-$ belief, bestand zu etwa 34 Prozent aus Rüstungsgütern. Ab 1956 rückte die Lieferung von Kapitalgütern an die erste Stelle, die im Spitzenjahr 1959 62,6 Prozent der sowjetischen Exporte absorbierte. Der Gesamtwert der gelieferten kompletten Industrieanlagen belief sich auf 1,818 Mrd US-$, was soviel heißt, daß die Sowjetunion ihre Zusagen aus den genannten Kooperationsverträgen zu 47,5 Prozent erfüllt hatte. Festzuhalten bleibt, daß diese Lieferungen in den Jahren 1958 und 1959, also während des Großen Sprungs und der ersten chinesischen Emanzipationsversuche vom sowjetischen Vorbild, keineswegs zurückgingen, sondern im Gegenteil die Sowjetunion durch verstärkte Lieferungen die chinesische Strategie dieser Jahre durchaus unterstützt hat.

Die Frage, die sich anschließt, lautet, wie diese Lieferungen finanziert werden konnten. Auf den ersten Blick erscheint die Kreditsumme in Höhe von 2,25 Mrd US-$, die die Sowjetunion bis 1957 zur Verfügung stellte, sehr eindrucksvoll. Eine Aufschlüsselung nach Verwendungszwecken zeigt aber, daß lediglich 430 Mio zur Finanzierung von Kapitalgüterimporten verwendet werden konnten, während die Masse dieser Kredite militärischen Transaktionen diente. Gemessen an den sowjetischen Kapitalgüterlieferungen betrug der kreditierte Anteil 29 Prozent und gemessen an den gesamten chinesischen Kapitalinvestitionen bis 1957 lediglich 1,9 Prozent. Sowohl die gesamten Investitionen wie der überwiegende Teil der Importe mußten demnach durch agrarische Überschüsse bzw. Agrarexporte finanziert werden, da die neuen Betriebe erst nach ihrer Fertigstellung Ende der 50er Jahre Gewinne abwerfen konnten.

Der übrige Bereich des Technologietransfers, die Zurverfügungstellung von Konstruktionsplänen, technischen Verfahren, die Entsendung von ca. 10 800 sowjetischen Spezialisten sowie die Ausbildung von 8000 chinesischen Ingenieuren und 38000 Studenten in der Sowjetunion geschah vermutlich kostenlos. Die sowjetischen Spezialisten leiteten aber nicht nur den Aufbau der neuen Industrien, sie bildeten auch chinesische Arbeitskräfte vor Ort aus und übernahmen die Betriebsleitung nach erfolgter Produktionsaufnahme. China übernahm somit das komplette sowjetische betriebswirtschaftliche System. Nach dem Abzug der Spezialisten im Sommer 1960 wurde dadurch nicht nur die Fertigstellung vieler Projekte unterbrochen oder verhindert, sondern auch die laufende Produktion erheblich beeinträchtigt.

Diese Ausführungen zeigen, daß ohne die sowjetische Hilfe der 50er Jahre die weitgehend vollständige Errichtung eines schwerindustriellen Industriesektors sowie die Wiederinbetriebnahme und der Ausbau der japanischen Hinterlassenschaften nicht möglich gewesen wären, die sich anschließenden eigenständigen chinesischen Experimente also auf ein breites Fundament zurückgreifen konnten. Das gilt es zu berücksichtigen, wenn nach den Kosten und Konsequenzen gefragt wird, die China durch die Zusammenarbeit mit der Sowjetunion zu tragen hatte.

Hier soll die These vertreten werden, daß die eigentlichen Ursachen des Schismas zwischen Moskau und Peking nur vordergründig ideologischer Natur waren. Heraufbeschworen wurden sie in dem Moment, als für China offenbar wurde, daß eine weitere Verfolgung des sowjetischen Industrialisierungsmodells mit zu großen sozialen Kosten und innenpolitischen Gefahren verbunden war, und daß die Konsequenzen dieses Akkumulationsmodells auf Dauer nicht tragbar waren, mithin nach einem eigenen Weg gesucht werden mußte. Da dieser Weg aber nicht nur eine andere wirtschaftliche Strategie bedeutete, sondern in gleichem Maße katechisierte Dogmen des sowjetischen Wegs zum Aufbau des Sozialismus in Frage stellte, wurde der allgemein für gültig behauptete Modellcharakter der Sowjetunion, insbesondere für die Dritte Welt, und damit auch die politische Vormachtstellung der Sowjetunion innerhalb des sozialistischen Lagers in Zweifel gezogen. Die Eskalation des schwelenden Konflikts im Sommer 1960, die praktisch einem Wirtschaftsembargo gegenüber China gleichkam, führte aber nicht zum erhofften Kotau, sondern bestärkte China in seiner inzwischen gewonnenen Überzeugung, daß man die weitere Entwicklung nur im Vertrauen auf die eigene Kraft bewerkstelligen könne. Der von chinesischer Seite erhobene Vorwurf des „Sozialimperialismus" soll als analytische Kategorie für die Untersuchung der Kosten und Konsequenzen der chinesisch-sowjetischen Beziehungen ernst genommen werden.

Auf der Kostenseite wären an erster Stelle die umfangreichen Demontagen zu nennen, die die Sowjetunion nach 1945 in der Mandschurei vorgenommen hatte, die der von den Japanern errichteten Schwerindustrie galten. Wenn die Sowjetunion auch nach den Bestimmungen des Jalta-Abkommens und dem Kriegseintritt eine Woche vor der japanischen Kapitulation dieses Recht formal erworben hatte, so war doch bereits 1945 abzusehen, daß diese Gebiete in den Einflußbereich der chinesischen Kommunisten und nicht den der KMT fallen würden. Die Schätzungen über den Umfang der Demontagen schwanken zwischen 895 und 1233 Mio US-$, wobei allerdings nicht eindeutig zwischen Kriegszerstörungen und Demontagen unterschieden werden konnte. Der Wiederbeschaffungswert belief sich auf ca. 2 Mrd US-$, was immerhin zwei Drittel der von der Sowjetunion später gelieferten Kapitalgüter entsprach. Wie umfangreich auch immer die Demontagen waren, fest steht jedenfalls, daß sie zusammen mit den Kriegszerstörungen zur weitgehenden Stillegung der Produktionskapazitäten in der Mandschurei führten.

Die Sowjetunion begnügte sich aber nicht bloß mit der Zerstörung des Wirtschaftspotentials dieser Region, sondern strebte auch ihre politische und militärische Kontrolle an, indem sie den 1905 an Japan abgetretenen Stützpunkt Port Arthur wieder in Besitz nahm und die ehemalige russische Ostbahn unter ihre Kontrolle stellte. Bei der Reorganisation dieser Bahn waren später allein 1500 sowjetische Experten tätig. Beides wurde nach den Verträgen vom Februar 1950 weiterhin sichergestellt. Die Eisenbahn wurde erst 1952 nationalisiert, und erst 1955 verließen die sowjetischen Truppen Port Arthur und ließen bei ihrem Abzug große Mengen von Kriegsmaterial zurück, das den Chinesen gegen Entgeld überlassen wurde.

Ein weiterer Komplex betrifft die vier sowjetisch-chinesischen Joint Ventures, die der Gewinnung von Bodenschätzen in Sinkiang, der Betreibung einer Luftfahrtgesellschaft und einer Werft in Dairen galten. Diese Joint Ventures griffen die traditionellen russischen Interessen an den Bodenschätzen in Sinkiang wieder auf bzw. schienen mit der Werft im ehemaligen russischen Handelshafen Dairen, der in unmittelbarer Nachbarschaft von Port Arthur liegt, auch militärische Interessen zu berühren. Mit Port Arthur besaß die Sowjetunion einen eisfreien Pazifikhafen, der jetzt durch Schiffsbau und Reparatureinrichtungen in Dairen ergänzt wurde. Auch diese Unternehmungen scheinen ein bevorzugtes Objekt der sowjetischen Experten gewesen zu sein, wie die Zahl von 500 Technikern bei der Erschließung der Ölfelder in Sinkiang beweist. Diese vier Gesellschaften wurden erst Ende 1954 gegen eine Abfindung von 180 Mio US-$ nationalisiert.

Schließlich sind noch die ökonomischen Kosten der chinesischen Teilnahme am Koreakrieg zu erwähnen. Wie weit dies auf sowjetische Intervention geschah, interessiert in diesem Zusammenhang nicht. Möglich war die Teilnahme chinesischer Truppen jedenfalls nur mit Hilfe massiver sowjetischer Waffenlieferungen. Der unspezifizierte Anteil der sowjetischen Exporte nach China, vermutlich ausschließlich Rüstungsgüter, betrug von 1950 bis 1953 zwischen 42,2 und 73,5 Prozent. Absolut handelte es sich dabei um Lieferungen im Wert von ca. 1,135 Mrd US-$. Nach 1953 nahmen diese Lieferungen nur allmählich ab. Die Sowjetunion war zwar bereit, diese Lieferungen zunächst großzügig zu kreditieren (von 1950 bis 1952), zurückzahlen mußte China diese Kredite aber schließlich in Form von Warenlieferungen.

Es stellt sich somit heraus, daß vor allem in der ersten Hälfte der 50er Jahre ein erheblicher Teil des chinesisch-sowjetischen Außenhandels direkt oder indirekt durch Rüstungstransfers absorbiert wurde. Ebenso diente die Masse der sowjetischen Kredite dem Waffengeschäft, während sie bei der Entwicklungsfinanzierung eher zurückhaltend war. Dies alles weist, im Zusammenhang mit der bereits erwähnten Verzögerung des 1. Fünfjahresplans, darauf hin, daß bis zum Tode Stalins auf sowjetischer Seite die militärischen Aspekte in den sowjetisch-chinesischen Beziehungen im Vordergrund gestanden haben. Die daraus resultierende Erbschaft spielte eine nicht unerhebliche Rolle bei den außenwirtschaftlichen Schwierigkeiten der Chinesen in der zweiten Hälfte der 50er Jahre. Darüber hinaus gibt es Hinweise, daß die chinesischen Investitionen Anfang der 50er Jahre vornehmlich in Rüstungsbetriebe flossen. Insgesamt absorbierte der Koreakrieg also einen erheblichen Teil der öffentlichen Finanzen.

Damit sind wir bei den Konsequenzen der Wirtschafts- und Militärbeziehungen, den seit Mitte der 50er Jahre sehr prekär werdenden chinesischen Zahlungsbilanzproblemen. Die Konditionen der diversen Kredite sahen vor, daß sie in Warenlieferungen, Gold oder US-Dollar zurückzuzahlen waren. Ab 1955 begann die Rückzahlung dieser Kredite und übertraf seit 1956 das Ausmaß weiterer sowjetischer Kreditleistungen. Der bis dahin bestehende chinesische Importüberschuß gegenüber der Sowjetunion, der bis 1955 durch die Kredite finanziert werden konnte, mußte in einen Exportüberschuß verwandelt werden, um über die Abzahlung der Kredite weitere Importe abdecken zu können. Das bis 1955 aufgelaufene kumulative Handelsdefizit von nahezu 1 Mrd US-$ konnte bis dahin ohne weiteres durch Kredite finanziert werden. 1956, als zum ersten Mal der Anteil der chinesischen Kapitalgüterimporte die Rüstungsgüterimporte überstieg, war der Kreditsaldo für die VR China negativ. Die Folge war ein leichter Rückgang der seit 1950 ständig gestiegenen Importe aus der Sowjetunion, der sich 1957 in verstärktem Maße fortsetzte. Gleichzeitig mußte ein zunehmender Handelsüberschuß erwirtschaftet werden, der die Kreditzahlungen allerdings nur zum Teil abdecken konnte. Das weiterhin bestehende Defizit mußte offensichtlich durch die im Westhandel verdienten Devisen ausgeglichen werden. Das Jahr 1956 kann somit als Wendepunkt der chinesisch-sowjetischen Wirtschaftsbeziehungen angesehen werden.

Konsequenz der sogar absolut im Jahre 1957 zurückgehenden Kapitalgüterimporte, der Rückgang des Imports kompletter Industrieanlagen setzte sich sogar noch 1958 fort, war der Zwang, bei den weiteren Industrialisierungsprojekten in verstärktem Maß auf chinesische Bauteile zurückzugreifen. So sank der Anteil der aus der Sowjetunion importierten Ausrüstungen, der bei den 156 Projekten des 1. Fünfjahresplans noch 50–70 Prozent betragen hatte, bei den im August 1958 vereinbarten 47 Projekten auf 40 Prozent. Diese Besinnung auf die „eigene Kraft", die sich 1956 schlicht durch Zahlungsbilanzprobleme ergab, kalkulierte sogar einen damit verbundenen Qualitäts- und Kostennachteil ein.

Der stark wachsende Bedarf nach sowjetischen Kapitalgütern infolge des Großen Sprungs ab 1958, der durch die Sowjetunion mittels vorfristiger Lieferungen gedeckt wurde, ließ allerdings das

Importvolumen wieder anschwellen mit der Folge, daß die chinesischen Exporte in die Sowjetunion noch stärker gesteigert werden mußten, da ja weiterhin zusätzlich die Kredite abzutragen waren. Weil die chinesischen Exporte aber zu einem erheblichen Teil aus Nahrungsmitteln und agrarischen Rohstoffen bestanden, brachte die Agrarkrise von 1959 bis 1961 im zuge des Großen Sprungs den Finanzierungsmechanismus des sowjetisch-chinesischen Handels zum Einsturz. Die Chinesen waren nach der katastrophalen 1959er Ernte im folgenden Jahr nicht mehr in der Lage, genügend Exportgüter bereitzustellen, um die geplante Rückzahlung von 335 Mio US-$ abzudecken. Im Gegenteil, die Sowjetunion sah sich 1961 sogar gezwungen, einen neuen Kredit von 320 Mio US-$ zu gewähren, um die offensichtlich anhaltenden chinesischen Lieferschwierigkeiten zu überbrücken. Ab 1961 ging der sowjetisch-chinesische Handel bei steigendem chinesischem Exportüberschuß stark zurück. Das war zunächst eine Folge des wirtschaftlichen Bruchs, der mit einer Suspendierung der sowjetischen Kapitalgüterlieferungen verbunden war. 1962 waren die sowjetischen Maschinenexporte fast auf Null zurückgegangen. Gleichzeitig löste sich dadurch aber auch das chinesische Zahlungsbilanzproblem.

Im wesentlichen lassen sich vier Resultate des chinesisch-sowjetischen Handels festhalten:

1. Die Konsequenzen der hohen Rüstungsimporte in der ersten Hälfte der 50er Jahre machen sich ab 1956 gravierend bemerkbar. Die fälligen Rückzahlungen der Rüstungskredite absorbieren etwa ein Drittel des gesamten chinesischen Exports bzw. reduzieren die Importkapazität enorm, die andererseits im Hinblick auf den Großen Sprung eine starke Ausweitung verlangt.
2. Ab 1956 findet in Form des chinesischen Handelsüberschusses ein ständiger Warenabfluß in die Sowjetunion statt, für den die VR China keinen Gegenwert erhält.
3. Diese Exporte müssen, zumindest teilweise, durch verstärkte Agrarexporte erbracht werden, die angesichts der traditionellen chinesischen Agrarsituation zu neuen Engpässen führen.
4. Der Ausweg aus diesem außenwirtschaftlichen Dilemma kann nur in verstärkter self-reliance Politik liegen, wie sie sich seit 1956/57

in offiziellen Äußerungen ankündigt und ab 1960, wenn auch nicht ganz freiwillig, betrieben wird.

Anhand einiger Daten über die Herkunft und Verwendung der Staatseinnahmen soll das verdeutlicht werden. Die gesamten Staatseinnahmen wuchsen von 6,52 Mrd ¥ (1950) auf 54,16 Mrd ¥ (1959). Im gleichen Zeitraum nahm der Staatanteil am Sozialprodukt von 28,7 Prozent (1952) auf 35,0 Prozent (1959) zu. Dieser wachsende Staatsanteil gewann vor allem dadurch an Bedeutung, daß ein rasch wachsender Anteil der Staatsausgaben zu Investitionszwecken verwendet wurde (1950 nur 25,5 Prozent, 1958 bereits 64,1 Prozent). Damit stieg die gesamtwirtschaftliche Investitionsquote von 7,1 Prozent (1952) auf 21,0 Prozent (1958). Dahinter verbarg sich vermutlich eine Umschichtung im Staatshaushalt, da nach Ende des Koreakrieges die Rüstungsausgaben zugunsten produktiver Ausgaben reduziert werden konnten. Da der Umfang der nichtstaatlichen Investitionen weitgehend konstant blieb, war dieser Zuwachs nahezu ausschließlich auf die staatlichen Aktivitäten zurückzuführen. Die direkte Finanzierung des Staatsbudgets aus dem bäuerlichen Sektor nahm von 1950 (= 29,6 Prozent) bis 1958 (=13,7 Prozent) beträchtlich ab. In diesen Zahlen sind die Steuern der Einzelbauern bzw. Genossenschaften sowie das bäuerliche Sparen in Form von Staatsanleihen enthalten. Der gesamte Steueranteil betrug 1958 noch 44,8 Prozent. Gleichzetig wuchs die „Eigenfinanzierung" des Staates durch die Einnahmen der Staatsunternehmen von 13,4 auf 52,6 Prozent. Wie weit sich dahinter eine Umschichtung der staatlichen Allokationspraktiken von direktem Transfer qua Steuern auf indirekten Transfer qua Preise der von den staatlichen Betrieben produzierten Güter bzw. der staatlichen Ankaufspreise für die Agrargüter vollzog, kann nur vermutet werden. Es ist aber sicherlich realistisch, daß der Anteil des bäuerlichen Sektors an den Staatseinnahmen über diese internen Terms of Trade um einiges höher war, als die Daten über die Agrarsteuer vermuten lassen.

Dieser Vorgang wäre im Hinblick auf die Landwirtschaft solange nicht tragisch, wie steigender Staatsanteil und vor allem steigende staatliche Investitionen dem Agrarsektor in gleichem Maße zugute gekommen wären. Das war aber weder direkt noch indirekt der Fall.

Das rapide Anwachsen der Kapitalinvestitionen in Relation zu den Staatsausgaben kam nämlich fast ausschließlich dem Bereich der Schwerindustrie (Steigerung von 5,7 auf 42,4 Prozent im genannten Zeitraum) zugute, während die Anteile der Leichtindustrie (4,1 auf 5,3 Prozent) und Landwirtschaft (2,9 auf 6,4 Prozent) fast stagnierten. Die direkten staatlichen Investitionen im Agrarsektor waren also, gemessen am Gesamtumfang, fast marginal, zumal sie noch die Aufwendungen für Forstwirtschaft, Wasserkontrolle und Meteorologie enthielten. Die oben beschriebene Branchenverteilung der staatlichen Projekte im Bereich der Schwerindustrie zeigte zudem, daß diese Investitionen auch indirekt dem Agrarsektor nicht dienlich sein konnten, da sie auf die Produktion von Produktionsmitteln zur beschleunigten Entwicklung der Schwerindustrie selbst angelegt waren, während agrarische Produktionsmittel in den 50er Jahren durch die Staatsbetriebe in keinem nennenswerten Maße hergestellt wurden. Konsequenz dieser Beziehungen war über den Staatshaushalt ein massiver Transfer von Überschüssen aus dem Agrarsektor in den Sektor der Schwerindustrie, dem kaum agrarentwicklungsrelevante Ausgaben gegenüberstanden.

Während die dringend nötigen Voraussetzungen zur Produktivkraftentfaltung in der Landwirtschaft qua Mechanisierung, Elektrifizierung und Chemisierung nicht oder fast nicht getätigt wurden, wuchsen gleichzeitig die Anforderungen an die Landwirtschaft enorm. Die beschleunigte Industrialisierung bedeutete:

1. Rapides Anwachsen der Industriearbeiterschaft und damit der Städte. Die städtische Bevölkerung wuchs durch Geburtenüberschuß und Migration von 1953 bis 1957 von 77,7 auf 91,0 Millionen. Diese Zahl steigerte sich bis 1960 auf 130 Millionen. Das war gleichbedeutend mit einem enormen Anstieg des städtischen Lebensmittelbedarfs. Entsprechend stieg der Umfang des vom Agrarsektor aufzubringenden Getreides, das über die Agrarsteuer und staatliche Käufe absorbiert wurde, von 25,8 Mio t 1950 auf 55,7 Mio t 1958. Der Vermarktungsanteil des Getreides wuchs von 24,5 Prozent (1952) auf 29 Prozent (1957), während er in den 30er Jahren nur 18 Prozent betragen hatte.

2. Neben der steigenden Anforderung nach Lebensmitteln zog die beschleunigte Industrialisierung auch zusätzliche Anforderungen an agrarische Rohstoffe wie Baumwolle, Flachs, Jute, Ölsaaten, Tabak etc. nach sich, die in der Leichtindustrie verarbeitet werdden, auch wenn deren Wachstum weniger spektakulär als das der Schwerindustrie war.
3. Zur Finanzierung der rapide wachsenden Rüstungsgüter- und Kapitalgüterimporte bzw. zur ab 1955 fälligen Rückzahlung der Kredite an die Sowjetunion sah sich die VR China zu steigenden Exporten gezwungen, die vorwiegend aus Agrarexporten bestehen mußten. Gleichzeitig wurden Agrarimporte eingestellt, um die Importkapazitäten voll der Schwerindustrie zugute kommen zu lassen. Zwar sank der Anteil der Agrarexporte am Gesamtexport von 90,7 Prozent (1950) auf 72,5 Prozent (1958), der absolute Zuwachs war aber so stark, daß der Exportanteil der Agrarproduktion von 4,8 auf 7,3 Prozent im gleichen Zeitraum stieg. In den 20er Jahren hatte diese Quote bei 3 Prozent gelegen. Man könnte argumentieren, daß es sich hierbei um eine trotz der Steigerung geringe Quote handelte. Angesichts der festgestellten säkularen Neigung zur sinkenden Pro-Kopf-Produktion in der Landwirtschaft, die sich bedrohlich dem Existenzminimum näherte, war eine zunehmende Absorption qua Export, also keine interne Umverteilung wie bei Punkt 1 und 2, sicherlich nicht unerheblich.
4. Die in den 50er Jahren einsetzenden Maßnahmen der Krankenversorgung und Hygiene führten zu einem beschleunigten Wachstum der Bevölkerung, was den Druck auf die Agrarproduktion ebenfalls verstärkte.

Parallel zu der sektoralen Umverteilung der agrarischen Ressourcen in den Sektor der Schwerindustrie vollzog sich natürlich auch ein regionaler Transfer von Ressourcen aus dem agrarischen Hinterland in die ehemaligen und neuen industriellen Wachstumszentren. Berücksichtigt man weiterhin, daß diese ungleiche Entwicklung von weiterwachsenden ungleichen Ausbildungsmöglichkeiten, medizinischer und kultureller Versorgung, Lohnniveau und Konsumgüterangebot und daraus resultierender Migration, Arbeitslosigkeit in den Städten – die kapitalintensive Industrialisierung schaffte vergleichsweise wenig Arbeitsplätze – begleitet war, mußte sich ein wachsender innenpolitischer und daraufhin innerparteilicher Konflikt anbahnen.

Der entscheidende Punkt in den sowjetisch-chinesischen Beziehungen, der auch Begriffe wie „Imperialismus" rechtfertigt, liegt also darin, daß die Sowjetunion in China, ob guten Willens oder nicht, ein Entwicklungsmodell praktizierte, das den tradionellen chinesischen Problemen nur unzureichend gerecht wurde bzw. diese sogar verstärkt reproduzierte. Das Akkumulationsmodell, das der Industrialisierung nach sowjetischem Muster zugrunde lag, war nicht in der Lage, das fundamentale Agrarproblem zu lösen, und führte im Gegenteil dazu, daß die Belastung für die Landwirtschaft weiter zunahm. Gleichzeitig bedeutete die Konzentration der Ressourcen auf alte oder neue Industriezentren eine Perpetuierung der Merkmale, die in der Theorie des peripheren Kapitalismus mit struktureller Heterogenität zwischen modernen Zentren und Hinterland bezeichnet werden. Damit ist der Kern des Problems getroffen. Die Basis der KPdSU war die Arbeiterklasse in den Industriezentren Moskau und Petersburg. Eine forcierte Industrialisierung auf Kosten der Landwirtschaft, wie sie in der Sowjetunion seit 1928 praktiziert wurde, entsprach insofern den Interessen der sozialen Basis der KPdSU, da sie mit einer entsprechenden Allokation der gesellschaftlichen Ressourcen verbunden war. In China hatte die Partei nach 1927 ihre Strategie auf die Revolutionierung der Kleinbauern und Pächter des Hinterlands verlagert. Diese Bauern partizipierten aber, nachdem die Früchte der Aggrarreform rasch aufgezehrt waren, in keiner Weise an der stadtorientierten Entwicklungspolitik. Damit drohte die Partei sich ihrer sozialen Basis zu entziehen. Wollte man nicht, wie in der Sowjetunion geschehen, zum Mittel des Zwangs greifen, mußte eine schnelle Neuorientierung erfolgen, die die Interessen der eigentlichen Träger der chinesischen Revolution mit den Zielen der Entwicklungspolitik wieder in Einklang brachte.

Deren notwendige Bestandteile mußten lauten:

1. Einstellung oder weitgehende Reduzierung der Agrarexporte. Das war gleichbedeutend mit verminderter Importkapazität. An die Stelle des Imports kompletter Industrieanlagen mußte eine wie auch immer geartete Politik des self reliance treten.

2. Neuformulierung des Akkumulationsmodells. Der weitere Entzug von Ressourcen aus der Landwirtschaft mußte unterbunden werden. Gleichzeitig mußten die vorhandenen Industriekapazitäten in verstärktem Maße zur Herstellung agrarischer Inputs genutzt werden, da nur so die Stagnation der Landwirtschaft aufzubrechen war. Der spätere Slogan „Die Landwirtschaft ist die Grundlage" bekam hier seine Bedeutung.
3. Anstelle der weiteren Konzentration von Ressourcen auf vorhandene Wachstumszentren war eine breitere Streuung anzustreben. Hier fällt das Stichwort „Dezentralisierung" .

Diese drei Axiome sind, unterschiedlich gewichtet, in den chinesischen Entwicklungskonzeptionen enthalten. Ihr gemeinsamer Nenner ist die differenzierte Abkehr vom sowjetischen und die Suche nach einem eigenen Modell.

5 *Das maoistische Entwicklungsmodell und die Kritik an der Sowjetunion*

Viele Autoren erwecken den Eindruck, als ob das „maoistische Modell", was auch immer sie darunter verstehen, identisch wäre mit dem „chinesischen Modell". Wenn auch außer Frage steht, daß Mao Tse-tung erheblichen Einfluß auf die Formulierung eines solchen Modells gehabt hat, so erscheint mir diese Gleichsetzung falsch. Die Tatsache, daß in China alle programmatischen Äußerungen immer durch die Autorität des Vorsitzenden Mao abgesichert werden, darf nicht darüber hinwegtäuschen, daß es innerhalb der KPCh immer, vor wie nach 1949, Fraktionen mit unterschiedlichen politisch-ökonomischen Zielsetzungen und entsprechenden harten innerparteilichen Auseinandersetzungen zur Durchsetzung dieser Ziele gegeben hat. Ohne hier auf die Details dieses Linienkampfes eingehen zu wollen, sollen zwei Grundpositionen, ihre Ziele, ihre Politik und ihre soziale Basis diskutiert werden. Diese beiden Grundpositionen nenne ich Maoismus und Liuismus, weil Mao Tsetung und Liu Shao-chi die prominentesten Vertreter dieser Richtuntungen waren. Dabei reicht es allerdings nur im ersten Fall aus, die

Texte Maos als Basis zur Formulierung seiner Konzeption heranzuziehen. Im anderen Fall müssen weitere Quellen mobilisiert werden.

Als Grundlagentexte werden in der Regel die drei Reden Maos „Zur Frage des genossenschaftlichen Zusammenschlusses in der Landwirtschaft" vom 31.7.1955, „Über die zehn großen Beziehungen" vom 25.4.1956 und „Über die richtige Behandlung der Widersprüche im Volke" vom 27.2.1957 herangezogen. Die Datierung dieser Reden zeigt, daß die zweite Hälfte der 50er Jahre für Mao in dieser Hinsicht von entscheidender Bedeutung war. Soweit man die in diesen Reden formulierten Prinzipien und Vorschläge mit der Politik konfrontiert, wie sie während des „Großen Sprungs nach vorn" (1958–1960) oder später während der Kulturrevolution (1966–1969) betrieben wurde, mag diese Textgrundlage zu einem ersten Verständnis ausreichen. Die grundsätzlichen Unterschiede zum sowjetischen wie zum liuistischen Modell werden allerdings erst deutlich, wenn man Herkunft und sozialen Bezug des Mao-Denkens, wie es in Hunan, Kiangsi und Yenan entstanden ist, sowie seine theoretischen Aussagen zur Übergangsgesellschaft bzw. zum Verständnis von Entwicklung überhaupt miteinbezieht.

Bereits in seinen ersten Schriften, die entstanden sind, bevor im Sommer 1927 der Bruch mit der KMT und die Verfolgung und Zerschlagung der kommunistischen Organisationen in den Städten eine allmähliche Neuorientierung der politischen Strategie der Partei einleiteten, wandte Mao seine Aufmerksamkeit dem politischen Potential der armen Bauern des Hinterlands zu. In seiner Klassenanalyse vom März 1926 hatte er bereits darauf hingewiesen, daß die überwiegende Mehrheit der großen Masse der Bevölkerung, die Pächter, Halbpächter und armen Bauern – Mao bezeichnet sie als Halbproletariat – durchaus revolutionär gesinnt sei. Er vertritt damit eine Position, die gegenüber der damaligen offiziellen Linie der Komintern schon fast an Häresie grenzt. Noch deutlicher wird Mao ein Jahr später in seinem „Untersuchungsbericht über die Bauernbewegung in Hunan", in dem er über die politischen Organisationsformen der Bauern im Kampf gegen die örtlichen Grundherren berichtet. Hier wird zum ersten Mal auf die Bedeutung hingewiesen, die drückenden Steuer- und Pachtbelastungen der Bauern zu erleichtern, durch Konsum-, Absatz- und Kreditgenossenschaften das Einkommen der Bauern zu erhöhen und durch Instandhaltung von Straßen, Teichen und Dämmen die Grundvoraussetzungen der Landwirtschaft zu gewährleisten bzw. zu verbessern. Dieser Untersuchungsbericht ist ausdrücklich in der Absicht verfaßt worden, Material und Argumente gegen die Richtung der Partei zu gewinnen, die die politische Organisierung der Bauern ablehnte.

Nach dem Bruch der 1. Einheitsfront mit der KMT im Sommer 1927 ging Mao, im Gegensatz zu Liu Shao-chi, der die illegale Gewerkschaftsarbeit im städtischen Untergrund aufnahm, endgültig aufs Land und wandte sich der politischen Organisation der Bauern zu. Die sich an die erste Einheitsfront anschließende Phase der Sowjets von Kiangsi und Hunan (1927–1934) war von starken Richtungskämpfen in der Partei gekennzeichnet, ohne daß Mao bereits die Richtlinien bestimmen konnte. Die in dieser Phase betriebene Agrarpolitik war demzufolge radikaler als in späteren Perioden. Sie verfolgte die Enteignung der Landlords zugunsten der armen Bauern und den Aufbau von Genossenschaften. Unzureichende Überschüsse der Bauern wurden durch verstärkte Requirierung kompensiert.

Maos Politik dieser Zeit ist gemäßigter. In der Rede vom 20.8.1933 fordert er die Entfaltung der Genossenschaftsbewegung, die Verbesserung der Lebensbedingungen der Volksmassen, die Entwicklung der Hausindustrie zur Herstellung von Ackergeräten und Kalk (Düngemittel) und die Massenmobilisierung auf unbürokratische Weise. Dabei betont er die Berücksichtigung der jeweiligen Verhältnisse und Stimmungen der Massen. Ähnliche Forderungen finden sich auch in dem Referat über „Unsere Wirtschaftspolitik" vom 23.1.1934, in dem hervorgehoben wird, daß die Landwirtschaft den ersten Platz im wirtschaftlichen Aufbau einnimmt, da sie die Ernährung der Bevölkerung gewährleistet und die Rohstoffe für die Massenbedarfsgüter liefert. Hierbei handelt es sich um die erste Formulierung der seit Anfang der 60er Jahre grundlegenden Losung von der Landwirtschaft als der Grundlage der Wirtschaft. Im Hinblick auf die in den 50er Jahren praktizierten Genossenschaftsformen finden sich in diesem Text ebenfalls Parallelen, wenn Mao die Organisation von Gruppen der gegenseitigen Arbeitshilfe zur Feldbestellung, der gemeinsamen Nutzung von Zugvieh und der Mobilisierung des ganzen Dorfes zu den Zeiten der wichtigsten Feldarbeiten fordert. Auch wenn Mao erst auf dem Langen Marsch während der Politbürotagung in Tsunji (Januar 1935) Vorsitzender des ZK und damit de facto zum Parteiführer wird, lassen bereits die Äußerungen Maos aus den Jahren 1933 und 1934 und die ersten kollektiven Organisationsformen der Bauern in den Sowjets von Kiangsi die Konzeption erkennen, die in den 40er Jahren in Yenan theoretisch und praktisch weiterentwickelt wird, und die das spätere maoistische Modell zur Entwicklung des gesamten chinesischen Hinterlandes vorwegnimmt.

Nach Beendigung des Langen Marsches (Oktober 1934 bis Oktober 1935) und einer kurzen agrarrevolutionären Phase in Nordshensi bis Anfang 1937 schlossen die KPCh und die KMT unter dem Eindruck der japanischen Besetzung des chinesischen Kernlandes eine zweite Einheitsfront, die bis zum August 1945 dauerte. Diese Zeit war aus Rücksicht zur KMT durch eine gemäßigte Agrarpolitik gegenüber den Landlords und Großbauern gekennzeichnet und identisch mit der sogenannten Yenan-Ökonomie. Dieses „Yenan-Modell" war unter äußeren Bedingungen entstanden, die durch die Anforderungen des antijapanischen Widerstandskrieges und die von den Japanern gegen die von den Kommunisten beherrschten Gebiete verhängte Blockade bestimmt waren. Diese Blockade verhinderte es, daß in größerem Maße materielle Unterstützung von der KMT-Regierung in Südwest-China geleistet werden konnte. Außerdem war der regionale Warenverkehr unterbrochen. Die materiellen und personellen Anforderungen des Guerilla-Krieges und die Unterbrechung des Handels erzwangen die Konzentration auf die im eigenen Machtbereich vorhandenen Ressourcen und ihre optimale Nutzung, um einen größtmöglichen Betrag zur Finanzierung des Krieges abzuzweigen. Die internen Bedingungen waren durch die außerordentliche Armut der Bauern und die Dürftigkeit der natürlichen Voraussetzungen im Grenzgebiet von Shensi-Kansu-Ninghsia, das in den Bereich der unbewaldeten Lößhügel fällt, geprägt. Diese Region war bis dahin fast völlig unbeeinflußt von jeder modernen Entwicklung. Industrie und Infrastruktur auf der Basis moderner Technologie existierten nicht. Stattdessen herrschten die geschilderten Bedingungen der traditionellen Produktionsweise, wobei im Unterschied zu den südlichen Provinzen die künstliche Bewässerung und das günstige Klima nicht zutrafen. Der Einfluß der lokalen Gentry und die Pacht- und Zinsbelastungen bestanden ungebrochen. Es ist allerdings zu berücksichtigen, daß der Anteil des verpachteten Bodens in dieser Region aufgrund der geschilderten Umstände relativ niedrig, der Anteil der Eigentümer-Bauern also sehr hoch war, was aber mit entsprechend niedrigen Flächenerträgen und Pro-Kopf-Einkünften verbunden war.

Angesichts dieser desolaten Bedingungen zur Finanzierung des Krieges boten sich zwei Möglichkeiten an: Entweder den Mangel an absorbierbaren Überschüssen durch verstärkte Abpressung von den Bauern auszugleichen oder zunächst Maßnahmen zu ergreifen, die Ertrags- und Einkommenssituation der Bauern zu verbessern, um dann höhere Einnahmen für Armee und Regierung zu ermöglichen. Die Entscheidung fiel zugunsten der zweiten Alternative und führte im wesentlichen zu einer Politik, die später als das „Yenan-Modell" bekannt wurde:

1. Die Antwort auf die japanische Blockade war die Formulierung eines Autarkiekonzepts im Vertrauen auf die eigene Kraft.
2. Voraussetzung für die finanzielle Entlastung der Bauern waren Maßnahmen zur Abschaffung oder zumindest Reduzierung der Pacht- und Zinsbelastung und die Einschränkung der Steuern.
3. Eine egalitäre Bodenverteilung wurde zwar vermieden, weil die Überschüsse der reichen und Mittelbauern sowie ihre politische Unterstützung (2. Einheitsfront) notwendig waren, die Agrarreform sollte aber soweit getrieben werden, daß der Grundsatz „jedem Pflüger sein Feld" Gültigkeit bekam.
4. Im Zentrum der Überlegungen standen Maßnahmen zur Produktivitätssteigerung in der Landwirtschaft und der ländlichen Entwicklung im weitesten Sinne. Da diese aufgrund der knappen Ressourcen nicht auf kapitalintensivem Wege erzielt werden konnte, blieben nur die Möglichkeiten der Arbeitsorganisation, der Intensivierung und der Mobilisierung kreativer Fähigkeiten. Richtschnur war dabei die von Mao 1937 getroffene Feststellung, die in den 50er Jahren der Angelpunkt des maoistischen Denkens im Hinblick auf die Dynamik der Übergangsgesellschaft sein wird: „Wenn sich ohne eine Änderung der Produktionsverhältnisse die Produktivkräfte nicht weiter entwickeln können, dann spielt die

Änderung der Produktionsverhältnisse die hauptsächliche, entscheidende Rolle." Darunter verstand Mao im einzelnen:

– Bildung von Genossenschaften und Arbeitsaustauschbrigaden zum Zwecke der gegenseitigen Arbeitshilfe, wobei zur Einführung dieser kollektiven Organisationen ein gemäßigtes Tempo einzuschlagen ist. Neben den damit verbundenen Produktivitätssteigerungen wird immer die Entwicklung neuer politischer und sozialer Lebensformen angestrebt.

– Massenkampagnen zur Bewältigung nur im Kollektiv durchführbarer Aufgaben (Wasserkontrolle, Terrassierung, Straßenbau etc.).

– Eliminierung repressiver gesellschaftlicher und ideologischer Institutionen und Verhaltensformen zur Weckung kreativer Potentiale und Interesse der Bevölkerung an Produktionssteigerungen.

– Mobilisierung ganz (Frauen) oder saisonal brachliegender Arbeitskraft.

5. Neben den Maßnahmen zur Produktionssteigerung in der Landwirtschaft sollten die hausindustriellen Tätigkeiten von den Bauern wieder reaktiviert und ausgebaut werden, um Einkommensverbesserungen zu erzielen und vor allem Versorgungsengpässe zu schließen. Dabei handelte es sich neben der Textilindustrie um die Gewinnung von Roheisen zur Herstellung von Ackergeräten und Waffen sowie Ausrüstungen für die Armee. Außerdem sollten kleine Betriebe errichtet werden, die auch unter unrationellen Bedingungen produzieren konnten. Die Entwicklung der Kleinindustrialisierung wurde gleichzeitig in der Absicht betrieben, den sozialen und technologischen Wandel auf dem Dorf zu provozieren. Hier findet sich dieselbe Intention, die später im Großen Sprung verfolgt wurde, nämlich die Kampagne zur Erzeugung von Eisen in den sogenannten Hinterhofhochöfen als Vehikel zur Veränderung der Menschen zu benutzen.
6. Dezentralisierung der Wirtschaftsentscheidungen bei gleichzeitiger einheitlicher Leitung war das Mittel, den lokalen Bedürfnissen Rechnung zu tragen und Transportkosten zu sparen.
7. Zur Entlastung des Staatshaushaltes wurde die weitgehende Selbstversorgung der Armee, der politischen Institutionen und der Ausbildungseinrichtungen mit Lebensmitteln, Textilien und Ausrüstungsgütern angestrebt. Auch die politischen Kader sollten einen Nebenerwerb betreiben.

8. Zur Ermittlung der politischen und wirtschaftlichen Bedürfnisse der Bauern sind die Prinzipien der Massenlinie anzuwenden. Dieses Prinzip wurde zum ersten Mal in einer Resolution des Politbüros vom 1.6.1943 propagiert.

Die Blütezeit des „Yenan-Modells" fiel in die Jahre 1942 bis 1944, als die Partei großangelegte Kampagnen zur Abschaffung oder Reduzierung von Pacht und Zins, zur Bildung von Genossenschaften und Arbeitsaustauschbrigaden sowie zur Steigerung der Produktion veranstaltete. Dabei galt immer das Prinzip, daß zwar die Anstöße durch die Parteiführung kamen, die Ausrichtung entsprechend den jeweiligen Gegebenheiten, die Finanzierung und Weiterentwicklung der Projekte aber immer von den lokalen Ressourcen und der Mobilisierung der vorhandenen Arbeitskräfte abhing. Auf Dorfebene sollte die Selbstorganisation Vorrang vor Eingriffen und Anleitungen von außen genießen. Die Verwirklichung der Prinzipien der Massenlinie: Aus den Erfahrungen der Massen lernen, diese systematisieren und dann erneut unter den Massen propagieren, fanden in den genannten Kampagnen ihre erste konkrete und umfassende Anwendung.

Seit den ersten Zeugnissen des Maoschen Denkens im Jahre 1926 steht also bis zur Übernahme der Staatsgewalt durch die KPCh immer das Thema im Vordergrund, wie die Verbesserung der materiellen Lage der Bauern zu erreichen sei. Ihre Besserstellung ist die Voraussetzung der wirtschaftlichen Entwicklung des ganzen Landes. Dabei wird auf Methoden zurückgegriffen, die aus eigener Kraft der Bauern zu bewältigen sind, und die immer den politischen Mobilisierungseffekt miteinbeziehen. Diese Konzeption wird theoretisch präzisiert und praktisch erprobt in der Yenan-Phase und dann beim Vormarsch der Revolution in den Jahren 1945 bis 1949 schrittweise auf das übrige ländliche China ausgedehnt, bis dann die Eroberung der Städte mit ihrer modernen Industrie die Partei vor neue, nicht gekannte Probleme stellt, die die maoistische Yenan-Konzeption zugunsten der sowjetischen Entwicklungskonzeption in den Hintergrund treten lassen.

In Yenan formuliert Mao seine grundlegenden Schriften zur Erkenntnistheorie und Widerspruchstheorie. Nur so sind sein Verständnis über die Triebkräfte von Entwicklung, seine anvisierten Entwicklungsziele sowie die von ihm geforderten Methoden zur Erreichung dieser Ziele einsichtig, wobei Verständnis des Entwicklungsprozesses, Zieldefinition und Durchsetzung dieser Ziele in einem dialektischen Zusammenhang stehen. Nur der Erkenntnisfortschritt im Prozeß der Gestaltung gesellschaftlicher Entwicklung und die Erkenntnis ihrer Widersprüchlichkeit vermittelt Einsicht in den Entwicklungsprozeß und korrigiert damit die Praxis dieser Gestaltung.

Ein grundlegender Vorwurf, den Mao gegenüber der Methode des sowjetischen Lehrbuchs „Politische Ökonomie" erhebt, ist dessen deduktives Vorgehen. Zu Beginn jedes Abschnitts setzt das Lehrbuch feste Begriffe und Definitionen, aus denen alle weiteren Ausführungen abgeleitet werden. Für Mao erweist sich demgegenüber der materialistische Charakter der Erkenntnistheorie in ihrem Ausgang von den Erscheinungen. Am Anfang jeder Erkenntnis steht die sinnliche Erfahrung, die nur durch gesellschaftliche Praxis gewonnen werden kann. Die sinnlichen Wahrnehmungen müssen zu Begriffen, Urteilen und Schlußfolgerungen verarbeitet werden. Dieser Prozeß bedeutet das Fortschreiten von der sinnlichen Erfahrung zur rationalen Erkenntnis. Vom Standpunkt der marxistischen Philosophie, die immer Anleitung zu gesellschaftlicher Praxis sein will, darf man nicht auf der Stufe der rationalen Erkenntnis stehen bleiben, sondern muß im Verständnis der objektiven Gesetzmäßigkeiten der Welt zu ihrer praktischen Umgestaltung gelangen. Während Mao im Jahre 1937 stärker den antiimperialistischen Kampf und den Klassenkampf als revolutionäre Praxis hervorhebt, steht später der Produktionskampf im Vordergrund. Die Praxis im Bewußtsein der rationalen Erkenntnis muß also immer gesellschaftlicher und revolutionärer Kampf sein, wobei sich der Charakter dieses revolutionären Kampfes je nach Entwicklungsstadium der Geschichte ändert. Zuerst steht der antiimperialistische Kampf im Vordergrund, dann der Klassenkampf, der sich nach Erringung der Staatsgewalt durch das Proletariat, zu dem auch die armen Bauern gezählt werden, im Kampf zum Aufbau des Sozialismus fortsetzt.

Die Dialektik zwischen Theorie und Praxis erweist sich darin, daß die Erkenntnis durch die bewußte Praxis jederzeit überprüft und korrigiert werden muß, um über die neugewonnene Erkenntnis zu einer neuen angemessenen Praxis zu gelangen. Irrtümer im Erkenntnisprozeß und daraus resultierende Niederlagen in der Praxis sind also durchaus möglich, ja sogar notwendig. Der Gesamtprozeß der Erkenntnis, der sich in immer höheren Stufen äußert, lautet also: Praxis – sinnliche Erfahrung – rationale Erkenntnis – wieder revolutionäre Praxis etc. Dieser Erkenntnisprozeß verläuft entsprechend der revolutionären Praxis nicht kontinuierlich, sondern in Sprüngen. Maos eigene Praxis und sein eigener Erkenntnisfortschritt lassen sich in diesen Prinzipien wiederfinden. Die Form, in der sich diese Dialektik vollzieht, wird im Prinzip der Massenlinie verwirklicht. Damit wird zum Ausdruck gebracht, daß der Erkenntnisprozeß nicht bloß auf die politische Avantgarde beschränkt ist, sondern die Massen miteinbezieht. Die Verwirklichung der Massenlinie soll einen ständig wachsenden Kreis von Menschen zur richtigen Erkenntnis und damit zum sozialistischen Bewußtsein führen. Die Dialektik besteht also nicht nur zwischen Theorie und Praxis, sondern auch zwischen Erkenntnis der Avantgarde und Erkenntnis der Massen bzw., vermittelt, zwischen der Praxis der Massen und der Erkenntnis der Avantgarde. Beispiele für die Anwendung dieses Prinzips sind die vielen Kampagnen, die, auch wenn sie nach der sozialistischen Revolution vielfach Produktionssteigerungen zum Ziel haben, immer den Erkenntnisfortschritt miteinbeziehen. Man kann sogar zu dem Schluß gelangen, daß bei Mao der massenhafte Produktionskampf das Medium der Erkenntnis überhaupt ist, wobei Erkenntnis hier sowohl im praktischen Sinn Bewältigung der Natur heißt als auch im Sinne der Bewältigung gesellschaftlicher Prozesse, die in den kollektiv durchgeführten Kampagnen zum Ausdruck kommen, verstanden wird.

Die Erkenntnistheorie führt Mao zu seiner Lehre vom Widerspruch, der allen Dingen innewohnt, und den er als das fundamentale Gesetz der materialistischen Dialektik ansieht. Mao unterscheidet zwischen der Allgemeinheit und der Besonderheit des Widerspruchs. Der allgemeine gesellschaftliche Widerspruch ist der Klassenkampf. Die Besonderheit dieses Widerspruchs äußert sich jedoch je nach der gesellschaftlichen Situation in verschiedenen Qualitäten und erfordert somit auch qualitativ verschiedene Lösungsmethoden. Diese können im revolutionären nationalen Krieg, in der demokratischen oder sozialistischen Revolution, in der Kollektivierung und Mechanisierung der Landwirtschaft oder, soweit sie sich in der Partei widerspiegeln, in Kritik und Selbstkritik liegen. Die Lösung der Widersprüche zwischen Gesellschaft und Natur muß durch die Entwicklung der Produktivkräfte herbeigeführt werden, wobei hier ebenfalls die besonderen Konstellationen zu berücksichtigen sind.

Alle komplexen Dinge enthalten eine Vielzahl von Widersprüchen, unter denen immer einer als der Hauptwiderspruch anzusehen ist. Seine Existenz und seine Entwicklung bestimmen Existenz und Entwicklung aller anderen Widersprüche. Natürlich können zu verschiedenen Zeiten unterschiedliche Widersprüche als Hauptwidersprüche auftreten. Das kann in China, je nach der internationalen Lage, zum Beispiel der Widerspruch zwischen Nationalismus und Imperialismus oder der Widerspruch zwischen Volk und der herrschenden Klasse sein, die vom Imperialismus unterstützt wird. Man muß also den aktuellen Hauptwiderspruch herausfinden, bevor man die anderen Widersprüche lösen kann. Bei jedem Widerspruch gibt es eine hauptsächliche Seite, wobei ein Wechsel zwischen der primären und sekundären Seite eines Widerspruchs auftreten kann. In der Auseinandersetzung zwischen Feudalismus und Kapitalismus stellte die Bourgeoisie zunächst die sekundäre und später im Zuge der kapitalistischen Entwicklung die primäre Seite. Umgekehrt erging es ihr in ihrem Widerspruch zum Proletariat. Durch den Wechsel der hauptsächlichen Seite eines Widerspruchs verändert sich der Charakter einer Gesellschaft. Sehr große Bedeutung mißt Mao diesem Seitenwechsel im Hinblick auf die drei Widersprüche zwischen Produktivkräften und Produktionsverhältnissen, zwischen Basis und Überbau und zwischen Praxis und Theorie bei. Zwar wird man grundsätzlich die Produktivkräfte, die Basis und die Praxis als die hauptsächlichen Seiten der drei Widersprüche betrachten, eine Wechselwirkung zu leugnen, hieße aber, statt des dialektischen nur einen mechanischen Materialismus zu verfolgen. Unter bestimmten Bedingungen können auch die Produktionsverhältnisse, die Theorie und der Überbau die entscheidende Seite eines Widerspruchs bilden. Diese Betonung der Wechselwirkung von Sein und Bewußtsein spielt bei Mao insbesondere zur Lösung der Widersprüche innerhalb der Gesellschaft und zwischen Gesellschaft und Natur *nach* der sozialistischen Revolution eine zentrale Rolle.

Resultat der auf Widersprüchen gegründeten Dynamik des Entwicklungsprozesses ist, analog zum Erkenntnisprozeß, sein sprunghafter Verlauf. Die Lösung eines Widerspruchs hebt die Entwicklung auf eine neue Stufe und führt so zum Gesamtbild einer wellenförmigen Entwicklung. Die Begriffe „Sprung" oder „Welle" stehen deshalb, hier liegt die entwicklungspolitische Konsequenz, im Zentrum der maoistischen Strategie des wirtschaftlichen Wachstums.

Die allgemeinen Einsichten der Widerspruchstheorie konkretisiert Mao in den 50er Jahren im Hinblick auf die allgemeinen Widersprüche während der Übergangsgesellschaft und ihre besondere Ausprägung im unterentwickelten China. Dabei muß berücksichtigt werden, daß in Maos Verständnis eine Revolution nur noch in der Dritten Welt möglich ist, und daß die Bauern das historische Subjekt dieses Prozesses sind. Um dieses Ziel zu erreichen, kehrt Mao die Dialektik von Produktivkräften und Produktionsverhältnissen um, wie seiner Meinung nach auch in den bürgerlichen Revolutionen oder der Oktoberrevolution geschehen. Erst die Revolutionierung der Produktionsverhältnisse machte den Weg frei für eine den neuen Bedürfnissen angemessene Produktivkraftentfaltung. Diese Umkehrung oder zumindest andersartige Gewichtung der Dialektik zwischen Produktivkräften und Produktionsverhältnissen hat Mao von sowjetischer Seite den Vorwurf der idealistischen Geschichtsauffassung eingebracht, ein Vorwurf, den die liuistischen Vertreter innerhalb der Partei unter der Hand möglicherweise teilen würden. Im Hinblick auf die unterentwickelten Länder sind für Mao nur die sozialistischen Produktionsverhältnisse in der Lage, die Unterentwicklung zu überwinden.

Das bedeutet aber keineswegs, daß mit der sozialistischen Revolution alle Widersprüche zwischen den Menschen gelöst sind. Hier tut sich ein grundsätzlicher Unterschied zur sowjetmarxistischen Theorie der Übergangsgesellschaft auf. Alle Versionen des sowjetischen Lehrbuchs, ob sie unter dem Einfluß Stalins, nach dem XX. Parteitag oder in der Nachchrustchow-Ära entstanden sind, gehen davon aus, daß die gesellschaftlichen Widersprüche gelöst sind. An die Stelle des Widerspruchs wird das Prinzip der Einheit als Triebkraft der weiteren Entwicklung gesetzt. Widersprüche bestehen nur noch zwischen Gesellschaft und Natur und sind durch die Entwicklung der

Produktivkräfte zu beseitigen. Mao betont demgegenüber, daß nicht nur die Widersprüche zwischen Mensch und Natur als Resultat der Unterentwicklung, sondern auch die Widersprüche innerhalb der Gesellschaft nach der Revolution weiterwirken. Das gilt nicht nur für die Periode der Übergangsgesellschaft zum Sozialismus, sondern auch für die sozialistische Phase, ja sogar für die Phase des Kommunismus. Nur das Prinzip der permanenten Revolution auf allen Ebenen – Produktivkräfte, Produktionsverhältnisse und Überbau – kann zu einer Lösung dieser Widersprüche führen.

Als Hauptwidersprüche in der Phase der Übergangsgesellschaft betrachtet Mao offensichtlich die Widersprüche zwischen Produktivkräften und Produktionsverhältnissen und zwischen Produktionsverhältnissen und Überbau, wobei im ersten Fall die Produktionsverhältnisse und im zweiten Fall der Überbau als die hauptsächliche Seite des Widerspruchs angesehen werden. Die Produktionsverhältnisse entsprechen in erster Linie deswegen noch nicht den geforderten Bedingungen, wie sie eine optimale Produktivkraftentfaltung erwarten ließen, weil es noch verschiedene Formen des Eigentums gibt. Das bezieht sich einmal auf unterschiedliche Eigentumsverhältnisse in Landwirtschaft und Industrie, wo im ersten Fall das Kollektiveigentum und im zweiten Fall das Staatseigentum die Regel ist. Innerhalb der Landwirtschaft gibt es wiederum verschiedene Formen des Eigentums: Kommuneeigentum, Brigadeeigentum, Gruppeneigentum und Privateigentum. Mit diesen verschiedenen Eigentumsformen korrespondieren Einkommensunterschiede zwischen Industrie und Landwirtschaft und innerhalb der Landwirtschaft. Die unterschiedlichen Interessenlagen von Staat, verschiedenen Kollektiven und Individuen im Hinblick auf die Verteilung von Akkumulations- und Konsumtionsfonds, auf die Liefer- und Bedarfsstruktur zwischen den einzelnen Sektoren, Branchen und Regionen der Wirtschaft und damit die Existenz von Warenverhältnissen und Regulativen, die über das Wertgesetz (Preise und Gewinne) vermittelt sind, beeinträchtigen eine optimale Produktivkraftentfaltung. Auf der Ebene der Arbeitsbeziehungen herrscht nach wie vor das Prinzip der Unterordnung und Hierarchie vor der kollektiven Leitung. Solange Direktoren, Techniker und Spezialisten den Arbeitsprozeß, die Art der Produktion und die Dynamik der industriellen Entwicklung bestimmen, werden immer Einzel- oder Gruppeninteressen mit den Interessen des Kollektivs oder des ganzen Volkes in Konflikt geraten und dadurch einer optimalen, sprich den Interessen des ganzen Volkes dienenden, Produktivkraftentfaltung im Wege stehen. Dabei betont Mao besonders den Aspekt, daß einmal geschaffene Produktionsverhältnisse die Tendenz zu ihrer Zementierung aufweisen. Das gilt auf der individuellen Ebene für Einkommensunterschiede oder sonstige Vorteile, auf die die Privilegierten nicht ohne weiteres verzichten wollen. Das gilt auf der gesamtwirtschaftlichen Ebene für die Steuerungsmechanismen, die sich zu einem gegebenen Zeitpunkt als sinnvoll erweisen. Das gilt in noch viel stärkerem Maße für die Widersprüche zwischen Produktionsverhältnissen und politischem, sozialem und ideologischem Überbau. Der Sozialismus kann nicht bereits in einer kapitalistischen oder vorkapitalistischen Gesellschaft entstehen, sozialistisches Bewußtsein muß erst im Zuge des sozialistischen Aufbaus entwickelt werden. Geschieht das nicht, ist dieser Aufbau ständig in Gefahr. Als Haupthindernis für die Entwicklung sozialistischer Produktionsverhältnisse sieht Mao die bürgerliche Ideologie und ihre Abart, den Bürokratismus, an. Die bürgerliche Ideologie ist vor allem unter den Intellektuellen verbreitet, die früher dem alten System gedient haben oder in seinem Geiste erzogen worden sind. Das bürgerliche Denken unterminiert nicht nur ständig den Aufbau sozialistischer Verkehrsformen, die Bourgeoisie ist auch permanent bestrebt, sobald sich nur eine Möglichkeit eröffnet, die gesellschaftliche Entwicklung wieder rückgängig zu machen und zum Kapitalismus zurückzukehren. Die Gefahr des Bürokratismus betrifft vor allem die führenden Kader der Partei. Ein bürokratischer Überbau ist für die weitere Revolutionierung der Produktionsverhältnisse genauso schädlich wie ein bürgerlicher Überbau. Nicht die Bürokraten, das Volk muß die Möglichkeit haben, die Gestaltung der Produktionsverhältnisse so einzurichten, daß eine seinen Bedürfnissen gerechte Produktivkraftentfaltung möglich ist.

Diese Widersprüche jeder Übergangsgesellschaft konkretisiert Mao im Hinblick auf die besondere Situation eines unterentwickelten Landes wie China. Dabei scheinen bei Mao zwei Widersprüche im Mittelpunkt zu stehen: der Widerspruch zwischen einer rückständigen Landwirtschaft, die nur unzureichend in der Lage ist, den Anforderungen einer wachsenden Industrie nach Lebensmitteln und Rohstoffen zu genügen, und umgekehrt einer Industrie, die aufgrund ihrer Dimension und Branchenstruktur nicht in der Lage ist, die Anforderungen der Landwirtschaft nach Traktoren, Düngemitteln, Energie u.a. zu decken. Weiterhin ist der Widerspruch zwischen einer relativ modernen Küstenregion und dem rückständigen Hinterland von zentraler Bedeutung. Die Konzentration von Industrie, Infrastruktur und qualifizierten Arbeitskräften auf wenige Zentren in küstennahen Regionen zieht die Masse der neu zur Verfügung stehenden Ressourcen an sich, da hier ihre effektivste Verwendung erwartet wird. Dadurch vertieft sich die Kluft zwischen Stadt und Land und verstärkt den erstgenannten Widerspruch.

Resultat der Widersprüche, die sich in der Phase des Übergangs zum Sozialismus bzw. aus den spezifischen Widersprüchen des unterentwickelten China ergeben, sind die Widersprüche im Volke. Die Verkettung dieser Ursachen weist darauf hin, daß Mao keine Trennung zwischen gesellschaftlichen und materiellen Widersprüchen, wie in der Sowjetunion, vornehmen will, sondern nur die gleichzeitige Inangriffnahme dieser Widersprüche ihre Lösung garantiert. Der Widerspruch zwischen Arbeitern und Bauern leitet sich einmal aus den genannten unterschiedlichen Produktionsverhältnissen zwischen Industrie und Landwirtschaft ab (Besitzverhältnisse, Einkommen) und ist zum anderen Resultat der geschilderten Ausprägung der Unterentwicklung in China. Die weitere Konzentration der Ressourcen auf die moderne Industrie der Küstenstädte bedeutet steigendes Einkommen, besseres Angebot an Konsumgütern etc. Die Bauern erwarten umgekehrt eine stärkere Berücksichtigung ihrer Interessen, die sich in Infrastrukturmaßnahmen, Elektrifizierung, Dezentralisierung der Industrie etc. äußern würde. Die Widersprüche innerhalb der beiden Klassen sind Resultat des Leistungsprinzips bei der Entlohnung und der verschiedenen Eigentumsformen, soweit bei Kollektivbesitz das Einkommen ertragsabhängig ist. Die Widersprüche zwischen Hand- und Kopfarbeit resultieren aus der bürgerlichen Ideologie und dem Bürokratismus. Die Kopfarbeiter wollen ihre materiellen und immateriellen Privilegien erhalten. Ihre Konzentration auf die Städte verstärkt die Stadt-Land-Kluft und macht sie damit zu potentiellen Bundesgenossen der Arbeiterschaft. Die Lösung dieser Widersprüche ist von zentraler Bedeutung für die politische Stabilität der Gesellschaft und damit den Erfolg des sozialistischen Aufbaus. Dabei betont Mao ausdrücklich den Kampf als Mittel zur Lösung dieser Widersprüche.

Wenn die Tendenzen zu Bürokratismus und Restauration bürgerlicher Ideologie sich verstärken, können sich die Widersprüche im Volke zu Widersprüchen zwischen Staat und Volk entwickeln. Das bezieht sich nicht nur auf die Fernhaltung des Volkes von Entscheidungen, sondern auch materiell auf die Ressourcenverteilung für Akkumulation und Konsumtion. Die Form der Arbeitsorganisation, die Technologiewahl u.a. erlauben oder verhindern es, daß die Massen diese Prozesse durchschauen und an ihnen partizipieren können.

Diese Widersprüche im Volke und zwischen Volk und Staat finden ihre Entsprechung innerhalb der Partei. Der permanente Kampf der zwei Linien innerhalb der Partei ist somit im maoistischen Verständnis nichts anderes als der Kampf zwischen Sozialismus und Kapitalismus bzw. Bürokratismus, zwischen den Massen und den Intellektuellen, zwischen den Bauern des Hinderlands und den Bewohnern der Küstenstädte, ist die Fortsetzung des Klassenkampfs. Die genannten Widersprüche im Volke und in der Partei sind unter sozialistischen Bedingungen im Prinzip nicht antagonistisch und können durch Kritik und Selbstkritik, durch Erziehung und durch Ausrichtungskampagnen gelöst werden. Zur Lösung von antagonistischen Widersprüchen kann sich sogar die Notwendigkeit einer erneuten Revolution ergeben.

Der Kern des maoistischen Denkens läuft also darauf hinaus, daß die Überwindung der Unterentwicklung, das heißt die Befriedigung der Bedürfnisse der Volksmassen, in China in erster Linie die 600 Millionen Bauern, nur gleichzeitig mit der Verwirklichung sozialistischer Produktionsverhältnisse und der Revolutionierung des traditionellen Überbaus möglich ist. Die Schaffung des neuen Menschen und die Industrialisierung bzw. Agrarentwicklung müssen gleichzeitig erfolgen, denn nur der neue Mensch garantiert die Entfaltung der Produktivkräfte in eine Richtung, die wirklich die Befriedigung der Bedürfnisse der Massen gewährleistet. Die Mittel und Strategien, die Mao vorschlägt, die Produktivkräfte in die gewünschte Richtung zu entfalten, müssen also immer mit den Prinzipien der Massenlinie gekoppelt sein. Die Reduzierung des maoistischen Entwicklungsmodells auf die besonderen Erfordernisse und Bedingungen der Unterentwicklung: Mobilisierung brachliegender Arbeitskraft, Ausnützung lokaler Ressourcen, Reduzierung der Transportkosten, Ergänzung der überbeanspruchten modernen Industrie, partielle Schließung von Engpässen im modernen Sektor, Entlastung des Staatshaushalts und was immer an rein ökonomischen Begründungen angeführt werden kann, versperrt den Blick für das grundsätzliche Anliegen. Die Entwicklung der innovatorischen Fähigkeiten, die Partizipation am Entscheidungsprozeß und die Erfahrung der eigenen Leistungsfähigkeit durch revolutionäre Praxis im politischen wie im Produktionskampf sind Vehikel zur Bildung des sozialistischen Bewußtseins der Massen.

In Reaktion auf die geschilderten abträglichen Konsequenzen der engen Anlehnung an die Sowjetunion findet sich der erste bekannte Hinweis auf die Betonung der chinesischen Eigenständigkeit in der „Rede gegen Rechtstendenzen und Konservatismus" (6.12.1955) im Zusammenhang mit der Genossenschaftsbewegung, wo Mao die unterschiedlichen Ausgangsbedingungen Chinas bekräftigt, das gegenüber der Sowjetunion nach der Revolution bereits über eine 20jährige Erfahrung mit wirtschaftlichen Fragen in den befreiten Gebieten verfügt. In der Rede über die „Zehn großen Beziehungen" im April 1956 findet sich der generelle Hinweis, daß man zwar vom Ausland lernen müsse, aber nicht alles zu kopieren, sondern im Hinblick auf die chinesischen Belange zu modifizieren habe. Hier wird nur allgemein vom „Ausland" gesprochen, ohne daß die zweifellos damit gemeinten sozialistischen Länder und besonders die Sowjetunion bereits beim Namen genannt werden. Deutlicher wird Mao im Februar 1957 in seiner Rede über die Widersprüche im Volke, wo zwar nicht in Abrede gestellt wird, daß man aus den Erfahrungen der sozialistischen Länder, vor allem der Sowjetunion, zu lernen habe, die unterschiedlichen Bedingungen in den einzelnen Ländern aber auch zu unterschiedlichen Ansichten über einzelne Punkte führen können. Das bezieht sich an einer Stelle der Rede konkret auf die richtige Behandlung der Widersprüche im Volke, wird aber an einer anderen Stelle auf die Form der Übertragung der sowjetischen Erfahrungen auf China bezogen. Deutlich wird die Kritik an der Übernahme des sowjetischen Modells erst in den Reden des Jahres 1958. Die erste Chengtu-Rede Maos vom 10.3.1958 ist eine kritische Auseinandersetzung mit der Praxis der ersten Hälfte der 50er Jahre, als man mangels eigener Erfahrungen und Kenntnisse die Politik der starren Übernahme betrieb. Da diese Erfahrungen inzwischen gesammelt seien, könne sowohl im Grundsätzlichen wie im Detail eine den chinesischen Gegebenheiten gerechte Wirtschaftspolitik verfolgt werden. Die grundsätzliche und differenzierte theoretische Kritik an der sowjetischen Praxis erfolgt im November 1958 in der Rede über Stalins Buch „Ökonomische Probleme des Sozialismus" sowie im Jahre 1960 in den „Notizen" zum sowjetischen Lehrbuch, die als Maos Politische Ökonomie der sozialistischen Produktionsweise zu verstehen sind. Mit der Betonung der besonderen chinesischen Bedingungen und der eigenen Leistung beim Aufbau des Sozialismus wird folgerichtig die Rolle der externen Hilfe durch die sozialistischen Länder relativiert. Mao erkannte offenbar in der Übertragung des sowjetischen Modells einen Hauptwiderspruch für die chinesische Entwicklung. Erst die Lösung dieses Widerspruchs durch die allmähliche Emanzipation von der Sowjetunion und durch die Formulierung eines eigenen Weges, der sich die chinesischen Widersprüche zum Ausgangspunkt nahm, konnte im Sinne der Maoschen Widerspruchstheorie erfolgreich sein. Der wirtschaftliche Bruch im Sommer 1960 war auf chinesischer Seite zumindest theoretisch vorprogrammiert und letztlich auch nur konsequent, wenn seine Auslösung auch durch die Sowjetunion betrieben wurde.

Entsprechend dem Gerüst von Widersprüchen, die Mao für die nachrevolutionäre chinesische Gesellschaft identifiziert hat, siedelt er seine Konzeption zur Lösung dieser Widersprüche auf drei Ebenen an, wobei immer die Wechselwirkung der vorgeschlagenen Maßnahmen intendiert ist. Auf der Ebene der Produktivkräfte steht an erster Stelle die Forderung nach einer koordinierten Entwicklung der Sektoren zur Lösung der Widersprüche zwischen Schwerindustrie, Leichtindustrie und Landwirtschaft. Vor dem Großen Sprung, als die zentrale Bedeutung des absoluten Vorrangs der Schwerindustrie noch nicht in Frage stand, verband Mao mit dieser Koordinierung offensichtlich die Überlegung, daß das Wachstum der Schwerindustrie nicht ohne entsprechendes Wachstum der anderen Sektoren möglich sei. Dahinter stand einmal das Argument, daß die Schwerindustrie sich nicht entwickeln kann ohne eine entsprechende Zunahme der

Lebensmittelproduktion und der Produktion von agrarischen Rohstoffen für die Leichtindustrie. Das zweite Argument lautete, daß letztlich die Akkumulation in der Schwerindustrie zu einem erheblichen Teil von den Überschüssen der anderen Sektoren, die über Preise oder Steuern transferiert werden, abhängig ist. Es muß also ein Absatzmarkt geschaffen bzw. die Einkünfte der anderen Sektoren verbessert werden. Die potentiellen Kunden bzw. Steuerzahler sind in erster Linie die Bauern.

Das Primat der Schwerindustrie, insbesondere die Forcierung der Stahlproduktion, wurde allerdings im Großen Sprung nicht aufgegeben, im Gegenteil, Mao dachte, noch zusätzliche Mittel zur Stahlproduktion mit der traditionellen Roheisenherstellung in Kleinsthochöfen mobilisieren zu können. Diese während des Sprungs weiterhin vernachlässigte Balance zwischen den Sektoren läßt Mao aber bereits Mitte 1959 erneut und jetzt nicht mehr nur verbal die Forderung nach einer Reorientierung der wirtschaftspolitischen Schwerpunkte erheben, bei der die Landwirtschaft am Anfang und die Schwerindustrie am Ende steht. Das Marktargument wird noch dadurch ergänzt, daß die Schwerindustrie ihre Produktion auch an den Bedürfnissen der Landwirtschaft orientieren soll, indem zehn Prozent der Stahlproduktion für die Belange der Landwirtschaft bereitgestellt werden sollen.

Die Formel von der Umkehrung der Reihenfolge der Bedeutung der Sektoren darf allerdings nicht darüber hinwegtäuschen, daß die Leitlinie der wirtschaftlichen Entwicklung auch nach den Erfahrungen des Großen Sprungs noch die Schwerindustrie ist. Nur darf diese Entwicklung nicht allein auf Kosten der Landwirtschaft über erhöhte Abfuhr der Überschüsse und niedrigen Konsum geschehen, sondern setzt vorhergehende Produktions- und Einkommenssteigerungen der Bauern voraus. Damit will Mao verschiedene Effekte gleichzeitig erzielen. Die Steigerung der Agrarproduktion soll die Nahrungsmittel- und Rohstoffengpässe schließen. Die daraus resultierenden Einkommenssteigerungen der Bauern sorgen für ein erhöhtes Steueraufkommen und verstärkte Kaufkraft für Industriegüter. Beides erhöht die Mittel, die zur Finanzierung der Investitionen in der Schwerindustrie herangezogen werden können. Die Schwerindustrie soll nicht nur ihre eigenen Produktionsmittel herstellen, sondern einen Teil ihrer Produktion zur Herstellung agrarischer Inputs abzweigen.

Über die koordinierten Beziehungen zwischen Akkumulation und Konsumtion macht Mao nur vage Aussagen. Er betont zwar, daß auch ein Widerspruch zwischen Investitionszielen des Staates und Konsumbedürfnissen des Volkes besteht, sagt aber nur, daß die richtigen Proportionen jedes Jahr durch den Wirtschaftsplan festgelegt werden müssen. Er weist lediglich darauf hin, daß die Akkumulation die beachtliche Quote von über 30 Prozent erreichen könne, eine Quote, die über die der Sowjetunion erheblich hinausgeht. Mao will also am Tempo der Akkumulation keine Abstriche machen, sondern befürwortet im Gegenteil eher eine weitere Forcierung. Der entscheidende Unterschied zur Sowjetunion liegt also nicht in der Höhe, sondern in der Aufbringung und der Verteilung der Investitionen. Die Widersprüche bei der regionalen Verteilung der Investitionen zwischen den industriellen Ballungszentren, vor allem Schanghai und der Nordosten, und dem rückständigen Hinterland sollen durch weitgehende Denzentralisierung gelöst werden.

Wir haben festgestellt, daß Mao auf der einen Seite ein hohes Industrialisierungstempo nicht in Frage stellt, auf der anderen Seite aber der Agrarentwicklung und der Steigerung der ländlichen Einkommen große Bedeutung beimißt. Das wäre auf den ersten Blick nur denkbar, wenn dem industriellen Sektor bzw. dem Akkumulationsfonds entsprechende Ressourcen entzogen würden. Vorrang von Landwirtschaft und Industrie, von Akkumulation und Konsum schließen sich scheinbar gegenseitig aus. In der Auflösung dieser beiden Widerspruchspaare zeigt sich die Genialität des maoistischen Wirtschaftsmodells. Mao will nämlich Produktivkräfte mobilisieren, die beim sowjetischen wie beim kapitalistischen und auch beim liuistischen Industrialisierungsmodell nicht oder nur zum Teil freigesetzt werden. Dieses Potential soll die zusätzlichen Ressourcen schaffen, die Agrarentwicklung und Einkommensverbesserungen ermöglichen, ohne daß die vorhandenen Ressourcen für den industriellen Sektor bzw. für die Akkumulation geschmälert werden. Sein Ziel ist es, daß der traditionelle Sektor aus eigener Kraft seine Entwicklung in Gang setzt, um die Kluft zum modernen Sektor von beiden Seiten zu schließen.

Die dazu notwendigen Maßnahmen finden sich bei Mao an keiner Stelle in systematischer Darstellung. Lediglich die Aufsatzsammlung

„Der sozialistische Aufschwung im chinesischen Dorf" von 1955 enthält Beiträge über die verschiedenen Möglichkeiten der Bauern zur Selbsthilfe bei der Agrarentwicklung. Der Große Sprung zeigte aber, daß Maos eigentliche Konzeption zur ländlichen Entwicklung über die Ziele der Kollektivierung Mitte der 50er Jahre hinausgeht. Folgende Punkte lassen sich festhalten:

1. Ausgangspunkt der Überlegungen ist die Mobilisierung der reichlich vorhandenen unter- oder unbeschäftigten Arbeitskräfte, wobei besonders die Frauen eine riesige Arbeitskraftreserve bilden. Die Hervorhebung der Frauenarbeit weist darauf hin, daß die Einsatzmöglichkeiten dieser Arbeitskräfte nicht nur auf die klassischen Aktionsfelder wie Straßen- und Eisenbahnbau, Flußregulierung, Kanalbau, Terrassierung u.a. sowie Agrareinsätze beschränkt sein sollen, sondern eine Vielzahl von agroindustriellen Tätigkeiten umfassen. In der Hochzeit des Großen Sprungs wurde sogar die Versorgung der Schwerindustrie mit Vorprodukten intendiert, wie das bekannte Beispiel der Roheisenherstellung in den sogenannten „Hinterhofhochöfen" zeigte.
2. Neben den Infrastruktur- und Agrarprojekten soll die Gründung von Klein- und Mittelbetrieben neben und unabhängig von der Großindustrie das Mittel zur Beschäftigung dieser Arbeitskräfte bilden. Dabei handelt es sich um Betriebe, die saisonal betrieben werden können, um gegenüber dem Rhythmus der Landwirtschaft und ihren nach Jahreszeit unterschiedlichen Anforderungen an Arbeitskräfte flexibel zu sein. Diese Flexibilität ist eine Erfahrung des Großen Sprungs, als der zu umfangreiche Entzug von Arbeitskräften für die Stahlkampagne und andere Projekte zu erheblicher Arbeitskräfteknappheit in der Landwirtschaft führte und das Einbringen der Ernte gefährdete. Ziel dieser Kleinindustrialisierung ist die Herstellung einfacher Ackergeräte, Düngemittel auf einfacher chemischer Basis, Elektrifizierung mit Hilfe von Wasserkraft sowie die Verarbeitung von Agrarprodukten im Bereich der Lebensmittel- und Textilindustrie. Neben der besseren Arbeitskräfteauslastung soll auf diesem Wege die Einkommenssituation der ländlichen Bevölkerung verbessert und als Ergebnis der Herstellung eigener Vorprodukte die Produktivität in der Landwirtschaft gesteigert werden.

3. Da die Ressourcen des modernen Sektors weitgehend unangetastet bleiben, also auch keine modernen Produktionsmittel abgezweigt werden können, muß bei den Produktionsmethoden auf traditionelle bzw. sogenannte intermediäre Technologie zurückgegriffen werden. Die Technologie muß den arbeitsintensiven Prozessen angepaßt sein. Dieses Konzept ist wegen des Effekts der Ausnützung brachliegender Arbeitskraft erwünscht und wegen der zunächst beschränkten Kapazität zur Aneignung technologischer Prozesse durch die Bauern auch nicht zu umgehen.
4. Soweit es sich um die Anwendung traditioneller Technologie handelt, kann auf das technologische Potential der Hausindustrie zurückgegriffen werden. Soweit es sich um die Adaption neuer Technologien handelt, sollen Kampagnen durchgeführt werden, in denen Modellbetriebe oder modellhafte Einrichtungen und Verfahren verbreitet werden. Außerdem sollen die Bauern selber experimentieren, wobei sowohl industrielle Verfahren wie Agrartechnologien – Ackergeräte, Saatwahl, Pflanzmethoden, Verwendung von Düngemitteln – gemeint sind. Mit diesen Maßnahmen des technologischen Wandels auf Dorfebene soll gleichzeitig ein sozialer Wandel in Gang gesetzt werden.
5. Die Finanzierung dieser Maßnahmen sollen die Bauern weitgehend selbst vornehmen. Einfache Ackergeräte und Gebäude werden mit den vorhandenen Hilfsmitteln gefertigt. Soweit Investitionen notwendig sind, sollen diese allmählich aus den über die arbeitsintensiven Maßnahmen erwirtschafteten Mehreinnahmen getätigt werden. Unterhalb des staatlichen Akkumulationsprozesses sollen also die Kollektive – Produktionsgruppen, Brigaden oder Volkskommunen – eigene kleine Akkumulationsfonds unterhalten.
6. Das Prinzip „aus eigener Kraft" hat für eine Reihe von Bereichen Gültigkeit. An erster Stelle steht dabei die eigene Arbeitskraft, die zur ersten und wichtigsten Produktivkraft überhaupt wird. Aus eigener Kraft heißt aber auch, eigene Technologien zu entwickeln oder neue zu adaptieren und auf die eigenen Bedürfnisse anzuwenden, sowie die Finanzierung dieser Maßnahmen, ihre Organisation und Leitung durchzuführen. In letzter Konsequenz bedeutet diese weitgehende Dezentralisierung

der Entscheidungsprozesse den Aufbau vieler autozentrierter Wirtschaftskreisläufe unterhalb des nationalen Wirtschaftskreislaufs. Das durch außenwirtschaftliche Engpässe und den Bruch mit der Sowjetunion erzwungene Self-Reliance-Konzept findet so seine konsequente Fortsetzung im Innern auf Provinz- und Kommuneebene.

Da die gesamte Wirtschaftskonzeption stark auf den von saisonalen Einflüssen abhängigen stoßweisen Einsatz von Arbeitskräften abgestellt ist, führt sie in ihren gesamtwirtschaftlichen Auswirkungen zu sprunghaften Entwicklungen. Dieser Effekt der Wellenbewegung steht bei Mao im geschilderten weiteren Kontext seiner Widerspruchstheorie. Sprunghafte Entwicklungen schaffen nämlich gesamtwirtschaftliche Disparitäten, die die ständige Korrektur durch Gegenbewegungen und neue Kampagnen erfordern. Das Wachstumsprinzip soll also nicht von planmäßigen Gleichgewichtsbeziehungen ausgehen, sondern wellenförmig sein und permanente Plankorrekturen erfordern, so daß die Dynamik des Wirtschaftsprozesses selbst ein Moment der permanenten Unruhe in sich birgt. In Resumierung des Großen Sprungs hielt Mao die Sprung-Taktik auch noch für sinnvoll, wenn eine vordergründige Kosten-Nutzen-Bilanz negativ ausfällt, da der initiierte technologische Wandel langfristig die Voraussetzungen für neue Indstrialisierungsprojekte schaffte.

Auf der Ebene der Produktionsverhältnisse unterscheidet Mao drei Aspekte, die einem Wandel zu unterziehen sind: Die Eigentumsverhältnisse, die Arbeitsbeziehungen der Menschen untereinander und die Verteilung der Produktion. Bei den Eigentumsverhältnissen sieht Mao den Hauptwiderspruch zu einer optimalen Produktivkraftentfaltung in der Existenz von Privateigentum bzw. generell in unterschiedlichen Eigentumsformen. Im industriellen Sektor, wo die Abschaffung des Privateigentums eher durchsetzbar ist, lautet die Losung „Sozialisierung vor Industrialisierung“. Obwohl einige Zwischenstufen wie die gemischten staatlich-privaten Betriebe der sogenannten „nationalen Kapitalisten" und die spätere Abfindung im Rahmen einer langfristigen Verzinsung ihres Kapitals eingeschoben werden, wird hier der Übergang vom privaten zum staatlichen Eigentum rasch vollzogen. Im Agrarsektor gestaltet sich dieser Prozeß offensichtlich schwieriger. Hier heißt die Parole zunächst „Kollektivierung vor Mechanisierung", wobei ebenfalls verschiedene Zwischenstufen eingeschaltet werden. Mao begnügt sich aber keineswegs mit dem Stadium des Kommuneeigentums, das tatsächlich nur für kurze Zeit im Jahre 1958 erreicht war, sondern will das Kommuneeigentum schließlich in das Eigentum des ganzen Volkes überführen, also auch die Bauern zu Lohnarbeitern machen, um so jegliche Eigentumsunterschiede zu beseitigen. Sogar das Volkseigentum kann noch Wandlungen unterliegen. Die Kollektive oder die Volkskommunen sind also keine Ziele an sich, sondern Vehikel auf dem Weg zur schrittweisen Lösung von Widersprüchen, die sich aus den unterschiedlichen Eigentumsverhältnissen ergeben. Das Prinzip des schrittweisen Vorgehens ist notwendig, um den Bauern die Einsicht in die Vorteile zu vermitteln. Zeitweise Rückschläge wie die Rückstufung der Kollektive auf die Produktionsgruppen als Basiseinheit müssen in Kauf genommen werden. Im Fall eines solchen Rückschlags, hier zeigt sich der Vermittlungsprozeß zur materiellen Basis, haben sich die angestrebten Produktionsverhältnisse zu weit gegenüber dem Stand der Produktivkräfte entfernt.

Die Umwandlung der Eigentumsbeziehungen ist also kein Selbstzweck, sondern rechtfertigt sich nur durch die damit verbundenen Produktivitätsfortschritte. Das bezieht sich auf die Dynamik der Übergangsgesellschaft allgemein, in der die Verstaatlichung die Voraussetzung der planmäßigen Industrialisierung ist. Bei Mao bezieht sich das insbesondere auf den unterentwickelten Zustand des Agrarsektors, der vorläufig keine große Hilfe von der Industrie zu erwarten hat. Hier ist die Kollektivierung ohne vorhergehende Mechanisierung bereits ein gewaltiger Produktivitätsfortschritt, weil nur sie die Voraussetzungen der genannten Maßnahmen zur ländlichen Entwicklung schafft.

Mit der Forderung nach der Umwandlung der Eigentumsbeziehungen korrespondiert die Forderung nach der Umwandlung der Arbeitsbeziehungen. Im Gegensatz zum erstgenannten Aspekt sind die Ausführungen Maos zu diesem Komplex dürftig. Die größte Bedeutung legt er, wie in der von ihm propagierten Betriebsverfassung des Hüttenwerks Anshan festgehalten, auf die Abschaffung des Prinzips der Einmannleitung in der Industrie und ihre Ersetzung durch kollektive Leitungsorgane, wobei die Partei eine wesentliche Rolle zu spielen habe. Im übrigen finden sich nur die nicht weiter konkretisierten Hinweise auf die Verbindung von zentralistischer Führung mit Massenbewegungen, die Verbindung führender Parteimitglieder mit den Arbeitern und Technikern, die Teilnahme von Kadern an körperlicher Arbeit und die Teilnahme von Arbeitern an der Verwaltung sowie die ständige Änderung unpassender Vorschriften und Systeme. Hier antizipiert Mao Forderungen, die erst in der Kulturrevolution praktisch wurden. Beispiele dafür sind die sogenannte Dreierverbindung und die Rotationssysteme. „Dreierverbindung" bezeichnet die kollektive Planung und Forschung von Arbeitern, Technikern und Parteikadern in Industrie und Landwirtschaft. Der Rotation zwischen geistiger und körperlicher Arbeit bzw. zwischen Stadt- und Landarbeit sollen periodisch Parteikader, Studenten, Wissenschaftler und Betriebsleiter unterworfen sein. Im Agrarbereich bedeutet Rotation den saisonalen Wechsel zwischen landwirtschaftlichen und agroindustriellen Tätigkeiten.

Der dritte Aspekt der Produktionsverhältnisse bezieht sich auf die Verteilung der Produktion. Dahinter steht die Lösung des Widerspruchs zwischen individuellem und kollektivem Interesse. Verteilung der Produktion meint hier weniger die Relation zwischen Akkumulation und Konsumtion als die Verteilung zwischen individuellem und kollektivem Einkommen im Hinblick auf die Konsumtion sowie die Relation der individuellen Einkommen zueinander. Generell strebt Mao das Anwachsen der kollektiven Konsumgüter gegenüber den individuellen an. Das heißt, die individuellen Einkommen sollen gegenüber den Einkommen, die die Kollektive oder der Staat zu Konsum- oder Dienstleistungszwecken verwenden, relativ abnehmen. Diese Forderung führt zu der Konsequenz, daß materielle Anreize für die Produzenten in erster Linie kollektiven Charakter zu tragen haben. Wenn Mao also die Einkommenssituation der Bauern verbessern will, um so über den Markt die Entwicklung der Industrie zu fördern, dann meint er in erster Linie kollektive Einkommensverbesserungen. Langfristig zielt Maos Strategie allerdings darauf ab, materielle durch politische Anreize zu ersetzen. Die Überwindung des antagonistischen Widerspruchs zwischen persönlichem und kollektivem Interesse ist also nur über die Angleichung der Eigentumsbeziehungen und damit der Einkommensverhältnisse möglich. Darüber hinaus weiterbestehende Widersprüche dieser Art sind auf der Ebene der Produktionsverhältnisse nicht zu lösen, sondern verlangen Maßnahmen zur Revolutionierung des Überbaus.

Die Lösung der gesellschaftlichen Widersprüche von der Seite des Überbaus anzugehen, ist das schwierigste Problem. Während diese Frage im sowjetischen Lehrbuch völlig ausgeklammert wird, ist für Mao die Umwälzung des politischen, sozialen und ideologischen Überbaus unbedingt geboten, wenn die Produktionsverhältnisse gründlich verändert und damit auch die Produktivkräfte optimal entwickelt werden sollen. Im Vordergrund steht dabei negativ der Kampf gegen bürgerliche Ideologie und Bürokratismus und positiv die Schaffung von sozialistischem Massenbewußtsein. Eine wesentliche Stütze der bürgerlichen Ideologie ist die Trennung von Hand- und Kopfarbeit. Die bereits erwähnten periodischen Einsätze von Intellektuellen in der industriellen oder agrarischen Produktion sollen die bürgerlichen Vorbehalte gegen manuelle Arbeit abbauen. Der entsprechende Einsatz von Parteikadern und Staatsbeamten soll ihre bürokratische Verselbständigung verhindern. Darüber hinaus sollen permanente Berichtigungskampagnen zur Umerziehung beitragen. Wichtigstes Mittel zur Umerziehung bleibt allerdings der Klassenkampf.

Voraussetzung zur Ausübung von Führungstätigkeiten soll nicht allein die fachliche Qualifikation, sondern auch die politische Einstellung sein, d.h. die Politik soll das Kommando haben. Damit ist konkret die direkte Parteikontrolle bei der Betriebsführung gemeint. Das übergeordnete Kriterium zur Entscheidung betriebs- oder volkswirtschaftlicher Fragen bildet nicht das ökonomische Kalkül, sondern die mit der Entscheidung verbundenen gesellschaftspolitischen Konsequenzen. Der Abbau materieller Anreize und die Ausweitung der kollektiven Einkommen sollen langfristig zur Reduzierung der Bedeutung des Leistungsprinzips führen. Der Übergang vom Leistungs- zum Bedarfsprinzip und zum politischen Ansporn wird also nicht auf die zukünftige Phase des Kommunismus verschoben, sondern ist von Anfang an Teil des gesellschaftlichen Umwälzungsprozesses.

Wie das Mittel der Massenkampagnen ein wichtiges Instrument zur Bekämpfung von bürgerlicher Ideologie und Bürokratismus ist, kann es ebenso als Medium zur Entwicklung des sozialistischen Bewußtseins der Massen herangezogen werden. Die Kampagnen zur Durchsetzung der Bodenreform, die Kollektivierung, der Große Sprung, die Kommune-Bewegung, die verschiedenen Produktionskampagnen u.a. sind demzufolge nicht nur Mittel zur Produktionssteigerung und Produktivkraftentfaltung, sondern gleichzeitig immer Medien, in denen sich der Klassenkampf vollzieht, sind Mittel zur Schaffung des sozialistischen Bewußtseins. Deshalb müssen in diesen Kampagnen immer die Prinzipien der Massenlinie Berücksichtigung finden, da nur die Rücksichtnahme auf den Bewußtseinsstand der Massen, ihre Einsicht und die Möglichkeit ihrer aktiven Teilnahme die Gewähr für die angestrebten politischen Erfolge solcher Kampagnen bieten. Die reine Mechanisierung der Landwirtschaft wäre also z. B. ohne eine damit verbundene Veränderung des Bewußtseins der Bauern nur gering einzuschätzen.

Die Lösung der Widersprüche im Volke wird von drei Pfeilern getragen: Kampf gegen bürgerliche Ideologie und Bürokratismus, Erziehung der Massen zum sozialistischen Bewußtsein und Festigung des Bündnisses zwischen Arbeitern und Bauern. Letzteres ist nur über die Gleichrichtung der Interessenlage beider gesellschaftlicher Gruppen zu erreichen. Der politische Hintergrund der Bodenreform, der Kollektivierung und der Mechanisierung der Landwirtschaft liegt also in der Angleichung der objektiven Voraussetzungen zur Zementierung dieses Bündnisses. Erst wenn auch die Bauern Lohnarbeiter geworden sind, und die Mechanisierung die Produktionsbedingungen in der Landwirtschaft denen der Industrie angeglichen hat, ist ein wesentlicher Schritt zur Festigung des Büdnisses zwischen Arbeitern und Bauern und somit zur Stabilisierung des Gesellschaftssystems getan.

Die vielleicht größte Leistung des maoistischen Denkens liegt in der Erkenntnis, daß in einer traditionellen bzw. unterentwickelten Agrargesellschaft nur die Bauern das historische Subjekt zur Revolutionierung der Gesellschaft sein können Da die chinesische Gesellschaft infolge der imperialistischen Penetration aber keine reine Agrargesellschaft mehr war und ein, wenn auch deformierter, moderner industrieller Sektor vorhanden war, traten neben und in Gegensatz zu den traditionellen neue Widersprüche mit neuen sozialen Trägern, nämlich den Arbeitern und der Bourgeoisie der Küstenstädte. Maos Politik der weitgehenden Konzentration auf die Lösung der Widersprüche des agrarischen Hinderlands vernachlässigt also einen Teil der Widersprüche im Volke zumindest in der Praxis. Die Auswirkungen seiner Politik sind in ihren materiellen wie gesellschaftlichen Konsequenzen gegen die relativen Privilegien der Stadtbevölkerung gerichtet. Hier bekommt die Konfrontation mit der sowjetischen wie der liuistischen Entwicklungskonzeption ihre soziale und politische Relevanz. Letztere sind nämlich keineswegs bloß Alternativen mit letztlich gleicher Zielrichtung, sie haben vielmehr einen anderen gesellschaftlichen Hintergrund mit gegenüber dem maoistischen Modell konträren Konsequenzen für die gesamtwirtschaftliche Allokation der Ressourcen und ihre gesellschaftliche Verteilung. Insofern ist der Kampf der zwei Linien um die Entwicklungskonzeption innerhalb der Partei die Widerspiegelung eines Kampfes unterschiedlicher sozialer Kräfte. In der Konsequenz der Maoschen Widerspruchslehre läuft dieser Widerspruch jederzeit Gefahr, antagonistisch zu werden und dann nur noch durch revolutionäre Praxis lösbar zu sein. Der Ausgang des Linienkampfes entscheidet mithin über das Konzept von Entwicklung überhaupt, das in China verwirklicht wird.

6 Das liuistische Entwicklungsmodell – Reaktion auf die Sprung-Krise

Die Rekonstruktion des liuistischen Entwicklungsmodells allein auf der Basis der Schriften Liu Shao-chis ist nicht möglich. Denn anders als Mao hat Liu nur selten zu ökonomischen Fragen Stellung genommen und wenn, dann weniger, um eigene Vorstellungen theoretisch vorzubereiten, als in Form offizieller Verlautbarungen. Seine politischen Texte, die im wesentlichen vor 1949 entstanden und zum Teil in revidierter Fassung nach 1960 wieder aufgelegt worden sind, bieten demgegenüber eher Einblicke in originäre Positionen Lius zu Fragen der Partei, ihrer Klassenbasis, der revolutionären Strategie u.a., die wesentliche Unterschiede zu entsprechenden Äußerungen Maos erkennen lassen. Die grundlegenden politischen Positionen schlagen sich in Lius postrevolutionären Konzeptionen des sozialistischen Aufbaus nieder.

Wenn Lius eigene Texte nicht genügend Material zur Formulierung eines liuistischen Entwicklungsmodells hergeben, muß auf Texte anderer Autoren zurückgegriffen werden, die entweder in ihrer Funktion als prominente Wirtschaftspolitiker oder als Teilnehmer theoretischer Debatten mit Liu in Verbindung gebracht werden können. Diese Zuordnung ist aber nicht in jedem Fall unproblematisch, da die hier anvisierten Personen auch Texte veröffentlicht bzw. Maßnahmen vertreten haben, die als maoistischen Ursprungs zu identifizieren sind. Es ist also sehr genau zu unterscheiden, zu welchem Zeitpunkt bzw. unter der Führung welcher Linie diese Texte entstanden sind. Die Identifizierung solcher Autoren wird insofern erleichtert, als jeder einer revisionistischen Position verdächtige Theoretiker oder Politiker in der Kulturrevolution von der maoistischen Kritik gebrandmarkt wurde. Die Benutzung dieser vor allem in der Rotgardistenpresse erschienenen Texte ist zwar sehr aufschlußreich, birgt aber andererseits die Gefahr, einer parteilichen Darstellung zu erliegen, da viele Belege und Zitate der kritisierten Personen in der Rotgardistenpresse ohne ihren Zusammenhang wiedergegeben sind, und ihr ursprünglicher Kontext nicht immer zu rekonstruieren ist. Leider gilt auch in der VR China, daß die Partei nicht nur die Geschichte, sondern auch die Geschichtsschreibung macht. Jede im parteiinternen Linienkampf unterlegene Gruppe landet nicht nur auf dem Kehrichthaufen der Geschichte, sondern wird in der offiziellen Darstellung auch entsprechend behandelt, wobei keine Scheu vorhanden ist, auch weit zurückliegende Vorgänge in das Prokustesbett des aktuellen Linienkampfes zu zwängen.

Diese teilweise unzureichende und teilweise unsichere Textbasis erfordert es, daß die Rekonstruktion des liuistischen Entwicklungsmodells nicht allein auf theoretischer Ebene geleistet werden kann, sondern auch die wirtschaftspolitischen Maßnahmen der Phasen miteinbeziehen muß, in denen die liuistische Konzeption praktisch geworden ist. Dabei handelt es sich vor allem um die Jahre 1960 bis 1966 und die schrittweise Restauration liuistischer Politik seit etwa 1972, die mit dem Sturz der „Viererbande" im Oktober 1976 und dem 11. Parteitag im August 1977 ihren Abschluß fand. Seitdem wurden viele prominente Opfer der Kulturrevolution wieder rehabilitiert und in Amt und Würden gesetzt. Im Vordergrund steht hier aber die Analyse der Politik der Jahre 1960 bis 1966, in die sowohl die bedeutenden theoretischen Debatten fallen, als auch die konsistente Konzipierung eines liuistischen Modells feststellbar ist. Die jüngsten programmatischen Äußerungen, insbesondere nach dem Sturz der „Viererbande", bringen gegenüber den 60er Jahren wenig grundsätzlich Neues. Dabei muß sorgfältig unterschieden werden zwischen eher kurzfristigen Maßnahmen des Krisenmanagements im Anschluß an den Großen Sprung und den langfristigen Überlegungen, die ab 1963 formuliert wurden und experimentell zur Ausführung gelangten. Diese wären vermutlich mit Beginn des 3. Fünfjahresplanes am 1.1.1966 im großen Stil verwirklicht worden, wenn dieses nicht im Zuge der Kulturrevolution von den Maoisten verhindert worden wäre.

Während der Kulturrevolution wurde eine Flut von Artikeln publiziert, in denen grundsätzliche und Detailkritik an der „hauptverantwortlichen Person innerhalb der Partei auf dem kapitalistischen Weg" und an ihren zahlreichen Weggenossen innerhalb der Partei wie Teng Hsiao-ping, Po I-po, Peng Cheng sowie an prominenten Wissenschaftlern außerhalb der Partei wie Sun Yeh-fang, Ma Yin-chu und anderen geübt wurde. Neben dem immer wiederholten Ritual stereotyper Vorwürfe, daß Liu und seine Gefolgsleute sich des Revisionismus, der Verhinderung des Sozialismus (bis zur Vollendung der sozialistischen Transformation der Eigentumsverhältnisse im Jahre 1956) und der Restauration des Kapitalismus (nach 1956) schuldig gemacht hätten, enthalten diese Texte etliche differenzierte Anschuldigungen sowie Kritik an Einzeläußerungen und Texten.

Quintessenz der maoistischen Kritik sind drei miteinander in Verbindung stehende Vorwürfe. Sie betreffen die Dauer der Revolution und ihre Endgültigkeit, die Bedeutung des Klassenkampfs im Entwicklungsprozeß und die Dialektik von Produktivkräften und Produktionsverhältnissen. Hierbei handelt es sich im maoistischen Denken um so zentrale Komplexe, daß kontroverse Ansichten in diesen Fragen in der Tat zu antagonistischen Auseinandersetzungen führen mußten. Wenn Liu vorgeworfen wird, daß er nach 1945 auf die Erringung der Macht durch das Proletariat mit den Mitteln des bewaffneten Kampfes zugunsten des parlamentarischen Weges verzichten wollte, daß er 1949 die sozialistische Transformation der Wirtschaft habe verhindern wollen und stattdessen eine Zusammenarbeit mit der nationalen Bourgeoisie und den reichen Bauern angestrebt habe, daß er im Jahre 1956 nach Abschluß der Umwandlung der Eigentumsverhältnisse die Revolution für beendet erklärt habe, und jetzt statt Massenaktionen Gesetze notwendig seien, und daß er schließlich 1960 sogar auf die Gefahr der Entstehung einer neuen Bourgeoisie hin den Marktkräften freien Lauf lassen wollte, weist das, sofern die Kritik berechtigt ist, auf fundamentale Unterschiede zum Maoismus hin. Ergänzt wird dieses Bild durch den Vorwurf, Liu betrachte das Verhältnis von Produktivkräften und Produktionsverhältnissen nicht dialektisch, sondern ausschließlich von der Seite der Produktivkräfte. Gegenüber Po I-po, dem „Hauptverantwortlichen für die liuistische Politik in der Industrie" wird der Vorwurf erhoben, er halte nicht den Klassenkampf, sondern die Beziehungen zwischen Produktivkräften und Produktionsverhältnissen für den Hauptwiderspruch. Anhänger der Theorie vom Primat der Produktivkräfte zu sein, ist so ziemlich der schlimmste Vorwurf, da man damit bereits in die Nähe der „Sowjetrevisionisten" gerät. Damit deutet sich auf liuistischer Seite ein Verständnis von Entwicklung an, dem nicht die maoistische Lehre vom Widerspruch zugrunde liegt und auch nicht die in der maoistischen Erkenntnistheorie begründete Forderung zur Lösung dieser Widersprüche durch die Praxis des Klassenkampfes. Wenn der revolutionäre Prozeß endlich ist, und der Klassenkampf durch andere Mittel ersetzbar ist, nicht die Transformation der Produktionsverhältnisse, sondern die Entfaltung der Produktivkräfte Vorrang genießt, dann spielen Begriffe wie Einheit, Kooperation, Kompromiß und Vorrang der Industrialisierung die entscheidende Rolle.

Konsequenzen aus dieser grundsätzlich anderen Sicht von Entwicklung ergeben sich auf allen Ebenen, die die maoistische Kritik anspricht. Auf philosophischem Gebiet stellt Liu die Einheit der Widersprüche in den Vordergrund. Während Mao nur von einer relativen Identität der Widersprüche ausgeht, besitzt diese Identität bei Liu absoluten Charakter. Auf erkenntnistheoretischem Gebiet setzt Liu anstelle der revolutionären Praxis, die nach Mao allein sozialistisches Bewußtsein vermitteln kann, die Selbstschulung der Parteikader. Das bringt ihm den Vorwurf des Idealismus ein. Auf gesellschaftlicher Ebene führt das zum Ende bzw. „Austrocknen" des Klassenkampfes, an dessen Stelle der parlamentarische Weg und die Kooperation des Proletariats mit der Bourgeoisie und anderen Klassen gesetzt wird. Widersprüche im Volke bestehen nur noch auf ideologischer Ebene und sind durch Kompromisse lösbar. Hinzu kommt die behauptete Wandlungsfähigkeit der Bourgeoisie, einer Bourgeoisie neuen Typs, die die sozialistische Transformation akzeptiert habe und bereit sei, beim sozialistischen Aufbau Handlangerdienste zu leisten. Wenn aber nicht mehr der revolutionäre Prozeß das Medium zur Austragung von Widersprüchen ist, tritt auf politischer Ebene an die Stelle der Massenlinie die Kaderlinie. Das schlägt wiederum auf den Erziehungssektor durch, wo eine elitäre Konzeption die Ausbildung von Experten fördert. Auf ökonomischem Gebiet bedeutet das den Vorrang der Industrialisierung vor der Sozialisierung und den Vorrang der Mechanisierung vor der Kollektivierung. Folglich bildet die Zusammenarbeit mit der Bourgeoisie in der Industrie und mit den reichen Bauern in der Landwirtschaft die Voraussetzung dieses Konzepts, da nur sie in der Lage sind, ohne Veränderung der Eigentumsverhältnisse zu industrialisieren bzw. zu mechanisieren. Das bringt Liu natürlich den Vorwurf ein, den Sozialismus verhindern bzw. nach der sozialistischen Transformation den Kapitalismus restaurieren zu wollen und als „chinesischer Bucharin" Agent der Kulaken zu sein. Wichtig ist in diesem Zusammenhang der Vorwurf, Liu leugne den revolutionären Charakter der armen Bauern, was für die Einschätzung der sozialen Basis des Liuismus von Bedeutung ist. Im Kontext ungestörter Produktivkraftentwicklung steht auch die Leugnung des Primats der Politik. Nicht die lokalen Parteiorganisationen dürfen die Kontrolle über die unmittelbare Produktion ausüben, wie in der von Mao favorisierten Anshan-Charta gefordert, sondern die Betriebe bzw. ihr Management sollen vielmehr eine weitgehende Autonomie besitzen und nur den Pekinger Zentralministerien verantwortlich sein. Außenpolitisch wird an die Stelle der

Weltrevolution die Koexistenz mit den imperialistischen und revisionistischen Mächten und der Abbau der Unterstützung für die revolutionären Befreiungsbewegungen in der Dritten Welt gesetzt. Hinsichtlich der Partei wird schließlich die objektive Notwendigkeit des innerparteilichen Kampfes geleugnet. Der Kulturrevolution kann Liu demnach auch kein Verständnis entgegenbringen.

Zur Durchsetzung dieser Politik muß sich Liu gegen das Mao-Denken und den theoretischen und praktischen Führungsanspruch Maos wenden. Der innerparteiliche Linienkampf zwischen Maoisten und Liuisten setzt in den Augen der maoistischen Kritiker bereits im Jahre 1948 ein, obwohl andere Texte auch noch weiter zurückliegende Verfehlungen Lius anprangern. Den theoretischen Versuch, das Mao-Denken abzulösen, habe Liu 1962 mit der revidierten Ausgabe seiner Schrift „Wie man ein guter Kommunist wird" aus dem Jahre 1939 gemacht, die in hoher Auflage verbreitet wurde und in den Augen seiner maoistischen Kritiker die „idealistische Selbstschulung" anstelle des Klassenkampfes zur politischen Erziehung propagiere. Außerdem liefere der Text die ideologische und theoretische Basis zur Restauration des Kapitalismus in Gesellschaft und Partei. Gleichzeitig habe Liu versucht, durch konspirativen Aufbau von Verschwörernetzen innerhalb der Partei, durch die Errichtung unabhängiger Königreiche (relative Autonomie der Provinzparteigremien) und „bürgerlicher Hauptquartiere" die Macht zu usurpieren. Dieser machtpolitische Aspekt ist insofern von Bedeutung, als die maoistische Konzeption auf die Massenlinie, den charismatischen Kontakt zwischen Massen und Führung sowie die Kontrolle der Partei auf allen Ebenen angewiesen ist. Eine Partei-, Staats- und Wirtschaftsorganisation, die auf den Prinzipien der Kaderlinie, Betriebsautonomie, Zentralisierung der Macht bei staatlichen Spitzenorganen und weitgehendem Ausschluß der Massen und unteren Parteigliederungen beruht, kann auf diesem Wege verbal durchaus vertretene maoistische Prinzipien sehr effizient unterlaufen.

Soweit aus den Schriften Lius abweichende Positionen zum Mao-Denken zu entnehmen sind, sollen sie im folgenden hervorgehoben werden. Ein wesentlicher Punkt betrifft das Verhältnis von Bewußtsein und Revolution. Bei Mao besteht hier ein direkter Zusammenhang. Solche Formulierungen finden sich zwar auch in Lius „Wie man ein guter Kommunist wird", werden allerdings in der Ausgabe von 1962 abgeschwächt. An ihrer Stelle wird die theoretische Selbstschulung der Kader betont, was natürlich den Zorn der Maoisten erregte. Damit korrespondiert Lius differenzierte Aussage zu Maos Theorie der Massenlinie, die er in doppelter Hinsicht einschränkt. Erstens beschränkt er die Gültigkeit der Massenlinie auf die Arbeiterklasse, eine damals noch verschwindende Minderheit der Bevölkerung, und zweitens betont er die Führungsrolle der Avantgarde, auch wenn die enge Beziehung zwischen Avantgarde und Massen betont wird. Daraus ließe sich folgern, daß Liu trotz verbaler Verbeugung vor Mao doch eine elitäre Kaderlinie vertritt, die vor allem in der postrevolutionären Phase weniger an revolutionären Massenaktionen im Zuge des sozialistischen Aufbaus, in denen die Massen gleichzeitig das sozialistische Bewußtsein erlangen sollen, interessiert ist als auf die theoretische Selbstschulung der Kader baut, die als Avantgarde die Massen zum sozialistischen Aufbau anleiten. Das würde zu den späteren Äußerungen passen, die auf ein Nacheinander von sozialistischem Aufbau und Verwirklichung des Kommunismus hindeuten. Hinsichtlich der Entwicklungsstrategie erinnert dieses Konzept also eher an das sowjetische Vorbild als an Maos permanente Revolution, in der Produktivkraftentfaltung und Entfaltung des Bewußtseins sich gegenseitig bedingen.

Einen weiteren Kontrapunkt zu Mao bildet Lius Vorstellung über den Charakter der Partei. Die Partei ist die organisierte Avantgarde der Arbeiterklasse und repräsentiert die Interessen von Volk und Nation. Den Bauern wird allenfalls ein „halbproletarischer" Status zugebilligt. Das Dilemma war nur, daß erstens der Bevölkerungsanteil des Proletariats sehr gering war, und zweitens in den 40er Jahren die Basis der Partei das agrarische Hinterland bildete. Die Mehrzahl der Parteimitglieder bestand also aus Bauern mit kleinbäuerlichen Anschauungen. Sogar feudale, bürgerliche und kleinbürgerliche Elemente erkannte Liu in der Partei. Diese verschiedenen ideologischen Einflüsse sind für ihn der Ursprung von Subjektivismus, Sektierertum und politischem wie organisatorischem Opportunismus, dem nur mit permanenter Umerziehung begegnet werden kann. Der proletarische

Charakter der Partei erweist sich dennoch durch folgende Faktoren:

1. Die Partei steht in der Tradition der weltweiten proletarischen Revolution und der Arbeitskämpfe in China vor 1927.
2. Die Entwicklung der Partei vollzieht sich in strikter Übereinstimmung mit der marxistisch-leninistischen Lehre Maos.
3. Die Partei hat ein proletarisches Programm.
4. Jedes Parteimitglied muß eiserne proletarische Disziplin halten.
5. Mehr als 20 Jahre Bürgerkrieg und Befreiungskrieg haben die Partei gestählt.
6. Durch die marxistisch-leninistische Erziehung sind die Mitglieder kleinbürgerlicher Herkunft ideologisch geformt worden.

Die Stichpunkte lauten wohlgemerkt „Tradition", „Lehre", „Programm", „Disziplin" und „Erziehung", während Mao an dieser Stelle vermutlich mit den Begriffen „revolutionäre Praxis" und „Klassenkampf" operiert hätte. Folglich ist nach Liu die Partei trotz überwiegend anderer sozialer Herkunft ihrer Mitglieder den proletarischen Parteien der kapitalistischen Länder ebenbürtig, da nicht die Herkunft, sondern Tradition und vor allem Erziehung den Charakter der Partei bestimmen. Wenn man also keinen proletarischen Status hat, muß man einen proletarischen Standpunkt einnehmen. Um zu beweisen, daß die Partei trotz ihrer augenblicklich ländlichen Strategie dennoch das primäre Ziel der Befreiung der Arbeiterklasse verfolgt, konstruiert Liu folgende Theorie: Nach der Niederlage der Revolution in den Städten 1927 habe die Arbeiterklasse ihre Avantgarde in Form der Partei aufs Land geschickt, um die Bauern zur Unterstützung der Revolution zu organisieren. Durch das Bündnis der Arbeiter und Bauern sei die schließliche Befreiung der Städte möglich. Darin liege die aktuelle Bedeutung der Parteiarbeit im Hinterland. Erst wenn das Proletariat die Macht errungen habe, könne mit seiner Hilfe die Bauernschaft befreit werden. Wenn auch nicht explizit ausgeführt, heißt das, erst wenn die Industrialisierung des Landes vollzogen ist, sind die Voraussetzungen zur Mechanisierung, zur Produktionssteigerung und zur Kollektivierung und damit auch die Bedingungen für den Kampf gegen das kleinbürgerliche Bewußtsein gegeben. Im Sinne Lius handelt es sich in China also um keine Bauernrevolution, da das eigentliche Ziel die Machtergreifung des Proletariats bleibt. In der Schrift „The Class Character of Man" von 1941 liefert Liu die theoretische Begründung für diese Strategie, indem er den Bauern im Gegensatz zu den Arbeitern ein revolutionäres Bewußtsein abspricht. Demgegenüber bescheinigt er den Arbeitern Solidarität, gegenseitige Zusammenarbeit, Sinn für Organisation und Disziplin, die Einsicht in die Forderung nach Verstaatlichung des Eigentums, das Aufbegehren gegen Ausbeuter, Militanz und Ausdauer.

Mit diesen Ansichten nimmt Liu natürlich konträre Positionen zu Mao ein. Während Mao die Befreiung des ganzen Volkes und gerade auch der Masse der ländlichen Bevölkerung anstrebt, wobei er schon seit den 20er Jahren auf das revolutionäre Potential der Bauern setzt, insofern auch ein anderes Verständnis vom Verhältnis zwischen Partei und Massen hat, hat die Befreiung der Bauern für Liu sekundäre Bedeutung. Das begründet er damit, daß die Bauern mangels revolutionären Bewußtseins zu langfristigen und endgültigen revolutionären Aktionen allein nicht fähig seien. Nur das Proletariat ist dazu in der Lage, nur mit seiner Hilfe kann letztlich auch die Bauernschaft befreit werden, auch wenn sie vorher als nützlicher Bündnispartner der Arbeiterklasse dient. Da die Partei Ausdruck des revolutionären Bewußtseins ist, kann sie nur Avantgarde der Arbeiterklasse sein. Soweit sie in Wechselwirkung mit ihrer Basis tritt, kann das Prinzip der Massenlinie auch nur für die Arbeiterklasse Gültigkeit haben.

Hinsichtlich der sozialen Basis der Partei, ihrer politischen Zielsetzung wie ihrer Strategie nach der Revolution ergeben sich im liuistischen Konzept also grundsätzliche Unterschiede gegenüber Mao. Die agrarische Entwicklung muß vorläufig hinter einer forcierten Industrialisierung zurücktreten, da die Bauern mangels Bewußtsein allein durch kooperative Arbeitsformen keine Entwicklung in Gang setzen können. Sie bedürfen vielmehr zunächst der von der Arbeiterklasse qua Industrialisierung bereitgestellten technischen Hilfsmittel. Wenn die Bauern später mit Traktoren und Agrarmaschinen umgehen, so argumentiert allerdings auch Mao, werden sie ebenfalls zu Arbeitern und erfahren den entsprechenden Bewußtseinswandel. Die Industrialisierung der Städte muß also auch im Interesse der Bauern absoluten Vorrang genießen. Es wird bereits deutlich, daß

Lius politische Theorie im Hinblick auf den Klassencharakter des von ihm intendierten Entwicklungsmodells die eindeutige Präferenz für die Arbeiterklasse und damit die Ökonomie der modernen Städte nahelegt.

In bezug auf den Charakter der chinesischen Revolution und die Dauer der Übergangsphase zum Sozialismus lassen sich aus den frühen Liu-Texten weitere Kontroversen zu Mao herauslesen. Die augenblickliche Revolution ist eine bürgerlich-demokratische Revolution neuen Typs, in der das Proletariat, die Bauern und das Kleinbürgertum die Hauptkräfte bilden, und die gegen den Imperialismus und einheimischen Feudalismus gerichtet ist. Bis dahin würde Mao in seinen Texten aus den 40er Jahren, vor allem „Über die Neue Demokratie", mit Liu übereinstimmen. Unterschiede ergeben sich in der Beurteilung der Dauer dieser bürgerlich-demokratischen Revolution neuen Typs und der Feststellbarkeit ihres Endes. Für Liu hat die Periode der Neuen Demokratie offensichtlich so lange Bestand, bis der industrielle Aufbau abgeschlossen ist. Wann das der Fall ist, kann allerdings beliebig hinausgeschoben werden, da dieses Kriterium eine sehr relative Zieldefinition ist. Danach soll ein gradueller Übergang zum Sozialismus und Kommunismus stattfinden. Solange die Neue Demokratie besteht, ist die Zusammenarbeit mit den anderen revolutionären Klassen, also auch mit der nationalen Bourgeoisie und den wohlhabenden Bauern möglich und sogar opportun, da sie ihren Beitrag zur wirtschaftlichen Entwicklung zu leisten haben. Der Begriff „Revolution" fällt bei Liu in diesem Zusammenhang kein einziges Mal.

Soweit vollständige Liu-Texte und nicht nur kolportierte Zitate bekannt sind, aus denen sich Hinweise auf seine Konzeption wirtschaftlicher Entwicklung entnehmen lassen, bieten sie im Gegensatz zu Mao kein homogenes Bild. Im Jahre 1950 kommentiert Liu das Agrarreformgesetz und knüpft dabei an seine politische Theorie über das Verhältnis zwischen Arbeiterklasse und Bauernschaft an. Inhalt der Agrarreform von 1950 war die Verteilung des Bodens der ehemaligen Landlords an landlose oder landarme Bauern. Absicht war, die ökonomische Basis der Grundherrenklasse zu zerschlagen und den bäuerlichen Kleinbesitz zu stabilisieren. Vor allem letzterer Aspekt hat bei Liu einen wichtigen Hintersinn. Primäres Ziel ist keineswegs nur die Verbesserung der Lebenssituation der Bauern. Die mit der Bodenumverteilung verbundenen bzw. erhofften Produktivitäts- und Einkommenszuwächse sollen vielmehr dazu führen, daß sich ein ländlicher Markt für Industriegüter bildet, um das eigentliche Ziel, die Industrialisierung, zu fördern. Liu gibt denn auch unumwunden zu, daß die Agrarreform das ärmliche Schicksal der Bauern nur zum Teil lösen kann. Das wird erst die sozialistische Transformation ermöglichen, wobei deren Voraussetzung wieder die Industrialisierung bildet.

Hier liegt ein Grundgedanke der liuistischen Entwicklungskonzeption zu Beginn der 50er Jahre. Eine zunächst bescheidene Agrarentwicklung aufgrund administrativer Maßnahmen soll Ressourcen freisetzen, die über den Kauf industrieller Waren durch die Bauern die Industrialisierung im staatlichen Sektor vorantreiben. Erst wenn die Industrialisierung so weit getrieben ist, daß in großem Umfang Güter zur Mechanisierung der Landwirtschaft produziert werden können, ist die Landwirtschaft reif zur Kollektivierung und zur endgültigen Lösung des Agrarproblems. Solange sollen die wohlhabenden Bauernwirtschaften beibehalten werden, da ihre Fähigkeit zur Erzeugung von Überschüssen und folglich ihre Kaufkraft auf dem Markt für industrielle Güter der ganzen Wirtschaft zugute kommt. Hierin liegt der ökonomische Inhalt von Lius Bündniskonzeption zwischen Arbeiterklasse und Bauern. Wie die Bauern wegen ihres mangelnden revolutionären Bewußtseins ihre Befreiung letzlich nur durch die Hilfe der Arbeiterklasse erringen können, dabei aber eine Hilfsfunktion zugeordnet bekommen, sind sie auch nicht fähig, die wirtschaftliche Entwicklung der Landwirtschaft aus eigener Kraft zu vollziehen. Sie sollen zwar auch hier in der Anfangsphase eine Starthilfe für die Industrie geben, aber letztlich garantieren erst die von der Arbeiterklasse produzierten Agrarmaschinen die Agrarentwicklung. Wenn die Bauern selber Traktoren und Agrarmaschinen bedienen, werden sie quasi zu Arbeitern und können dann auch das proletarische Bewußtsein erlangen. Erst dann ist die sozialistische Umgestaltung der Landwirtschaft möglich. Die Position der schrittweisen Sozialisierung des Agrarsektors nimmt Liu auch noch 1954 ein.

Trotz dieser klaren Vorstellungen Anfang der 50er Jahre über die Reihenfolge von Mechanisierung und Kollektivierung scheint er zumindest nachträglich und verbal Maos forcierter Kollektivierung im Jahre 1955 zuzustimmen. Lius „Politischer Bericht des ZK der KPCh auf dem 8. Parteitag" befürwortet eindeutig die beschleunigte Kollektivierung des Jahres 1955 gegen eine ungenannte Parteirechte, die den Enthusiasmus der Kollektivierung unterdrücken wollte. Vom Vorrang der Mechanisierung ist keine Rede mehr. Später sollte Liu selber in den Augen seiner maoistischen Kritiker zu den Unterdrückern der Kollektivierung gehören.

Während Liu in der Agrarpolitik 1956 zumindest in seiner Eigenschaft als offizieller Berichterstatter des ZK auf der Linie Maos liegt, auch wenn Maos gesellschaftspolitische Intentionen der Kollektivierung nicht angesprochen werden, vertritt er im industriellen Bereich eine Linie, die von Mao in den beiden folgenden Jahren völlig über den Haufen geworfen wird. Angestrebt wird weiterhin der Aufbau eines integrierten Industriesystems innerhalb von drei Fünfjahresplänen, wobei besonders solche Bereiche zu fördern sind, in denen eine hohe Importabhängigkeit besteht. Der Vorrang der Schwerindustrie bleibt unbestritten, doch plädiert Liu für eine Mäßigung der Investitionsraten im schwerindustriellen Sektor. Nach einem Bekenntnis zur Dezentralisierung betont er die volle Ausnützung der Kapazität der Küstenindustrie. Die Betonung des Leistungsprinzips bei der Entlohnung und die Befürwortung materieller Anreize runden das Bild konventioneller Maßnahmen ab.

Der sozialpolitische Teil des Berichts kündigt Lohnsteigerungen, Arbeitsschutzmaßnahmen, verbesserte Versorgung mit Gütern des gehobenen Konsums, verbesserte Sozialleistungen und Ausdehnung der Freizeit für die Arbeiter an, also ausschließlich gewerkschaftliche Forderungen, die Liu in seiner Tradition als Gewerkschaftsführer bestätigen. Ähnliche Passagen lassen sich bei Mao nirgends finden. Im politischen Teil wird wieder der bekannte Führungsanspruch des Proletariats über die Bauern bekräftigt, ohne das die Bauern nicht zum Sozialismus gelangen können.

Auf der 2. Sitzung des 8. Parteitages 1958, nachdem die innerparteiliche Entscheidung über die neue Generallinie und die Sprungpolitik bereits gefallen ist, hat Liu zumindest verbal die maoistische Linie akzeptiert. Lius Arbeitsbericht des ZK zur 2. Sitzung des

8. Parteitages betont den andauernden Kampf zwischen dem kapitalistischen und dem sozialistischen Weg, die innergesellschaftlichen Hauptwidersprüche und Maos Konzept zur Lösung dieser Widersprüche von der Seite der Produktionsverhältnisse und des Überbaus. Nachdem allerdings diese verbale Pflichtübung geleistet worden ist, werden Einschränkungen gemacht, die eher an liuistische Gedankengänge erinnern, indem sie zur Vorsicht und Voraussicht beim Großen Sprung mahnen. Die Begriffe „größer" und „schneller" bedeuten zwar mehr Quantität und höhere Geschwindigkeit, „wirtschaftlicher" soll aber gleichzeitig mehr Qualität und Kostenbewußtsein betonen. Nur wenn beide Kriterien berücksichtigt werden, ist Verschwendung ausgeschlossen. Generell sollen keine unrealistischen Planziele gesetzt werden. Hinsichtlich der Strategie, bewußt wirtschaftliche Ungleichgewichte zu erzeugen, betont Liu ihre Grenzen für die proportionalen Beziehungen zwischen den Branchen und zwischen Industrie und Landwirtschaft. Die Rechtfertigung für die gleichzeitige Entwicklung von Groß- und Kleinbetrieben liege in der Arbeitsteilung. Darüber hinausgehende gesellschaftspolitische Zielsetzungen werden durch Lius Forderung nach der Einbindung der dezentralen Kleinindustrialisierung in den zentralen Gesamtplan relativiert. Trotz Akzeptierung der Massenlinie fehlen nicht die Hinweise auf effizientere Ausnutzung der Arbeitskräfte und effizienteres Management. Im Gegensatz zu der von Mao intendierten egalitären Einkommenspolitik beharrt Liu auf einer zwar maßvollen, aber doch an Leistungskriterien ausgerichteten Entlohnung und dem grundsätzlichen Einkommensgefälle zwischen Stadt und Land. Abschließend kommt die Bemerkung, die die maoistische Zielsetzung der „Drei Roten Banner" eigentlich auf den Kopf stellt, daß man sich in den letzten Jahren auf die sozialistische Revolution konzentriert habe und jetzt wieder dem sozialistischen Aufbau stärkere Aufmerksamkeit schenken müsse. Obwohl Liu also die komplette maoistische Terminologie im Munde führt, verbindet er damit Vorstellungen, die stark an sein Konzept der Jahre 1950 und 1956 erinnern. Soweit die Entwicklung, etwa in der Frage der beschleunigten Kollektivierung, über liuistische Zielsetzungen hinweggegangen ist, wird diese zwar akzeptiert, aber gleichzeitig der Versuch gemacht, die

maoistische Dynamik durch zentrale Steuerung zu bremsen. Liu handelt offensichtlich nach dem Motto, daß man Entwicklungen, die man nicht verhindern kann, mitvollziehen muß, um die Einflußmöglichkeiten zu behalten.

Ebenso wie die Partei auf die seit 1955 auftretenden Akkumulationsschwierigkeiten reagierte, indem sie 1956 auf dem 8. Parteitag (1. Sitzung) eine neue gemäßigte Generallinie propagierte, regte sich seit 1956 auch eine Diskussion unter prominenten Ökonomen außerhalb der Partei, deren Argumente und Vorschläge in eine ähnliche Richtung liefen, wie sie 1956 parteioffiziell propagiert wurden. Es gibt verschiedene Hinweise, daß zumindest Vertreter des liuistischen Flügels in Kontakt mit diesen bürgerlichen Ökonomen standen und sowohl 1956 wie vor allem nach dem Großen Sprung in Reaktion auf die sich anschließende Disproportionalitätskrise von dieser Seite Argumentationshilfe bekamen. Ein bedeutender Vertreter dieser Diskussion war Ma Yin-chu. Sein Ausgangspunkt war die Einsicht, daß alle Bereiche der Wirtschaft in einem interdependenten Zusammenhang stehen, die zum Zwecke einer optimalen Allokation der Ressourcen die Beachtung genereller Gleichgewichtsbeziehungen in jeder Hinsicht verlangen. Da wirtschaftliche Entwicklung ein dynamisches Element voraussetzt, kann dieses Gleichgewicht natürlich nicht absolut sein, sondern bedeutet gegenseitiges Aufschaukeln der Sektoren im Sinne eines spiralförmigen Wachstums. Grundprinzip wirtschaftlicher Entwicklung ist das 1956 auf dem 8. Parteitag (1. Sitzung) vorgetragene „Gesetz der proportionalen Entwicklung". Die von Mao favorisierte Sprung-Konzeption, deren Ausgangspunkt wie in seinen philosophischen und gesellschaftspolitischen Theorien die Vorstellung vom absoluten Ungleichgewicht ist, steht also in völligem Gegensatz zu Ma.

Der Begriff des Gleichgewichts bezieht sich sowohl auf die Relation zwischen Akkumulation und Konsum wie die zwischen den einzelnen Sektoren und Branchen der Wirtschaft im Hinblick auf deren Input-Output-Beziehungen. Diese Vorstellungen sieht Ma vor allem dadurch verletzt, daß erstens die Investitionsrate bislang zu hoch war, und zweitens die Investitionen zu stark auf den schwerindustriellen Sektor unter Vernachlässigung der Landwirtschaft konzentriert waren, obwohl die Landwirtschaft das schwächste Glied im chinesischen Wirtschaftskreislauf darstellt. Das führte auf der einen Seite dazu, daß Versorgungsschwierigkeiten bei der Bereitstellung von Lebensmitteln und agrarischen Rohstoffen auftraten und auf der anderen Seite, daß die hohen Investitionen in bestimmten schwerindustriellen Branchen Input-Engpässe und Überkapazitäten erzeugten, weil andere Branchen/Sektoren nicht genügend Bedarf nach Gütern der Schwerindustrie aufzuweisen hatten. Außerdem sei das Planungssystem zu wenig flexibel und arbeite im Agrarsektor mit zu wenig indirekten Instrumenten wie Steuern, Preisen, Löhnen und Gewinnen, die angesichts der anderen Eigentumsverhältnisse in der Landwirtschaft geboten seien.

Ma schlägt vor, daß den Bauern preisliche Anreize zur Produktionssteigerung gegeben werden sollen, die zugunsten einer stärkeren Dezentralisierung des Markts für bestimmte Agrarprodukte und eines Abbaus des staatlichen Ankaufsmonopols zugunsten des Wettbewerbs verschiedener Käufer durchgesetzt werden. Die damit verbundenen höheren bäuerlichen Einkommen bedeuten eine stärkere Nachfrage nach Konsum- und Produktionsgütern. Steigende Preise für Agrargüter verlangen natürlich auch höhere Industriearbeiterlöhne, die wiederum durch eine Senkung der staatlichen Investitionsquote finanziert werden sollen. Die Anhebung der Agrarproduktion im Hinblick auf einen sektoralen Ausgleich auf der Entstehungseite der volkswirtschaftlichen Gesamtrechnung verlangt gleichzeitig Korrekturen auf der Verteilungsseite zugunsten des Agrarsektors (steigende Agrareinkommen) und der Verwendungsseite zugunsten des Konsums. Generell steigende Einkommen verlangen natürlich auch vermehrte Konsumgüterproduktion. Das ist völlig im Sinne Mas, da die Investitionen in der Leichtindustrie wegen der kürzeren Anlaufzeiten eher Ergebnisse zeigen und sich somit auch schneller amortisieren. Schnelle Amortisation bedeutet wiederum schnellere Akkumulation, die dann auch der Schwerindustrie zugute kommt. Das Wachstum der Leichtindustrie bedeutet zudem höheren Bedarf nach agrarischen Rohstoffen und nach Gütern der Produktionsmittelindustrie, so daß auf beide Sektoren ein Anreiz ausgeübt wird, bzw. in der Schwerindustrie überschüssige Kapazitäten abgebaut werden. Letztlich angestrebt wird also eine homogene Einbindung des schwerindustriellen Sektors in die Gesamtwirtschaft, der nur in dem Maße wachsen soll, wie Konsumgüter- und Nahrungsmittelproduktion das erlauben, und andererseits Landwirtschaft und Leichtindustrie Bedarf nach schwerindustriellen Gütern aufweisen. Beides soll wesentlich über den Mechanismus höherer Agrarpreise und erhöhter Kaufkraft der Bauern und Arbeiter auf Kosten der Investitionen erreicht werden.

Obwohl das maoistische Entwicklungskonzept in einigen Bereichen, etwa der Finanzierung der Industrialisierung durch vorausgegangene Agrarentwicklung, bäuerliche Einkommensverbesserungen und somit Erhöhung der Massenkaufkraft, Parallelen zu Mas Position aufweist, was angesichts des chinesischen Agrarproblems bei jeder Entwicklungsvariante ein Axiom sein muß, wich Maos Politik des Großen Sprungs insofern völlig von Mas Konzept ab, als die einseitige Forcierung der Schwerindustrie, besonders der Stahlproduktion, sowohl mit modernen wie mit traditionellen Methoden, die von ihm geforderten Gleichgewichtsbedingungen eklatant verletzten und zu Versorgungsengpässen einerseits und überschüssigen Kapazitäten andererseits führten. De facto wurde die Landwirtschaft sogar noch weiter vernachlässigt, da das Konzept der Ausnutzung und Mobilisierung brachliegender ländlicher Arbeitskraft zu anderen Zwecken so überzogen wurde, daß in der Erntezeit auf einmal zu wenig Arbeitskräfte vorhanden waren. Der Grad zwischen zu viel und zu wenig Arbeitskräften ist also offenbar in Ländern, in denen die Landwirtschaft auf arbeitsintensive Weise betrieben wird, sehr schmal. Die Arbeitskräfte sind nur saisonal aber keineswegs dauernd zu entbehren. Diese Tatsache wurde im Großen Sprung außer acht gelassen.

Zusammenfassend lassen sich folgende Schlüsse aus den Erfahrungen mit der Sprung-Politik ziehen, die ihren Niederschlag in der ab 1960 einsetzenden akkumulationstheoretischen Diskussion fanden:

1. China war zu Beginn der 60er Jahre immer noch ein Land mit agrarischem Schwerpunkt. Schwankungen in der Agrarproduktion schlugen auf alle Sektoren der Gesamtwirtschaft durch.
2. Die Landwirtschaft war das schwächste Glied der Kette. Die Produktionsstruktur war so instabil, d.h. es waren in so unzureichen-

dem Maße technische Mittel vorhanden, daß natürliche Einflüsse zu katastrophalen Mißernten führen konnten.

3. Die Landwirtschaft war für weite Bereiche der übrigen Wirtschaft die Grundlage, da sie die Lebensmittel und zum großen Teil die industriellen Rohstoffe lieferte. Ernterückgänge führten also nicht nur zu Lebensmittelknappheiten, sondern zu Versorgungsengpässen in vielen Branchen und konnten so eine Kettenreaktion von Produktionsrückgängen auslösen.
4. Die Landwirtschaft lieferte über Steuern, Preise und Sparen immer noch einen großen Beitrag zur industriellen Akkumulation. Die Akkumulation in der Industrie war somit noch weitgehend von der Überschußfähigkeit der Landwirtschaft abhängig.
5. Sowohl gesamtwirtschaftlich wie intersektoral waren gewisse Proportionen einzuhalten. Das hieß, die anderen Sektoren konnten aus Versorgungsgründen (Lebensmittel, Rohstoffe, Arbeitskräfte, Finanzmittel) nur synchron zur Landwirtschaft wachsen, je nachdem ob die Freisetzung von Arbeitskräften bzw. zusätzliche Produktion das erlaubte. Das gleiche galt für die proportionale Entwicklung zwischen den Branchen. Sonst traten Versorgungsschwierigkeiten auf der einen bzw. unverwendbare Produktion und überschüssige Kapazitäten auf der anderen Seite auf. Gleichgewichtiges Wachstum lautete das Gebot der Stunde.
6. Solange die Landwirtschaft arbeitsintensiv betrieben wurde, konnten Arbeitskräfte nur in beschränktem Maße ganzjährig für andere Zwecke mobilisiert werden. Die kurzfristige Lösung lag in saisonaler Rotation. Langfristig war die Agrarmechanisierung die Voraussetzung für dauernde Mobilisierung.
7. Auch wenn das Ziel der schleunigen Industrialisierung blieb, konnte das nur über eine vorangehende Agrarentwicklung erreicht werden, die den Schritt von traditioneller intensiver Produktivitätssteigerung zu moderner wissenschaftlich-technischer Produktivitätssteigerung vollzogen hat.
8. Die Funktion der Landwirtschaft als industrieller Rohstofflieferant mußte entlastet werden, indem verstärkt chemische Rohstoffe für die Textilherstellung verwendet wurden.
9. Ein nicht zuletzt entscheidender Faktor war die Lösung des Bevölkerungsproblems. Die wachsende Bevölkerung bestand

nicht nur, wie von der orthodoxen marxistischen Position behauptet, aus Produzenten, sondern bis zum arbeitsfähigen Alter erst einmal aus Konsumenten. Solange das Bevölkerungswachstum nicht gebremst werden konnte, wurde ein nicht unerheblicher Teil der erzielten Erfolge immer wieder aufgezehrt.

Auch wenn nicht zufriedenstellend geklärt werden kann, ob Lius Behauptung über die Relation von 70 Prozent Fehlplanung und 30 Prozent Natureinflüssen bei der Verursachung der Krise im Anschluß an den Großen Sprung zutraf, bleibt festzuhalten, daß sich seit 1960 theoretische Artikel in der chinesischen Presse häuften, die sich mit dem „Gesetz der proportionalen Entwicklung" befaßten und die Basisfunktionen der Landwirtschaft betonten. Daß der Wandel von der Sprung-Strategie zum gleichgewichtigen Wachstum und die Abkehr von der forcierten Stahlproduktion zugunsten der Landwirtschaft nicht ohne weiteres in der Parteiführung durchzusetzen war, zeigte die nur schrittweise Abkehr, die erst Anfang 1961 abgeschlossen war. Obwohl 1959 bereits die Einbrüche in der Agrarproduktion aufgetreten waren, wurde bis 1960 die Mobilisierung im Hinblick auf die Eisen- und Stahlproduktion durchgehalten. Der schrittweise Rückzug wurde aber bereits im Dezember 1958 (also im 1. Sprung-Jahr!) eingeleitet, als Mao auf dem Wuhan-Plenum vom Amt des Staatspräsidenten in die sogenannte „zweite Führungslinie" zurücktrat. Trotz eingestandener Übertreibungen wurde aber vorerst die Politik der „Drei Roten Banner", wie sie auf der Politbürokonferenz in Peitaiho im August 1958 beschlossen worden war, aufrecht erhalten. Im August 1959 wurden auf dem Lushan-Plenum heftige Kontroversen über die Sprung-Politik ausgetragen, die zur Entlassung des Hauptkritikers, des Verteidigungsministers Peng Te-huai, und seiner Anhänger führten. Mao stellte die Vertrauensfrage und konnte sich noch einmal durchsetzen. Seit dem Frühjahr 1960 begann dann de facto der Umschwung in der Wirtschaftspolitik, obwohl die grundsätzliche Änderung der Entwicklungsstrategie erst auf dem 9. ZK-Plenum ohne Teilnahme Maos im Januar 1961 beschlossen wurde. Hier wurde die Parole verkündet, daß die Landwirtschaft die Grundlage und die Industrie der führende Faktor zu sein habe.

Neben der Kontroverse über das Akkumulationsmodell standen die Prinzipien und Methoden der Volkswirtschaftsplanung im Zentrum der Diskussion chinesischer Ökonomen. Dabei ging es um die Frage, ob statt der in den 50er Jahren üblichen Materialbilanzen und Mengenkennziffern andere Kriterien, die stärker Produktivitäts-, Kosten- und Qualitätsgesichtspunkte berücksichtigen, zu verwenden seien. Das galt sowohl für die Allokation der gesamtwirtschaftlichen Ressourcen zwischen den einzelnen Branchen, Sektoren und Regionen als auch auf Betriebsebene für die Ausnützung der betrieblichen Ressourcen. Der Hintergrund dieser Diskussion ist darin zu sehen, daß analog zu den Erfahrungen in der Sowjetunion die rein mengenmäßige Planung auf der Basis von Materialbilanzen zu ineffektiver und zu wenig kostenbewußter Nutzung der vorhandenen Ressourcen und einer rein auf quantitative Ziele ausgerichteten Produktion führte, die den Gesichtspunkt der Qualität weitgehend außer acht ließ. Das „Sesam, öffne Dich" zur Lösung dieser Probleme erblickte man darin, das Wertgesetz für die Planung fruchtbar zu machen. Seine Gültigkeit sei zwar im Sozialismus beschnitten, hinsichtlich der proportionalen Entwicklung, der Produktion und der Zirkulation könne es aber nicht übergangen werden. Bis 1960 blieb diese Diskussion offen, lebte nach dem Scheitern des Großen Sprungs wieder neu auf und gelangte in den Jahren 1962 bis 1964 zu entscheidungsreifen Ergebnissen.

Ein Protagonist der Diskussion war Sun Ye-fang, dessen Position sich folgendermaßen zusammenfassen läßt: Um die unzureichende Nutzung der Ressourcen, ineffektive Betriebsführung und Verschwendung zu vermeiden, muß das Nettoprodukt, also die jeweilige Wertschöpfung, gegenüber dem Bruttoprodukt im Vordergrund stehen. Die Planung soll sich nicht nur am Gebrauchswert der Produkte, sondern auch an der zu ihrer Herstellung gesellschaftlich notwendigen Arbeitszeit orientieren. Ob dieses Kriterium erfüllt wird, mißt sich am Gewinn, den ein Unternehmen macht. Nettoprodukt und Gewinn sind somit die zentralen Planziele, wobei das Nettoprodukt als Produktionswert abzüglich der Produktionskosten und der Gewinn als Nettoprodukt abzüglich der Löhne definiert ist. Das Planziel der Gewinnmaximierung soll in erster Linie durch Kostenminimierung erreicht werden. Statt Mengen- sollen den Betrieben Gewinnkennziffern vorgegeben werden. Dadurch sind die Betriebe gehalten, die produktivste Technologie und Arbeitsorganisation anzuwenden, Rohstoffe zu sparen und die Produktionsmittel effektiv zu nutzen. Das „Gesetz der geplanten und proportionalen Entwicklung" ersetzt zwar eine Reihe von Funktionen, die das Wertgesetz im Kapitalismus ausübt, nämlich Verteilung der Ressourcen qua Kapitalmobilität infolge des Wettbewerbs, soweit aber die Bestimmung des Maßes der gesellschaftlich notwendigen Arbeitszeit anvisiert ist, hat das Wertgesetz unabhängig von der Produktionsweise Gültigkeit.

Der Gewinn wird damit zu einer zentralen Kategorie auf allen Ebenen der Wirtschaft. Das gilt hinsichtlich des gesamtwirtschaftlichen Ziels, der Planungskennziffern, des Anreizes für die Betriebsführung und des Maßstabs, nach dem die Produktivität eines Unternehmens gemessen werden kann. Das heißt aber nicht, daß das Wertgesetz allein die Planung bestimmt, es soll vielmehr von der Planung benutzt werden, da Kriterien wie die vorrangige Entwicklung bestimmter Schlüsselbranchen, die Rücksicht auf die nationale Verteidigung, wirtschaftliche Autarkie, Dezentralisierungsbestrebungen u. a. Vorrang genießen und über den Plan gegen das Wertgesetz durchgesetzt werden. Nur, so lautet Suns Argument, diese politischen und gesellschaftlichen Ziele bleiben für China unerreichbar, wenn nicht Kosten- und Effektivitätsgesichtspunkte berücksichtigt werden, die unter Anwendung des Wertgesetzes am ehesten erfüllbar sind.

Bei der Betriebsführung ergeben sich fünf Konsequenzen:

1. Die Erzielung von Gewinn ist oberstes Ziel der Produktion. Wird dieses Ziel nicht erreicht, muß der Betrieb geschlossen werden.
2. Die Produktion hat Vorrang vor der Politik. Hiermit ist vermutlich die Nichteinmischung von Parteigremien in die Betriebsführung gemeint.
3. Zur Stimulierung der Produktion müssen materielle Anreize gewährt werden. Das gilt sowohl für die Entlohnung der Arbeiter als auch für die Prämien, die an die Betriebsleitung im Falle überdurchschnittlicher Betriebsergebnisse gezahlt werden.
4. Die effektive Führung der Betriebe ist durch Experten auf allen Ebenen, also durch Direktoren, Ingenieure und Techniker, zu erzielen.

5. Den Betrieben ist innerhalb des Plans eine weitgehende Autonomie zu gewähren. Diese Eigenverantwortlichkeit gilt natürlich nur bezüglich der einfachen Reproduktion, die erweiterte Reproduktion, das heißt die Verwendung der akkumulierten Mittel, wird von den genannten umfassenden Planprioritäten bestimmt.

Diese letzte Einschränkung ist zum Verständnis der Sunschen Vorschläge eminent wichtig. Er will also keinesweg die Planung durch das Wertgesetz ersetzen und dem Staat nur noch eine Art oberster Kontrollfunktion zugestehen, was in der Konsequenz tatsächlich auf eine Form des Staatskapitalismus hinauslaufen würde, sondern er will mittels der Gewinnkennziffern und daraus abzuleitenden Konsequenzen erreichen, daß die Betriebe mit den ihnen zur Verfügung stehenden Ressourcen eine optimale Kombination der Produktionsfaktoren und ein optimales Ergebnis erzielen. Alles, was darüber hinausgeht, d.h. die Weiterverwendung der Gewinne, die Entscheidung, welche Branchen oder Regionen gefördert werden, also Dynamik und Struktur des Akkumulationsprozesses und seine innen- wie außenpolitische Absicherung, wird durch den zentralen Plan bestimmt. Worauf es Sun ankommt, ist der Hinweis, daß allein durch die Art der Kennziffern – Material-, Arbeitsstunden- oder finanzielle Vorgaben, Mengen-, Gewichts- oder Gewinnziele – die Anordnung der Produktionsfaktoren auf Betriebsebene ganz wesentlich beeinflußt wird. Wenn Mengenziele vorgegeben werden, steht deren Erfüllung unter Vernachlässigung der Kosten an erster Stelle. Werden Finanzmittel vorgegeben, wird eventuell der Einsatz von billiger Arbeitskraft maximiert. Werden gesellschaftlich notwendige Arbeitsstunden vorgegeben, wird die Arbeitsproduktivität durch Rationalisierungen maximiert etc. Welches Ziel bzw. die Kombination welcher Ziele Priorität genießen soll, entscheiden die Politiker. Nur, wenn diese Entscheidungen gefallen sind, sollen sie sich aus deren Verwirklichung heraushalten.

Diese theoretischen Debatten blieben natürlich nicht ohne Einfluß auf die Wirtschaftspolitik im Anschluß an den Großen Sprung. An der Frage, welchen Charakter diese Periode bis zum Beginn der Kulturrevolution aufwies, scheiden sich die Geister. Hier wird die

Ansicht vertreten, daß es sich dabei weder um einen Kompromiß zwischen Maoismus und Liuismus noch zwischen Maoismus und sowjetischem Modell gehandelt hat, sondern um eine eigenständige liuistische Wirtschaftspolitik, die bereits 1956 ansatzweise erkennbar war, sich aber zunächst der maoistischen Offensive beugen mußte. Ihr grundsätzliches Anliegen war, unter Verwendung eigenständiger Vorstellungen, das sowjetische Entwicklungsmodell auf die anderen Gegebenheiten Chinas auszurichten, wobei dem sowjetischen Primat der Produktion gegenüber der Politik weitgehend entsprochen wurde. Da sich die liuistische Fraktion zu einem Zeitpunkt durchsetzte, als sich die chinesische Wirtschaft in einer tiefen Krise befand, sah sie sich gezwungen, kurzfristige Maßnahmen zur Behebung der Krise zu ergreifen, die vor allem auf die Förderung der privaten Eigeninitiative in Landwirtschaft, Handwerk und Kleinhandel hinausliefen, bzw. spontane Tendenzen in diese Richtung ab 1960 zu legalisieren. Die damit verbundenen kapitalistischen Restaurationstendenzen wurden aus dem genannten Grund offenbar solange in Kauf genommen, bis sich die Wirtschaft einigermaßen erholt hatte, um dann wieder reduziert zu werden. Die Konturen der eigentlichen liuistischen Wirtschaftspolitik schälten sich erst seit dem Jahre 1963 heraus und lassen sich in ihrer organisatorischen Form sowohl für die Industrie wie die Landwirtschaft feststellen. Das heißt natürlich nicht, daß die Maoisten dieser Entwicklung untätig zugesehen haben. Bis zur Überwindung der Krise hielten sie sich offenbar zurück. Seit 1962/63 wurde die Kontroverse in der Partei aber wieder offen ausgetragen. Die liuistische Position gewann vermutlich auf allen Ebenen so viele Anhänger, daß die Maoisten Ende 1965 zu der Überzeugung gelangten, daß eine Kursänderung nur noch gegen die Partei durchzusetzen sei.

Die katastrophale wirtschaftliche Situation der Jahre 1959 bis 1961, die vor allem die Landwirtschaft betraf, wurde Anfang 1961 von Liu im Rahmen der sogenannten „7000-Kader-Rede" zum ersten Mal offiziell eingestanden, auch wenn diese Tatsache bereits 1959 parteiintern diskutiert worden war. Bedeutsamer als die Tatsache dieses Eingeständnisses war aber die Begründung für die Ursachen der Krise. Neben dem Verweis auf die schlechten Ernten der Jahre 1959–1961, die auch in Naturkatastrophen ihre Ursache hatten, und den Abzug der sowjetischen Techniker im Juli 1960, eventuell letzter ausschlaggebender Grund für den Stop des Großen Sprungs, wurde die Krise ganz offen auf schlechte Organisation, erhebliche Disproportionen zwischen Branchen und Sektoren sowie die Herstellung von Produkten mit mangelhafter Qualität zurückgeführt.

Mit diesem offiziellen Eingeständnis wurde im Nachhinein die seit Frühjahr 1960 verfolgte politische Kursänderung gerechtfertigt, die in diametralem Widerspruch zur Sprung-Politik stand. Die neue Generallinie lautete „Anpassung, Konsolidierung, Verstärkung und Verbesserung". Da die Krise in Anbetracht der drastisch gesunkenen Nahrungsmittel- und Industriepflanzenproduktion vor allem eine Agrarkrise war, war die Aussage, daß die Agrarentwicklung im Vordergrund zu stehen habe, jetzt kein Lippenbekenntnis mehr. Da die Krise zu einem erheblichen Teil auf organisatorische Mängel zurückgeführt wurde, sahen die Liuisten kurzfristig nur die Möglichkeit, die während des Sprungs zu weit vorangetriebene sozialistische Agrarpolitik wieder zurückzunehmen, und es der Eigeninitiative der Bauern zu überlassen, die ärgsten Mängel selbst zu beseitigen. Diese Politik, die zwar erst auf dem 10. Plenum des 8. ZK im September 1962 verkündet, aber bereits vorher praktiziert wurde, lief unter der Losung „Drei Freiheiten und eine Festlegung". Mit den drei Freiheiten waren die Einräumung privat zu bewirtschaftenden Bodens, lokaler Märkte und privater handwerklicher Nebenbeschäftigungen und mit der Festlegung die Festlegung der abzuliefernden Produktionsquoten auf Familienbasis gemeint. Das bedeutete de facto die Rückkehr von der kollektiven Brigade- oder gar Kommune-Produktion zur Produktion im Familienverband. Neben dem an den Staat abzuliefernden Fixum wurde den Bauern private Landwirtschaft und privates Handwerk zugestanden, deren Produkte auf den lokalen Märkten frei verkäuflich waren. Diese Politik wurde von verschiedenen Autoren mit der sowjetischen NEP der 20er Jahre verglichen. Resultate waren die Auflösung der Volkskommunen und die Schließung der Kleinbetriebe. Die starke Ausweitung des privat bewirtschafteten Bodens, die Wiederaufnahme der Nebentätigkeiten, wie sie aus der Hausindustrie bekannt sind, und das Aufblühen von Kleinhandel und Märkten führten dazu, daß die alten sozialen Differenzierungen auf dem Dorf wieder Gestalt annahmen, und sich eine Art Kulakenschicht herausbildete. Möglicherweise bestand sogar die Gefahr, daß die Partei die Kontrolle auf dem Land hätte verlieren können.

Resultat war aber auch, daß sich die Agrarproduktion und damit auch die ländlichen Einkommensverhältnisse ab 1962 wieder erholten, und sich damit sowohl von der Angebotsseite (Rohstoffproduktion) wie von der Nachfrageseite (Markt für Industriegüter) die gesamtwirtschaftlichen Disproportionen verringerten. Der theoretisch bereits dargestellte Akkumulationsmechanismus – Industrialisierung nicht mehr auf Kosten der Landwirtschaft, sondern über die Entwicklung der Landwirtschaft – begann zu wirken. Wegen der einjährigen Phasenverschiebung stagnierte die Leichtindustrie infolge der schlechten Industriepflanzenproduktion zwar noch 1962, um dann aber 1963 zu einem erneuten Wachstum anzusetzen. Die Industrie wurde nun ihrerseits angehalten, Kunstdünger und Agrarmaschinen zu produzieren, um ihren Beitrag zur Agrarentwicklung zu leisten. Daß die Agrarentwicklung und damit die gesamte Akkumulation aber langfristig nicht durch die eingeleitete Privatisierung erreicht werden sollte, zeigt der Umstand, daß auch die Liuisten ab 1963 den Privatsektor wieder zurückdrängten. Die Kontroverse in der Agrarpolitik lag an anderer Stelle.

Die Reorganisation betraf nicht nur die Landwirtschaft, sondern auch die Industrie. Viele während des Großen Sprungs errichteten Betriebe, gerade im Eisen- und Stahlbereich, wurden geschlossen. Stattdessen konzentrierte man sich wieder stärker auf den Ausbau der vorhandenen Großbetriebe. Die starke Dezentralisierung der Wirtschaftsverwaltung wurde rückgängig gemacht und der Einfluß der lokalen Parteigremien und Gewerkschaften zurückgedrängt. Der Schwerpunkt der wirtschaftlichen Kontroll- und Steuerungsgewalt lag wieder bei den Pekinger Ministerien und Planungsbehörden. Statt der bislang üblichen Mengen-Kennziffern ging man zu einem System über, das über finanzielle Planziele Kostensenkungen und Produktivitätssteigerungen anregen sollte. Hierbei kam den Banken eine wesentliche Steuerungsfunktion zu.

Innerhalb dieses Systems sollte der Betrieb eine gewisse Autonomie erhalten, die auch direkte Kooperation zwischen Betrieben und eigene Gewinnverwendung einschloß. Diese Autonomie war allerdings entsprechend der strategischen Bedeutung der einzelnen Produkte gestaffelt. Sektorale und regionale Einkommensdisparitäten wurden dabei bewußt als Anreizmittel in Kauf genommen. Außerdem wurde wieder die Alleinverantwortlichkeit der Direktoren und Ingenieure eingeführt. Lohndifferentiale, Prämiensysteme u. a. sollten die Arbeiter zu Produktionssteigerungen animieren, Kontraktarbeit und zeitlich befristete Saisonarbeit, die niedriger bezahlt wurde, statt der üblichen Dauerstellungen sollten die Betriebe auf der Kostenseite entlasten. Diese Maßnahmen wirkten sich so aus, daß nach 1962 die Industrieproduktion wieder anstieg, und die Proportionen zwischen den Branchen wieder hergestellt werden konnten.

Während Mao und Liu sich Ende der 50er Jahre darin einig waren, daß der Landwirtschaft Priorität eingeräumt werden mußte, blieb die Form der Agrarpolitik weiter kontrovers. Maos Konzeption lief darauf hinaus, daß die Bauern letztlich in kollektivem Rahmen aus eigener Kraft ihre Entwicklung betreiben sollten. Da im Zuge der Reprivatisierung ab 1960 die Volkskommunen als organisatorische Einheiten de facto ihre Existenz aufgegeben hatten, fehlte der organisatorische Rahmen für dieses Konzept. Die Liuisten hielten darüber hinaus den Finanzierungsmechanismus aus eigener Kraft für unpraktikabel und die Erfolge der eigenständigen Mechanisierung aufgrund mangelhafter Kenntnisse der Bauern für unzureichend. Sie verfolgten deshalb seit 1962 ein Konzept, in dem nicht die eigene Kraft und die eigene Initiative, sondern der Staat die entscheidende Funktion bekam. Dieses Konzept geht möglicherweise auf einen von Po I-po im Jahre 1959 angekündigten „Zehn-Jahres-Plan" zur technischen Transformation der Landwirtschaft zurück, in dem ihre Mechanisierung, Elektrifizierung und Chemisierung mittels staatlicher Hilfe angekündigt wurde.

Erste Maßnahmen waren 1961 die Schließung von 600 bis 700 kleinen Agrarforschungsinstituten und an deren Stelle der Aufbau staatlicher Forschungskapazitäten zur Agrarentwicklung. 1962 wurden 88 Prozent der erst 1958 in Kollektivbesitz übergegangenen Traktoren wieder in staatlichen Maschinen-Traktoren-Stationen (MTS) zusammengefaßt. Die Argumente für die neuerliche Verstaatlichung des ländlichen Maschinenparks lauteten, daß nur so eine effektive Auslastung der Geräte möglich sei, und die Geräte von Fachkräften bedient würden. Im übrigen ständen nur den staatlichen MTS genügend finanzielle Mittel zur Verfügung, die einen großzügigen Ausbau erlaubten. Die MTS sollten auf Profitbasis arbeiten. Sie stellten neben dem Gerät auch das Bedienungspersonal zur Verfügung. Die Kollektive sollten entsprechende Nutzungsverträge mit den Stationen abschließen. Neben der erwarteten höheren Effektivität stand bei Liu hinter diesem Konzept die Überlegung, daß Bauern aufgrund ihres sozialen Backgrounds ungeeignet seien, moderne Maschinenparks in kollektiver Organisation zu bedienen. Stattdessen sollten nach dem Muster der Industrie Fachkräfte, also Arbeiter, diese Funktionen wahrnehmen. Am Ende eines langen Prozesses würden die Bauern mit fortschreitender Mechanisierung ebenfalls zu Arbeitern.

1965 traten die Liuisten mit einem „Hundert Kreise-Plan" zur Agrarentwicklung hervor. Dieser Plan sah vor, daß sich die staatlichen Investitionen in Form von Krediten an die MTS zunächst auf 100 bis 200 Kreise konzentrieren sollten, die bereits von Natur aus Überschüsse erzielten. Die Entwicklung dieser Kreise sollte soweit vorangetrieben werden, daß mittels der Gewinne der dortigen MTS die Entwicklung weiterer Kreise ermöglicht werden könnte. Dabei ging man von jeweils 10jährigen Perspektiven aus. Ziel war also, über die Konzentration aller Ressourcen auf die Agrargebiete, die im Hinblick auf die effektivste Nutzung die besten Voraussetzungen versprachen, ein regional begrenztes Wachstum in der Landwirtschaft zu initiieren, um so einerseits die Versorgung der Städte zu garantieren und andererseits die Mittel zur sukzessiven Entwicklung der übrigen Agrarregionen zu akkumulieren. Hier läßt sich also eine partielle Durchbrechung des „Gesetzes der proportionalen Entwicklung" feststellen.

Der Kollektivierungsprozeß sollte auf die Ebene der Produktionsgruppe zurückgeschraubt werden, die im wesentlichen mit den früheren Kollektiven identisch waren. Sie fungierten als Abrechnungseinheit und waren im Besitz der einfacheren Produktionsmittel. Die Arbeitsleistung der Bauern wurde nach einem gestaffelten Punktesystem bewertet, das nach Art der Tätigkeit bzw. Arbeitsqualifikation unterschied. Daneben wurde eine kleine Privatparzelle zur Eigenversorgung mit Gemüse und zur Kleintierhaltung gestattet.

Wie Mao, der seit 1964 die „aus eigener Kraft" errungenen Erfolge der Produktionsbrigade Tachai im unwirtlichen Bergland von Shensi als Modell seiner Konzeption propagierte, bemühte sich Liu auch um ein Modell seiner Konzeption. Zu diesem Zweck hatte er bereits im August 1958 mit seiner Frau Wang Kwang-mei die Genossenschaft Taoyuan in der Nähe von Peitaiho in der Provinz Hopei inspiziert. Diese Brigade lag in einer Gegend, die durch fruchtbares Ackerland ausgezeichnet war und bereits eine Grundausstattung an Geräten und Zugvieh aufwies. Im Dezember 1958 wurde sie von Liu zur Modellbrigade ausersehen. Taoyuan sollte in jeder Hinsicht das völlige Gegenteil von Tachai bedeuten. Die Brigade stand unter der Leitung eines ehemaligen „oberen Mittelbauern". Statt des Autarkieprinzips von Tachai sollte eine Spezialisierung der Produktion auf den Anbau von Sorghum betrieben werden. In der Folgezeit erhielt Taoyuan staatliche finanzielle Unterstützung, Kunstdünger, Hochleistungssaatgut, elektrische Energie, Agrarmaschinen und Straßenbau. Dennoch soll der Flächenertrag 1963 geringer als in Tachai gewesen sein, was mit schlechtem Management begründet wurde. Deswegen entsandte Liu im November 1963 unter Führung seiner Frau, die dort allerdings unter einem Pseudonym auftrat, ein sogenanntes Arbeitsteam nach Taoyuan, das die Brigadeführung auswechselte und sich bis zum April 1964 dort aufhielt, um Erfahrungen zu sammeln. Der daraus resultierende Bericht Wang Kuang-meis unter dem Titel „Experiences in Taoyuan" lief in seinen Schlußfolgerungen darauf hinaus, die staatliche Kontrolle über die Landwirtschaft zu stärken.

Diese Hinweise zeigen, daß das liuistische Konzept der Agrarentwicklung – staatliche Finanzierung, Organisation und Bereitstellung von Agro-Inputs und wissenschaftliche Agrarforschung einerseits sowie spezialisierte Produktion auf der Basis kleiner Kollektive, die nach dem Leistungsprinzip verfuhren, andererseits – 1965/66 erst im Stadium der Erprobung, der Planung und des Aufbaus war, nachdem zunächst kurzfristige Maßnahmen unter Einschaltung der Privatinitiative die Agrarkrise überwunden hatten. Die Kulturrevolution sollte im Agrarbereich die längerfristigen Perspektiven zur Entscheidung bringen.

Seit dem Frühjahr 1961, also später als in der Landwirtschaft, wurde auch in der Industrie der Rückzug von der Strategie des

Großen Sprungs eingeleitet. Im Dezember 1961 fand eine Konferenz von Parteisekretären statt, auf der Pos „70 Artikel zur Industriepolitik" zur Diskussion standen. Diese 70 Artikel verkörperten die Politik der nächsten Jahre und standen mit der Rückkehr zum Direktionsprinzip, der Zurückdrängung der Partei aus dem täglichen Management, der Gewährung individueller materieller Anreize, also der Rückkehr zum Primat der Produktion, im Gegensatz zu der von Mao favorisierten Anshan-Charta, die die Prinzipien der Massenlinie, der Parteikontrolle und des Primats der Politik bei der Betriebsführung propagierte.

Eine eigenständige liuistische Industriepolitik schälte sich erst in einer Serie von Konferenzen in den Jahren 1965/66 heraus, die von der Staatswirtschaftskommission veranstaltet wurden. Leiter dieser Behörde, die für die Ausarbeitung der Fünfjahrespläne verantwortlich zeichnete, war zu diesem Zeitpunkt Po I-po. Ausgangspunkt der Überlegungen war der Gedanke, sich die Industrieorganisation nach monopolistischem Trustmuster zum Vorbild zu nehmen. Das bedeutete, jede Branche nach Möglichkeit in einer Staatsgesellschaft zusammenzufassen, als deren oberstes Kontrollorgan ein Industrieministerium fungiert. Unterhalb dieser Kontrollebene und der vom Plan gegebenen Kennziffern, die vor allem Gewinn- und Kostengesichtspunkte vorsehen, besteht eine weitgehende Autonomie der Betriebsleiter, die allein verantwortlich sind. Kennzeichen der so organisierten Betriebe sollen Spezialisierung, Standardisierung und Systematisierung der Produktion sein, also weitgehende Arbeitsteilung zwischen den Betrieben, die über ein Netz von Zulieferer- und Montagewerken untereinander verbunden sind. Das Kriterium für die Brauchbarkeit eines Betriebes ist weniger die Größe als die spezialisierte Funktion. Die Lieferverträge zwischen den Betrieben sollen von der Betriebsleitung ausgehandelt werden. Im Gegensatz zu Maos Konzept der autarken Fabriken nach dem später aufgegebenen Muster der Fordwerke, lehnten sich die Liuisten an die auf Arbeitsteilung beruhende General Motors-Konzeption an.

Während auf Betriebsebene die Kontrolle von Partei und Gewerkschaftsgremien weitgehend ausgeschaltet wurde, fand umgekehrt eine starke Konzentration von Kontrollbefugnissen bei den Pekinger Ministerien statt. Zu diesem Zweck wurde seit 1963 die Zahl der Ministerien, vor allem der Maschinenbauministerien, beträchtlich gegenüber 1959 von 31 auf 40 Ministerien erhöht. Damit hatte man fast wieder die Spitze des Jahres 1956 mit 41 Ministerien erreicht, die im Zuge des Sprungs drastisch reduziert worden war. Im Verlauf der Kulturrevolution wude die Zahl der Ministerien erneut stark reduziert. Sie betrug 1971 auf dem Tiefpunkt nur noch 16, um dann bis 1975 wieder auf 26 anzusteigen. Die Zu- und Abnahme der Zahl der Ministerien, betroffen sind vor allem die Ministerien mit speziellen wirtschaftlichen Aufgaben, spiegelt also die jeweils verfolgte Linie in der Industriepolitik. Dezentralisierung im Sinne der Verlagerung der Verantwortung auf Provinz- oder Kreisebene bedeutet Verringerung der Ministerien. Die Kontrolle wird dann von den unteren Parteigremien ausgeübt. Dezentralisierung im Sinne von stärkerer Verantwortlichkeit der Betriebsleiter bedeutet Zunahme der Ministerien, da jetzt die Kontrolle den unteren Parteigremien entzogen ist und in Peking konzentriert wird. Es kann vermutet werden, daß der unveröffentlichte 3. Fünfjahresplan, der am 1.1.1966 beginnen sollte, diese Konzeption, die bis dahin noch im Stadium des Experimentierens und der Planung war, etablieren sollte. Auch hier legte die Kulturrevolution einen Riegel vor.

Ergebnisse

7 *Die Überwindung der Stagnation im traditionellen Sektor*

Als Ursache für die Stagnation der traditionellen chinesischen Gesellschaftsformation waren drei sich gegenseitig bedingende Faktoren identifiziert worden. Die ungleichmäßige Verteilung des Einkommens und die unproduktive Verwendung der Überschüsse in den Händen der Beamten- und Gentryklasse ließen kaum Investitionen in der Landwirtschaft zu. Bäuerliche Hausindustrie, weitgehend lokale Autarkie und staatliche Monopole verhinderten die Herausbildung eines nationalen Markts für Massenkonsumgüter, der eine Arbeitsteilung zwischen Stadt und Land und eine Kommerzialisierung beider Sektoren zur Folge gehabt hätte. Unter diesen Bedingungen konnte der Ausweg im Kampf gegen das Bevölkerungswachstum nur in der Intensivierung der Arbeit mit der Konsequenz stagnierender Agrartechnologie gesucht werden.

Die Tatsache, daß weder die traditionelle chinesische Gesellschaft noch seit 1842 der Imperialismus oder Ansätze einer reformfreudigen nationalen Bourgeoisie in der Lage waren, diesen Kausalzusammenhang aufzubrechen, ohne die gesellschaftlichen Institutionen im traditionellen Sektor grundlegend in Frage zu stellen, deutet darauf hin, daß die Transformation der Produktionsverhältnisse im tradionellen Sektor die conditio sine qua non jeder Entwicklungsstrategie war. Die KPCh übernahm nach 1949, trotz aller Erfolge der politischen Arbeit unter den Bauern, einen in der Gesamtwirtschaft dominierenden traditionellen Sektor, in dem die überkommenen Sozial- und Herrschaftsbeziehungen auf lokaler Ebene ungebrochen waren. Unabhängig davon, ob das anfängliche Ziel der Agrarpolitik in der Entwicklung des traditionellen Sektors um seiner selbst willen lag, oder ob seine Entwicklung dazu dienen sollte, akkumulationsfähige Überschüsse für den modernen Sektor zu produzieren, stand doch in jedem Fall fest, daß diese Ziele, wie von Mao gefordert, nur über vorangehende institutionelle Veränderungen zu erreichen waren. Die produktive Verwendung der Überschüsse setzte ihre Redistribution voraus. Der Aufbau eines Marktes für Massenkonsumgüter verlangte die Auflösung der traditionellen Einheit von Manufaktur und Landwirtschaft sowie der Autarkie der traditionellen Marktgemeinden. Eine ländliche Produktivkraftentfaltung qua Mobilisierung ungenutzter Arbeitskräfte konnte nur durch die Überwindung des Systems der Zwergbetriebe und der Bodenzersplitterung erreicht werden.

Die nähere Beschäftigung mit dem Schicksal des traditionellen Sektors im nachrevolutionären China läßt zwei zentrale Phänomene zu Tage treten, die offenbar in einem ursächlichen Zusammenhang stehen. Dabei handelt es sich um Aspekte einer inneren Logik der von der Partei ausgelösten Maßnahmen im Bereich der Produktionsverhältnisse. Diese Logik besteht in sachlicher Hinsicht im Hinblick auf die anvisierten Entwicklungsziele wie in gesellschaftlicher Hinsicht im Hinblick auf die Durchsetzbarkeit dieser Maßnahmen.

Von der Sachlogik ergibt sich die nicht zufällige zeitliche Aufeinanderfolge von Agrarreform, Kollektivierung, Institutionalisierung der Volkskommunen als Trägern von Tätigkeiten, die weit über die eigentliche Agrarproduktion hinausgehen, und schließlich zunehmender staatlicher Aktivitäten im Agrarsektor. Neben dem Aspekt der Zerschlagung der ökonomischen Basis der Gentry auf dem Lande zielte die sofort nach der Revolution einsetzende Agrarreform auf die Redistribution der bereits im traditionellen China erwirtschafteten Überschüsse. Es ist nämlich keineswegs so, daß im traditionellen Sektor einer unterentwickelten Wirtschaft keine Überschüsse erzeugt werden, nur werden sie aufgrund der ungleichen Bodenverteilung und anderer institutioneller Mechanismen qua Pacht, Steuer, Zinsen und anderer Abgaben in die Hände einer Minderheit gelenkt, die entweder keinen Anlaß oder keine Möglichkeit sieht, diese Überschüsse produktiv zu verwenden. Es kommt also zunächst darauf an, diese Überschüsse einer produktiven Verwendung zuzuführen, um so eine Initialzündung für weitere Akkumulation zu geben.

Diesen Effekt übte die Agrarreform aus. Die Umverteilung des Grundbesitzes und, soweit vorhanden, der Produktionsmittel der

Landlords und anderer Grundeigentümer in den Besitz landloser oder landarmer Bauern sowie die Streichung alter Schulden schaffte eine breite Schicht von Kleinbauern, die von Pachtabgaben und Zinslasten befreit waren. Das so entstandene bäuerliche Mehreinkommen verblieb aber nur zu einem Teil in der Hand der Produzenten, es wurde vielmehr über eine effektivere Besteuerung – die Landlords hatten es vorher oft verstanden, sich um ihre Agrarsteuer zu drücken – sowie interne Terms of Trade zwischen Industrie und Landwirtschaft über die staatlichen Handelsorganisationen in den Staatshaushalt umgeleitet, wo es in den ersten Jahren der VR China den entscheidenden Beitrag zur Finanzierung der von jetzt an staatlich organisierten Akkumulation im modernen Sektor leistete. Der ökonomische Effekt der Agrarreform lag also wohlgemerkt primär nicht in einer Outputsteigerung, sondern in der Redistribution vorhandener Überschüsse aus den Händen der Gentry in den Staatshaushalt.

Der nächste Schritt bestand in der Kollektivierung, die sich über einen Zeitraum von acht bis neun Jahren in einem weitgehend organischen Prozeß erstreckte. Von den anfänglichen saisonalen und später permanenten „Gruppen der gegenseitigen Hilfe" ging sie über die Kooperationsbewegung, wo jedes Mitglied sein Eigentumsrecht beibehielt, zur eigentlichen Kollektivierung über, wobei jetzt das individuelle durch das kollektive Eigentum ersetzt wurde, um schließlich mit den Volkskommunen Ende der 50er Jahre eine institutionelle Form anzunehmen, die den Rahmen rein agrarischer Tätigkeiten sprengte. Je größer die horizontale Ausdehnung dieser kollektiven Organisationen gedieh, desto differenzierter wurde gleichzeitig ihre vertikale Gliederung.

Die gemeinsame Zielsetzung der verschiedenen Kollektivierungsformen galt anders als bei der Agrarreform nicht mehr der Redistribution, sondern der Outputsteigerung, wobei die Mobilisierung von Potentialen im Vordergrund stand, die in der vorrevolutionären chinesischen Landwirtschaft nicht oder nur kaum aktualisierbar waren bzw. deren Mobilisierung zu einer verschütteten Tradition gehörte. Gemeint ist damit in erster Linie die Mobilisierung saisonal oder ganzjährig nicht genutzter Arbeitskraft, die in größeren kollektiven Einheiten effektiver eingesetzt werden konnte. Nur so waren Arbeiten zur Be- und Entwässerung, Terrassenbau, Aufforstung und Infrastrukturbauten in größerem Ausmaß möglich, die wiederum zur Steigerung der Agrarproduktivität beitragen sollten. Ein weiterer Vorteil lag in der besseren Nutzung vorhandener Produktionsmittel wie Zugvieh und Ackergerät auf größeren Betriebsflächen. Nicht zu unterschätzen sind auch die Effekte im Hinblick auf die Mobilisierung natürlicher Produktionsfaktoren wie Boden und Wasser, die im Zuge von Flurbereinigungen, Entfernen der Ahnengräber, Neulandgewinnung, Flußregulierungen, Anlegen von Wasserreservoiren etc. zur Geltung kamen. Wenn die Dimension dieser Maßnahmen im Laufe der forcierten Kollektivierung auch zunahm, blieb ihnen doch als Gemeinsames die ausschließliche Konzentration auf Aktivitäten, die im Rahmen traditioneller Produktivkraftentfaltung möglich waren, da auf moderne technologische Inputs verzichtet wurde. Prominentestes Beispiel solcher Mobilisierung war der Große Sprung, der die Ausweitung dieser Strategie sogar auf nichtagrarische Bereiche zum Ziel hatte.

Eine neue Qualität bekamen die institutionellen Maßnahmen mit der Reorganisation der Volkskommunen seit etwa 1963. Diese Volkskommunen waren gegenüber den 58er Volkskommunen in ihrem Umfang wesentlich verkleinert worden und praktizierten als wesentliches Neuelement ein vierstufiges Eigentumssystem mit entsprechender Funktionsteilung auf den Ebenen von Kommune, Brigade, Gruppe und Einzelhaushalt. Das ökonomische Schwergewicht lag bei den Gruppen, die Eigentümer des Bodens und damit auch Bezieher und Verteiler der ertragsabhängigen Einkommen sowie die Entscheidungsträger über die Produktion der Grundnahrungsmittel und Industriepflanzen waren. Nach einem gestaffelten System wurden wesentliche Bereiche der Erzeugung agrarischer Inputs oder der Verarbeitung agrarischer Outputs und damit auch kollektive Akkumulationsmöglichkeiten und Entscheidungsbefugnisse auf Brigade-, Kommune- oder gar Kreisebene verlagert, die den institutionellen Rahmen moderner Produktivkraftentfaltung lieferten und damit die Voraussetzung einer technischen Transformation des Agrarsektors ermöglichten.

Das so in Angriff genommene Konzept kleinindustrieller und dezentraler Agroindustrialisierung, d.h. die Erzeugung von Kunstdünger, Pflanzenschutzmitteln, mechanischen Ackergeräten und Bewässerungsanlagen, Hydroenergie u. a. sowie die Züchtung verbesserten Saaten in kleinen Agrarforschungsinstituten, unterscheidet sich von ähnlichen Maßnahmen in anderen Ländern der Dritten Welt, wo sie unter dem Stichwort „Grüne Revolution" firmieren, in zweierlei Hinsicht. Erstens ist diese Agrartechnologie nicht bloß in technischem Sinne „intermediär", sondern in gesellschaftlichem Sinne den regionalen Gegebenheiten „angepaßt", da diese Technologie nicht von Instituten der Ford- oder Rockefeller-Stiftungen und Multinationalen Konzernen geliefert, sondern von den begroffenen Bauern weitgehend aus eigener Kraft im weitesten Sinn entwickelt und erzeugt wird, und zweitens ist sie über kollektive Akkumulationsfonds der Brigaden oder Kommunen, wenn auch in unterschiedlichem Maße, finanzierbar, während die „Grüne Revolution" in Mexiko oder Indien nicht zuletzt am Kapitalmangel der Kleinbauern scheitert, die die aufwendigen Agrarinputs nicht finanzieren können.

Diese dritte Phase institutionellen Wandels im traditionellen Sektor, die etwa 1963 ihren Ausgang nimmt, wird in der allerjüngsten Zeit durch verstärkte staatliche Eingriffe ergänzt. Dabei sticht besonders der bereits 1967 einsetzende umfangreiche Import von Kunstdünger und der ab 1973 einsetzende massive Import kompletter Industrieanlagen zur Kunstdüngerproduktion ins Auge. Daneben ist auch eine zunehmende Bereitstellung aufwendiger Agrarmaschinen wie Traktoren und Mähdrescher zu beobachten. Diese tendenzielle Verlagerung agrarrelevanter Aktivitäten vom kollektiven auf den staatlichen Sektor korrespondiert mit Tendenzen innerhalb der Kommunen, daß bestimmte Aktivitäten auf höhere Ebenen verlagert werden oder, indem die Kreise als unterste staatliche Administrationsebene in die Herstellung von Agroinputs einbezogen werden, den Bereich des kollektiven Sektors zu verlassen.

Die Logik der gesellschaftlichen Durchsetzbarkeit der genannten institutionellen Maßnahmen ist ebenso eindrucksvoll. In Fällen, in denen die anvisierten Produktionsverhältnisse dem gesellschaftlichen Bewußtsein der betroffenen Bauern und dem Stand der agrikolen Produktivkräfte zu weit zu enteilen drohten, wie in der ersten Phase der Kommune-Bewegung 1958/59, und die neuen Produktionsverhältnisse sich aus verschiedenen Gründen als dysfunktional für die weitere Entwicklung erwiesen, waren Korrekturen bzw. zeitweise sogar echte Rückschritte wie in der Reprivatisierungsphase 1961–62 notwendig. Sie kulminierten allerdings in einer Neuorganisation, die langfristig doch einen gesellschaftlich wie ökonomisch organischen Prozeß erkennen läßt.

Der Anteil der ländlichen Bevölkerung, der in den Kollektivierungsprozeß einbezogen wurde, erreichte innerhalb von neun Jahren (1950–1958) nahezu 100 Prozent. Dieser Prozeß verlief aber keineswegs kontinuierlich, sondern in Wellen. In den ersten beiden Jahren waren erst ca. 20 Prozent der bäuerlichen Haushalte überwiegend in den saisonalen Nachbarschaftsgruppen organisiert. Dieser Prozentsatz erhöhte sich 1952 auf 40 Prozent und stabilisierte sich im folgenden Jahr bei dieser Marke. Parallel zu dieser horizontalen Ausweitung vollzog ein steigender Anteil der Haushalte den Übergang von den saisonalen zu den permanenten Hilfsgruppen. Der nächste Sprung setzte 1954 ein und erreichte die 60 Prozent-Marke, wobei neben der absoluten Ausdehnung der Übergang zur Kooperative begann. 1955 erfolgte wieder eine Konsolidierungsphase in absoluter Hinsicht. Gleichzeitig verlagerte sich das Gewicht weiter von den saisonalen über die permanenten Hilfsgruppen zu den echten Kooperativen. 1956 kam der dritte Sprung über die Marke von 96 Prozent, so daß im Bereich der gesamten kollektiven Organisation kaum noch Ausdehnung möglich war. Parallel dazu verlief der Übergang von den Hilfsgruppen zu den Kooperativen und bereits ein mächtiger Schub in Richtung höherer Organisationsformen, da die echten Kollektive, in denen das Privateigentum an Produktionsmitteln vom Einzelhaushalt an das Kollektiv überging, zum ersten Mal gewichtige Bedeutung bekamen. 1957 ist wieder als ein Jahr der Konsolidierung anzusehen, in dessen Verlauf die echten Kollektive überall durchgesetzt wurden. 1958 erfolgte der größte organisatorische Sprung. Die 680000 Kollektive des Jahres 1957 wurden in 26578 Volkskommunen umgewandelt. Das organisatorische Prinzip lag also im jährlichen Wechsel von Erweiterung und Vertiefung der Kollektive. 1958 schienen aber die Grenzen der kollektiven Organisation erreicht, wenn nicht überschritten zu sein, da bereits 1959 ein Dekollektivierungsprozeß durch die Verlagerung des Schwergewichts innerhalb der Kommunen auf die Brigaden und Gruppen einsetzte. Diese führte von 1960 bis 1962 zu einer De facto-Auflösung der Kommunen und einer Restauration der Privatwirtschaft im Agrarsektor.

Die ökonomischen Hintergründe und politischen Entscheidungen dieses Rückzugs sind bereits geschildert worden. Hier interessiert das weitere Schicksal der Organisationsform der Volkskommune ab 1963 im Vergleich zu den Kollektiven der 50er Jahre. 1963 wurde nämlich die Zahl der Volkskommunen auf 74000 verdreifacht, wobei jede Volkskommune im Schnitt aus 10 Brigaden bestand, denen ihrerseits wieder 6–7 Gruppen untergeordnet waren. Gegenüber der Organisation von 1959 waren alle drei Ebenen erheblich verkleinert worden. Interessant ist, daß die 750000 Brigaden des Jahres 1963 zahlenmäßig mit den vollsozialistischen Kollektiven Anfang 1958 übereinstimmten. Diese Übereinstimmung wird noch frappierender, wenn man neben das Kriterium der bloßen Zahl die durchschnittliche Größe der betroffenen Haushalte und des zu bewirtschaftenden Bodens stellt. Die Zahl der involvierten Haushalte sank 1963 auf Kommune-Ebene analog zur Gesamtzahl von 4000–5000 auf ca. 1850. Wichtiger noch ist, daß diese Zahl auf Brigade-Ebene mit 170 das Niveau der Kollektive der Jahre 1957/58 und auf Gruppen-Ebene das Niveau der Kooperativen von 1953 bis 1955 erreichte. Gleiches gilt für die Ackerfläche.

Die Agrarreform beseitigte zunächst die soziale Schichtung auf dem Dorf, indem der Grundbesitz der Landlords auf Pächter, landarme Bauern und Landarbeiter verteilt wurde. Dadurch entstand eine sozial homogene Schicht von Kleineigentümern. Die saisonalen und permanenten Gruppen der gegenseitigen Hilfe organisierten 4 bis 10 Haushalte, blieben damit in ihrem Umfang unterhalb der traditionellen Nachbarschaften. Erst die seit 1954 geschaffenen Kooperativen erreichten mit 20 bis 30 Haushalten das Niveau der Nachbarschaften, behielten aber die Organisation der Hilfsgruppen in Form von untergeordneten Arbeitsgruppen bei. Die seit 1956 einsetzende Kollektivierung verlagerte das ökonomische Gewicht von den Einzelhaushalten auf die Dorfebene, da jetzt nicht mehr die Einzelbauern, sondern die Kollektive Eigentümer des Bodens wurden. Die bis dahin bestehenden Organisationsformen wurden in ihrem Umfang aber als Unterabteilungen in Form der Brigaden und Arbeitsgruppen beibehalten. Bis 1957 wurde der Prozeß der horizontalen Ausdehnung also von einer vertikalen Gliederung begleitet, die sich an traditionelle soziale Einheiten wie Nachbarschaften und Dörfer anlehnte.

Hätte die weitere Forcierung der Kollektivierung im Jahre 1958 diese Prinzipien beibehalten, dann hätten die neugeschaffenen Volkskommunen sich erstens an die nächsthöhere traditionelle Einheit, die Marktgemeinden, anlehnen müssen und zweitens die bisherige vertikale Gliederung übernehmen müssen. Beide Prinzipien wurden aber verletzt. Die zunächst 26578 und nach der ersten Reorganisation 24000 Volkskommunen faßten im Schnitt drei Gemeinden bzw., wo noch vorhanden, drei traditionelle Marktsysteme zusammen. Damit waren größenmäßige Einheiten geschaffen, die zwischen den traditionellen administrativen Einheiten Gemeinde und Kreis lagen. Soziale Beziehungen bestanden auf dieser Ebene nicht. Neben dem sozialistischen Enthusiasmus der Jahre 1958/59, der in der Verwirklichung immer größerer kollektiver Einheiten die Möglichkeit sah, dem kommunistischen Endziel möglichst rasch nahezukommen, stand dahinter die Überlegung, bewußt organisatorische Einheiten zu schaffen, die mit den traditionellen Sozialbeziehungen brachen. Offenbar hatten trotz Agrarreform und Kollektivierung die traditionellen Dorfführer, solange die Kollektive den Rahmen von Nachbarschaften, Dörfern und Marktgemeinden nicht sprengten, gegenüber den Parteikadern ihren Einfluß behalten.

Vermutlich waren die 58er Volkskommunen in ökonomischer Hinsicht (zu große Betriebsflächen bei kaum vorhandener Mechanisierung), in kommerzieller Hinsicht (Schließung der periodischen Märkte), in sozialer Hinsicht (Ignorierung der traditionellen Beziehungen) und in administrativer Hinsicht (keine korrespondierenden administrativen Einheiten) so sehr überzogen, daß bereits im Sommer 1959 ein Desintegrationsprozeß einsetzte, der erst etwa 1963 mit dem Resultat zum Abschluß kam, daß das bis 1957 gewählte Prinzip der horizontalen und vertikalen Organisation wieder aufgegriffen wurde.

Die nach der Krise reorganisierten Volkskommunen, wie sie seit 1963 Gestalt annahmen, schlossen sehr organisch an die Kollektivierung 1956/57 an. Der Boden ging wieder aus dem Besitz der Haushalte in das Eigentum der Gruppe über. Die Zahl der Volkskommunen wurde verdreifacht und entsprach den früheren Gemeinden, die administrativ in den Kommunen aufgegangen waren. Die vertikale Gliederung in Gruppe, Brigade und Kommune entsprach den traditionellen Einheiten, Nachbarschaft, Dorf und Marktgemeinde. Die Verringerung der Zahl der Volkskommunen auf etwa 50000 seit ca. 1970, unter Beibehaltung der vertikalen Gliederung, mag darauf hinweisen, daß im Zuge der verbesserten Infrastruktur und Kommerzialisierung des traditionellen Sektors immer mehr Marktgemeinden aufgelöst werden, so daß größere kommerzielle Einheiten möglich sind. Gleichzeitig findet offenbar auch wieder ein Schritt in Richtung horizontale Ausdehnung statt, da in zunehmendem Maße größere Betriebe im Rahmen der dezentralen Agroindustrialisierung auf Kreisebene etabliert werden, die mehrere Kommunen mit agrarischen Produktionsmitteln versorgen.

Es zeigt sich also, daß die heutige Struktur des kollektiven Sektors in erheblichem Maße an gewachsene Sozialbeziehungen anknüpft, die als Reflex auf bestimmte ökonomische Erfordernisse anzusehen sind. Nur vor diesem Hintergrund sind die Erfolge in der Mobilisierung traditioneller Entwicklungspotentiale während der 50er Jahre und die Mobilisierung moderner Potentiale unter Einsatz von Wissenschaft und Technologie seit etwa 1963 im Rahmen kollektiver kleinbetrieblicher Agroindustrialisierung verständlich.

Die skizzierten Etappen der Agrarentwicklung sollen hinsichtlich ihrer Möglichkeiten und Grenzen untersucht werden. Daraus wird deutlich, daß nicht nur die identifizierten Entwicklungsprobleme und die anvisierten Entwicklungsziele die beschriebene Abfolge einschneidender Änderungen der Produktionsverhältnisse hervorgebracht haben, sondern daß die einzelnen Maßnahmen trotz unbestreitbarer Erfolge immer wieder an Grenzen stießen, deren Überwindung neue institutionelle Vorkehrungen erforderte.

Die Agrarreform des Jahres 1950 ließ mehrere Ziele erkennen. Die Umverteilung des Bodens der Gentry in die Hände von Pächtern und armen Bauern sowie die Streichung von Pacht- und Zinsabgaben sollten die politische Mobilisierung der Bauernschaft bewirken und über den Entzug ihrer ökonomischen Basis die Gentry als Klasse beseitigen. Nur wenn dieses zweite Machtzentrum der traditionellen

Gesellschaft beseitigt war, konnte der Erfolg der Revolution auf Dauer als gesichert angesehen werden. Die rasche Durchführung der Agrarreform und ihr vorfristiger Abschluß Ende 1952 sowie die aktive Teilnahme der Bauern deuten darauf hin, daß diese Ziele erreicht wurden. Im Rahmen dörflicher Volkstribunale wurde der Status jedes einzelnen Dorfbewohners bestimmt und entschieden, wer als Landlord Besitz abzutreten und wer als armer Bauer oder Pächter Boden und Ackergerät zu empfangen hatte. Insgesamt wurden durch die Agrarreform ca. 10 Millionen Landlords enteignet. Etwa 300 Millionen Bauern erhielten 46,9 Mio ha Land, was etwa 47,6 Prozent der Anbaufläche von 1949 entsprach, und 3 Mio Stück Zugvieh sowie diverse andere agrarische Produktionsmittel. Resultat der Umverteilung war eine stark nivellierte Bodenverteilung. Die Masse der ländlichen Bevölkerung, die sogenannten armen und Mittelbauern, besaßen jetzt im Schnitt zwischen 0,8 und 1,2 ha. Etwa auf jeden zweiten Bauern entfiel ein Zugtier und ein Pflug, jeder zehnte verfügte über ein Wasserrad.

Wenn auch die Befreiung von Pacht- und Zinslasten sicherlich die Einkommenssituation der Bauern verbessert hatte, ist es mehr als fraglich, ob die Agrarreform per se auch zu einer agrarischen Produktivitätssteigerung geführt hat. Die Betriebsflächen waren nach wie vor sehr klein und außerdem in sich sehr zersplittert, da die Reform nicht mit einer Flurbereinigung verbunden war. Da die ehemaligen Landlords nicht selber ökonomisch aktiv waren, konnten auch nicht in großem Umfang Produktionsmittel verteilt werden, so daß ein direkter Zusammenhang zwischen Agrarreform und Outputsteigerung in der Landwirtschaft nicht gegeben war. Soweit im fraglichen Zeitraum eine Zunahme der Agrarproduktion festzustellen ist, kann sie nur auf die allgemeine wirtschaftliche Restauration bzw. verbesserte statistische Erfassungsmethoden zurückgeführt werden. Nach 1952, als mögliche Outputeffekte durch die Agrarreform erst voll hätten zum Tragen kommen können, brechen die hohen Zuwachsraten der Agrarproduktion ab.

Der wichtigere Aspekt der Agrarreform scheint deshalb in der mit der Bodenumverteilung verbundenen Umverteilung von agrarischen Einkommen zu liegen. Gemeint sind die Einkommen, die sich vor der Revolution Bürokratie und Gentry in Form von Agrarsteuer,

Bodenrente, Zinsen u.a. Abgaben angeeignet hatten, und die jetzt zur Disposition standen. Schätzungen besagen, daß dieser agrarische Surplus bei Zugrundelegung einer durchschnittlichen vierzigprozentigen Rente ca. 19 Prozent des Volkseinkommens betragen hatte.

Einen wichtigen Hinweis auf seine mögliche Verwendung nach 1949 liefert die Tatsache, daß die gesamtwirtschaftliche Nettoinvestitionsrate, die in den 30er Jahren lediglich 1–2 Prozent betragen hatte, 1953 auf ca. 20 Prozent anstieg und danach noch weiter leicht zunahm. Wenn es auch töricht wäre zu vermuten, daß der gesamte agrarische Surplus nach der Agrarreform investiert worden wäre, so läßt sich doch der Nachweis führen, daß ein erheblicher Teil dieses Überschusses qua Agrarsteuer und interne terms of trade über staatliche Handelsorganisationen und Industriesteuern in den Staatshaushalt gelangten. Schätzungen besagen, daß die ehemaligen Einkommen von Bürokratie und Gentry zu etwa gleichen Teilen nach der Agrarreform auf die Bauern und den Staatshaushalt entfielen. Im ersten Fall sind diese zusätzlichen Einkommen sicherlich in gestiegenen Konsum geflossen, was angesichts der elenden Lebensbedingungen der Bauern nur verständlich war. Im zweiten Fall trugen sie in erheblichem Maße zur Finanzierung der staatlichen Investitionen bei, die allerdings fast nur auf den Industriesektor konzentriert waren.

Hauptnutznießer der Agrarreform war somit der schwerindustrielle Sektor, für den die Landwirtschaft ganz im Sinne des sowjetischen Industrialisierungsmodells in der Anfangsphase eine nicht unerhebliche Initialzündung geleistet hat. Erst später spielte die Eigenfinanzierung der Industrie die entscheidende Rolle. Die eigentlichen Agrarprobleme waren zwar durch den Zuwachs an bäuerlichen Einkommen vertagt, bestanden aber ohne Maßnahmen zur Steigerung der Agrarproduktivität weiterhin. Für den nächsten Schritt, die Kollektivierung, war durch die Ausschaltung der Gentry immerhin der Boden bereitet. Wurde dieser nächste Schritt aber nicht rasch durchgeführt, bestand die Gefahr einer neuen Klassendifferenzierung auf dem Land, denn es wurde nur das feudale, nicht aber das kapitalistische Element im Agrarsektor beseitigt, da die reichen Bauern weitgehend verschont blieben, und das Recht auf Veräußerung oder Verpachtung des Bodens weiterhin garantiert blieb. Das geringe Agrarwachstum der Jahre 1952 bis 1954 bei noch vorhandener hoher Unterbeschäftigung auf dem Land machte deutlich, daß durch die Agrarreform allein keine Produktivitätssteigerungen zu erwarten waren und das alleinige Vertrauen der liuistischen Fraktion auf die Investitionsbereitschaft der wohlhabenderen Bauern nicht ausreichte.

Maos Alternative, die sich seit Mitte der 50er Jahre in den offiziellen programmatischen Texten niederschlug, basierte auf folgender Überlegung: Das System der Kleinbauernwirtschaft ist nicht in der Lage, die in China reichlich vorhandene Arbeitskraft auszuschöpfen. Außerdem besitzen die Bauern als einzelne nicht genügend Kapital, um eine Mechanisierung aus eigener Kraft zu bewerkstelligen. Die Kollektivierung ist in der Lage, beide Probleme zu lösen, da sie sinnvolle Tätigkeiten neben der eigentlichen Landwirtschaft ermöglicht, die entweder zusätzliche Einkommen oder direkt Investitionen schaffen. Arbeitskraft wird mithin direkt oder indirekt in Kapital verwandelt. Nur die Kollektive sind in der Lage, Arbeitseinsätze zu Bodenmeliorationen, Be- und Entwässerungsanlagen, Sammeln von Düngemitteln, Brennholz u.a. sowie diverse Nebentätigkeiten zu organisieren. Diese Mobilisierung traditioneller Potentiale wie Arbeitskraft, Boden und Wasser führt zu Output- und in ihrer Kombination auch zu Produktivitätssteigerungen. Darüber hinaus können die größeren Betriebseinheiten Skaleneffekte bei Zugvieh und Arbeitsgeräten erzielen und durch Arbeitsteilung, Spezialisierung und besseres Management weitere Produktivitätsvorteile wahrnehmen. Schließlich sollen die Kollektive über die so erzielten Einkommenssteigerungen Akkumulationsfonds einrichten, über die eine schrittweise Mechanisierung finanziert werden kann. Die Zielsetzung bei der Schaffung immer größerer kollektiver Einheiten bis hin zu den Volkskommunen des Jahres 1958 blieb dabei im Grunde immer die gleiche, nur daß mit zunehmender Größe der Einheiten auch die organisatorischen Möglichkeiten wuchsen, immer größere Investitionsprojekte in Angriff zu nehmen bzw. den Bereich der Nebentätigkeiten immer weiter auszudehnen. Die Erfolge dieser traditionellen Mobilisierung sollen anhand der erzielten Beschäftigungs-, Output- und Produktivitätseffekte beschrieben werden.

Anhand des Bevölkerungszensus von 1953 läßt sich berechnen, daß unter Abzug der Kinder, Schulpflichtigen und Alten maximal

53,9 Prozent der ländlichen Bvölkerung als Arbeitskräfte zur Verfügung standen. Dieses Beschäftigungspotential wurde in der traditionellen Landwirtschaft nicht ausgeschöpft. Mit Hilfe von Agraruntersuchungen aus den 30er Jahren läßt sich feststellen, daß die Beschäftigungsquote inklusive aller Nebentätigkeiten ca. 46,7 Prozent betragen hat, und daß die jährliche Beschäftigung nur 119 Tage betrug. Diese Daten dürften in der ersten Hälfte der 50er Jahre unverändert geblieben sein. Vergleicht man die Ergebnisse dieser Untersuchungen mit ähnlichen Erhebungen, die nach der Kollektivierung im Jahre 1956 und nach der Gründung der Volkskommunen im Sommer 1958 unternommen worden sind, stellt man fest, daß sowohl die Kollektivierung wie die Kommunisierung einen erheblichen zusätzlichen Beschäftigungseffekt herbeigeführt haben. Die Gesamtquote stieg 1956 zwar nur leicht auf 48,4 Prozent, dann aber 1958 und 1959 bis auf 55,7 Prozent. Das heißt, das potentielle Arbeitskräftereservoir wurde 1959, vor allem durch die Mobilisierung der Frauen, nicht nur völlig ausgeschöpft, sondern die Mobilisierung so weit getrieben, daß viele Schulpflichtige und Alte wieder zu Arbeitseinsätzen herangezogen wurden. Daneben stieg auch die Zahl der jährlichen Arbeitstage im gleichen Zeitraum von 119 auf 189.

Soweit Daten über die Verwendung dieser Arbeitskräfte vorhanden sind, deuten sie darauf hin, daß die Beschäftigung in der eigentlichen Landwirtschaft wie bei den traditionellen Tätigkeiten nicht zugenommen hat, 1958 sogar zurückging. Was zunahm, waren der Arbeitsaufwand für landwirtschaftliche Investbauten und Infrastrukturmaßnahmen, kollektive Administration, kommunale Dienstleistungen und in den Jahren 1958/59 für die kommuneeigene Kleinindustrie. Resultat dieses zusätzlichen Aufwandes war eine große Ausdehnung der bewässerten Fläche, die wiederum eine entsprechende Zunahme der Saatfläche infolge von Mehrfachernten zuließ, während die mögliche Ausdehnung der Kulturfläche offenbar 1956 bereits an natürliche Grenzen gestoßen war. Diese Maßnahmen sind dafür verantwortlich, daß seit Mitte der 50er Jahre eine erhebliche Steigerung der agrarischen Pro-Kopf-Produktion einsetzte. An die Rekordernten der Jahre 1957 und 1958 schloß sich dann allerdings eine dreijährige katastrophale Agrarkrise an, die nicht allein durch ungünstige Wetterbedingungen erklärt werden kann. Es ist zu vermuten, daß die Übermobilisierung der Jahre 1959 und 1960 zu außeragrarischen Tätigkeiten zu viele Arbeitskräfte der eigentlichen Landwirtschaft entzogen hat, so daß aus dem Überschuß ein Mangel wurde. Darüber hinaus dürfte die außerordentliche Ausdehnung der bewässerten Fläche und der Mehrfacherntereginonen zwar mit großem Enthusiasmus, aber wenig Sachverstand durchgeführt worden sein, so daß große ökologische Probleme die Folge waren.

Verfolgt man schließlich die Entwicklung der Produktivität im fraglichen Zeitraum, läßt sich bis 1958 eine starke Zunahme der Flächenproduktivität feststellen. Das gleiche gilt für die Arbeitsproduktivität nur auf den ersten Blick. Unter Einschluß aller denkbaren Tätigkeiten innerhalb und neben der Landwirtschaft stieg zwar infolge der besseren Auslastung der saisonalen Arbeitslosigkeit die Wertschöpfung pro Jahr und Arbeitskraft, bezogen auf den Arbeitstag sank sie dagegen erheblich. Die allein auf Maßnahmen der Arbeitsorganisation und der Mobilisierung traditionell vorhandener Potentiale abgestellte Strategie der 50er Jahre ohne den Einsatz von Wissenschaft und Technologie war mit einer sinkenden Grenzproduktivität der Arbeit verbunden. Da das nicht unter kapitalistischen Vorzeichen geschah, konnte diese Strategie solange beibehalten werden, wie ein zusätzlicher Outputeffekt erzielt wurde. Im Jahre 1959 war die Mobilisierung aber offenbar so weit getrieben worden, daß der Beschäftigungseffekt den Produktionseffekt konterkarrierte. Die Grenzproduktivität war unter Null gesunken. Der Große Sprung nach vorn mußte gestoppt und die Volkskommunen reorganisiert werden.

Maos Strategie der 50er Jahre, allein durch die Änderung der Produktionsverhältnisse ohne Produktivkraftentwicklung auf wissenschaftlich-technologischer Basis Entwicklungspotentiale zu mobilisieren, läßt sich demnach folgendermaßen würdigen:

1. Infolge der Kollektivierung und Kommunisierung ab 1956 konnten erhebliche Mengen saisonal oder ganzjährig brachliegender Arbeitskräfte mobilisiert werden. Dabei war die vorwiegend saisonale Auslastung in der 1956 praktizierten Form unproblematisch, während der zusätzliche Einsatz neuer Arbeitskräfte, hier vor allem Frauen, bald an Grenzen stieß, da deren frühere Tätigkeiten

(Hausarbeit, Kinderaufzucht etc.) von anderen Personen im Rahmen von Volksküchen, Pflegeheimen etc. wahrgenommen werden mußten, so daß der Nettoeffekt gering blieb. Die interne Umschichtung von agrarischen zu außeragrarischen Tätigkeiten wurde in dem Moment problematisch, als sie ganzjährig erfolgte, da dies zu hohen Einbußen im Agrarsektor führte. Überschüssige Arbeitskraft war also durchaus saisonal und zusätzlich mobilisierbar, nur waren Dosierung und Terminierung genau zu beachten.

2. Soweit diese Arbeitskräfte zur Bereitstellung agrarischer Inputs wie Be- und Entwässerung, Sammeln von Dünger etc. verwendet wurden, war es möglich, sowohl im Zuge der Ausdehnung des Bereichs der Doppelernten wie durch die Steigerung des Flächenertrags, die Agrarproduktion so sehr zu steigern, daß auch erhebliche Pro-Kopf-Zunahmen zu verbuchen waren. Zusätzliche Tätigkeiten im industriellen und Infrastrukturbereich konnten darüber hinaus zu Einkommenssteigerungen führen bzw. erst langfristig wirksam werden. Hier ist allerdings zu berücksichtigen, daß der gebrauchswertmäßige Nutzen der kleinindustriellen Eisen- und Stahlherstellung 1958–60 sehr umstritten ist, so daß hier evtl. Ressourcen und Energien vergeudet wurden, soweit man den Lerneffekt dieser Unternehmungen außer acht läßt.
3. Die Arbeitsproduktivität konnte nur insofern gesteigert werden, als die jährliche Arbeitszeit pro Arbeitskraft weit ausgedehnt wurde. Die getroffenen Maßnahmen waren aber nicht in der Lage, die Produktivität pro Arbeitstag zu erhöhen. Hier mußte im Gegenteil eine sinkende Grenzproduktivität in Kauf genommen werden. Dennoch war für einen gewissen Zeitraum die gestiegene Jahresproduktion ein erheblicher Gewinn, nur konnte das Arbeitsjahr ohne physische Erschöpfung der Betroffenen nicht beliebig ausgedehnt werden.
4. Ab einem bestimmten Ausmaß, das offenbar 1959 erreicht war, konterkarrierten überzogene saisonale und zusätzliche Mobilisierung von Arbeitskräften im Verbund mit negativ werdender Grenzproduktivität den Erfolg auf der Outputseite. Sowohl der Einbruch in das Reservoir der Frauenarbeit wie der ganzjährige Abzug agrarischer Arbeitskräfte zu anderen Tätigkeiten war nur begrenzt möglich. Das Optimum war 1958 erreicht. Weiteres

Wachstum konnte allein durch die Mobilisierung weiterer Arbeitskräfte und noch höhere kollektive Organisationsform nicht mehr erreicht werden, zumal der Administrations- und Dienstleistungsaufwand sprunghaft zunahm.

5. Die Stagnation im traditionellen Sektor konnte zwar für eine Weile durchbrochen werden, letztlich bewegten sich die ergriffenen Maßnahmen aber durchaus im Rahmen der traditionellen Agrartechnologie, wie sie seit Jahrhunderten bekannt war. Was in diesem Stadium not tat, waren die Reorganisation der kollektiven Einheiten auf ein Maß, das dem möglichen Umfang von Mobilisierung gerecht wurde, und der Übergang von einer Strategie der Outputsteigerung qua Ausdehnung der gesamten Arbeitszeit zu einer Strategie der Outputsteigerung qua Steigerung der Produktivität pro Arbeitstag. Das heißt, die lange hinausgezögerte „Grüne Revolution" mußte endlich in Angriff genommen werden. Die grundsätzlichen institutionellen Voraussetzungen für die kontinuierliche und erfolgreiche Entwicklung der 60er Jahre waren aber bereits 1956–1958 geschaffen worden. Die Erfahrungen der Krise von 1959–1961 hatten darüber hinaus das Wissen um die richtige Dosierung der im Prinzip richtigen Strategie der Ersetzung von Kapital durch Arbeit geliefert, wie sie in der Folgezeit praktiziert wurde.

Die parteiinterne Kritik und Diskussion setzte bereits im November 1958 ein. Die beiden berühmten ZK-Plena in Wuhan Ende 1958 und auf dem Lushan im August 1959 führten zu einem schrittweisen Rückzug gegenüber der Euphorie des Frühjahrs und Sommers 1958. Die allmähliche Verbesserung der Agrarsituation im Jahre 1962 ließ auch auf konzeptioneller Ebene eine neue Orientierung zu. Das 10. Plenum des 8. ZK im September 1962 verkündete die neue Losung für die wirtschaftliche Entwicklung „Die Landwirtschaft ist die Grundlage und die Industrie der führende Faktor". Gleichzeitig wurden die „vier Transformationen" für die Landwirtschaft verkündet, die die Mechanisierung, die Elektrifizierung, den Einsatz von mechanischer Bewässerung und die Verwendung von Kunstdünger vorsahen. Damit wurden zwei Prinzipien für die weitere Entwicklung festgelegt, die bis heute unbestrittene Gültigkeit haben und als der Beginn der „Grünen Revolution" in China anzusehen sind. Diese Beschlüsse bedeuten zum einen die grundsätzliche Abkehr vom sowjetischen Industrialisierungsmodell und die Erkenntnis, daß angesichts der besonderen chinesischen Verhältnisse die Agrarentwicklung im Zentrum des wirtschaftlichen Aufbaus zu stehen hat. Sie bedeuten zum anderen, daß eine Agrarentwicklung, die allein auf Maßnahmen im Bereich der Arbeitsorganisation und der Mobilisierung von Arbeitskräften beruht, unzureichend und daß die technische Transformation der Landwirtschaft mit Vorrang zu betreiben ist.

Wenn auch diese Grundprinzipien jenseits aller parteiinternen Linienkämpfe unbestritten sind, so besteht doch bis heute ein seit 1963 nur für kurze Zeit während der Kulturrevolution überdeckter Konflikt, in welcher Form die Landwirtschaft modernisiert werden soll. Mao propagierte im Jahre 1964 das Tachai-Modell zur Agrarentwicklung. Tachai ist eine Produktionsbrigade in der Provinz Shansi, die unter den ungünstigen Bedingungen der von Abschwemmungen bedrohten unbewaldeten Lößhügel im Einzugsbereich des Gelben Flusses „aus eigener Kraft" eine erstaunliche Entwicklung vollzogen hat. Tachai als Modell auf die gesamte chinesische Landwirtschaft übertragen bedeutet, daß die Bauern im Rahmen von kommune- oder brigadeeigenen Kleinindustrien im wesentlichen die modernen agrarischen Produktionsmittel selber herstellen und durch eigenes Experimentieren neue Saaten, Fruchtwechselkombinationen u.a. entwickeln sollen. Die Konsequenz ist eine langsame aber gleichmäßige Entwicklung der gesamten Landwirtschaft. Lius gleichzeitig propagiertes und damit konkurrierendes Taoyuan-Modell baute auf massive staatliche Förderung ausgewählter Agrarregionen. Bis zur Kulturrevolution ist nicht eindeutig festzustellen, ob sich die maoistische oder die liuistische Variante der Agroindustrialisierung durchsetzen würde. Auf der einen Seite war nämlich ab 1963 die beschriebene Konsolidierung der Volkskommunen und ein Wiederaufschwung der lokalen Agroindustrie zu beobachten. Gleichzeitig setzte im Jahre 1963, nach Überwindung der Sprung-Krise in der Industrie, auch im staatlichen Sektor eine erneute Investitionstätigkeit ein, bei der der Aufbau eigener wie aus dem westlichen Ausland importierter Industrien zur Produktion von Kunstdünger, Traktoren u.ä. im Vordergrund stand.

Grundsätzlich müssen zwei Motive bei der dezentralen, kollektiv organisierten Agroindustrialisierung im Rahmen von Kleinindustrien unterschieden werden. Einmal handelt es sich dabei um einen Aspekt der in China in allen Lebens- und Arbeitsbereichen angewandten Strategie des „Auf zwei Beinen gehen". Diese zielt auf den ökonomischen Effekt, neben der modernen kapitalintensiven Technologie der Großbetriebe in begrenzten Bereichen einfache Technologien zur Anwendung kommen zu lassen, um mangelndes Kapital durch die reichlich vorhandene Arbeitskraft zu ersetzen, lokale Ressourcen auszuschöpfen, Transport- und Marketingkosten zu sparen, eine schnellere Amortisation der Investitionen durch kürzere Anlaufzeiten zu erzielen sowie bestimmte Zuliefererfunktionen für Großbetriebe wahrzunehmen oder deren Abfälle wiederzuverarbeiten. Gerade der letztgenannte Recycling-Aspekt hat eine lange chinesische Tradition und nimmt bei der chinesischen Umweltpolitik breiten Raum ein. Diese kleinindustriellen Aktivitäten sind prinzipiell in allen Sektoren anzutreffen und nicht nur auf ländliche Regionen beschränkt, sondern auch in Großstädten oder Industriezentren, im Transportgewerbe, in der Medizin und bei der Landesverteidigung zu finden. Es sollen Funktionen wahrgenommen werden, die der moderne Sektor nicht, noch nicht oder nicht ökonomisch effektiv wahrnehmen kann, bzw. es sollen schlicht zusätzliche Leistungen erbracht werden.

Der zweite Aspekt bezieht sich darauf, daß die Kleinindustrie, hier insbesondere die agroindustriellen Bereiche, Teil einer Strategie umfassender ländlicher Entwicklung und des damit verbundenen sozialen Wandels auf Dorfebene ist, wobei ökonomische Effektivitätskriterien nicht mehr unbedingt entscheidend sind. Hierbei wird ganz offensichtlich an die Tradition der Hausindustrie und der Marktgemeinden angeknüpft. Neu ist dabei, daß diese traditionellen Tätigkeiten in stärkerem Maße kollektiv und unter Einsatz von moderner Technologie und elektrischer Energie durchgeführt werden. Der Aufbau von Kleinindustrien auf dem Land, die vertikale Mobilität eines Teils der ländlichen Arbeitskräfte von agrarischen zu industriellen Tätigkeiten und die aktive Teilnahme der Kommunemitglieder am Planungs-, Innovations-, Aufbau- und Produktionsprozeß dieser Industrien ist unter sozialpolitischen Gesichtspunkten ein wesentlicher

Beitrag zum Abbau des Stadt-Land-Gefälles. Nicht als gering zu erachten ist auch die Vermeidung der sozialen Kosten, die eine mit der vertikalen Mobilität verbundene horizontale Mobilität vom Land in die Stadt mit sich bringen würde. Daß die Strategie der ländlichen Industrialisierung von allen Seiten innerhalb der Partei akzeptiert wird, mag seine Ursache darin haben, daß die Liuisten neben der gesellschaftspolitischen Intention die ökonomische Seite anerkennen.

Der Begriff „ländliche Kleinindustrie" ist insoweit irreführend, als er eine Vielzahl von Aktivitäten zusammenfaßt, die sich nach Umfang, zeitlicher Ausdehnung, technischem Niveau, Kapitaleinsatz, Beschäftigungsvolumen und Eigentumsverhältnissen erheblich unterscheiden. Auf der untersten Ebene, den Brigaden, existieren Betriebe zur Weiterverarbeitung von Agrarprodukten wie Mühlen, Ölpressen, Baumwollentkörnungsanlagen u.a. Außerdem sind hier kleine Wasserkraftwerke in Betrieb. Diese Brigadeindustrie beschäftigt jeweils nur sehr wenige Arbeitskräfte und wird saisonal betrieben. Auf Kommuneebene ist die Nahrungsmittelverarbeitende Industrie angesiedelt, die in einem großen Teil der Volkskommunen anzutreffen ist. Hier liegt auch der Schwerpunkt der sogenannten „Fünf Kleinindustrien", dem Herz der dezentralen Agroindustrie. Diese Betriebe gehören zum fortgeschrittenen Kollektiveigentum und haben, verglichen mit den Brigadeeinrichtungen, ein höheres technisches Niveau, größeren Kapitaleinsatz und beschäftigen eine größere Zahl von ganzjährig tätigen Arbeitskräften. Auf der Ebene der 2110 Kreise, der obersten Ebene der ländlichen Hierarchie, sind die kleinen und mittleren Maschinenbaubetriebe angesiedelt. Hier trifft man auch verschiedene Branchen der Konsumgüterindustrie, die offenbar schon über das Stadium der bloßen Verarbeitung agrarischer Rohstoffe hinausgewachsen sind. Diese Betriebe sind technologisch relativ weit fortgeschritten, beschäftigen die jeweils größte Zahl von Arbeitskräften und werden von den Kreisbehörden unterhalb des zentralen Plans betrieben, befinden sich aber in Staatseigentum. Analog zu diesem dreistufigen System gibt es ein Netz von Reparaturwerkstätten, z.T. in Verbindung mit den Maschinenbaubetrieben, die Ersatzteile herstellen und anfallende Reparaturen je nach Schwierigkeitsgrad in der Brigade durchführen oder an die Kommune- bzw. Kreiswerkstätten weiterleiten. Ergänzt wird der ganze Komplex durch kleine Agrarforschungsinstitute und Experimentierstationen, die ihre Erkenntnisse unter den Bauern propagieren. Das gemeinsame Kriterium der ländlichen Kleinindustrie ist also lediglich ihre dezentrale Administration. Genau genommen handelt es sich also um eine Kombination von kollektiven und dezentral administrierten staatlichen Kleinbetrieben.

Insgesamt betrug die Zahl der Brigade- und Kommunebetriebe im Jahre 1977 mehr als eine Million mit 17 Millionen Arbeitskräften. 1973 entsprach die Beschäftigtenzahl 36,2 Prozent der gesamten Industriearbeiterschaft. Gemessen an der Zahl der ländlichen Arbeitskräfte ergab das eine Quote von 5 Prozent, also erheblich weniger als während des Großen Sprungs, als beinahe die doppelte Quote zu außeragrarischen Tätigkeiten eingesetzt wurde, wobei die Einsätze zu landwirtschaftlichen Investbauten und die Tätigkeiten im Bereich der kommunalen Dienstleistungen und Administration noch nicht mitgerechnet sind. Offizielle Äußerungen lassen darauf schließen, daß man aus der Übermobilisierung des Großen Sprungs gelernt hat, denn diese 5 Prozent-Marke soll offenbar nicht weiter ausgedehnt werden. Bei einem Anteil der Kleinindustrie von 3 Prozent am gesamten Anlagevermögen erwirtschaftete sie in der ersten Hälfte der 70er Jahre etwa 5 Prozent des Sozialprodukts. 1976/77 waren es immerhin 14 Prozent der Industrieproduktion bzw. 23 Prozent der Bruttoeinkommen des kollektiven Sektors in der Landwirtschaft.

In idealtypischer Form hat ein agroindustrieller Komplex folgendes Aussehen: Am Anfang steht die Errichtung von Wasserbauten, die zunächst mit reinen Arbeitseinsätzen bewältigt werden kann. Das Wasser wird sowohl direkt der Landwirtschaft zugeführt, dient aber auch als Antriebsquelle für kleine Generatoren, die die Energie für die Industriebetriebe liefern. Diese kleinen Wasserkraftwerke haben sehr unterschiedliche Leistungen, sind aber in der Lage, einfache Maschinen anzutreiben. Man findet die Hydrokraftwerke naturgemäß eher in gebirgigen Gegenden. Sonst muß auf Wärmekraftwerke zurückgegriffen werden. Auf der nächsten Stufe befindet sich der Kern des agroindustriellen Komplexes. Dazu gehören in vertikaler Reihenfolge die Bergwerke und Steinbrüche, die Kohle und Eisenerz für die Eisen- und Stahlproduktion, Kalk und Lehm für die Zement- und Ziegelherstellung sowie Kohle und Phosphat als Ausgangsprodukt zur Herstellung von Nitrogen- und Phosphatdünger liefern. Dabei kommt den Chinesen natürlich zugute, daß in großen Teilen des Landes Kohle- und Phosphatlagerstätten vorhanden und offenbar leicht zu erschließen sind. Die Zement- und Ziegelfabrikation liefert die notwendigen Baustoffe für die Verarbeitungsbetriebe und für fortgeschrittene Formen der Wasserbauten. Die Eisen- und Stahlproduktion liefert die Vorprodukte für die kleine Maschinenbauindustrie, die Pflüge, Elektromotoren, Handtraktoren, Pumpen, Bewässerungsanlagen u.ä. herstellt. Das Rückgrat dieser Agrarmaschinenindustrie bilden die Betriebe auf Kreisebene. Ergänzt wird dieser Zweig durch ein Netz von Reparaturwerkstätten, das 1977 in 97 Prozent der Kreise, wenn auch noch nicht überall in dreistufiger Form, vorhanden war. Die kleinen Kunstdüngerfabriken arbeiten auf Phosphat- und Nitrogenbasis, während der dritte wichtige Ausgangsstoff – Pottasche – vorwiegend in organischem Dünger vorhanden ist. Vereinzelt werden auch bereits Pflanzenschutzmittel erzeugt. Dazu gehören schließlich noch die kleinen Agrarforschungsinstitute, die verbessertes Saatgut herstellen und neue Kombinationen von Dünger, Wasser und Böden ausprobieren. Die der Landwirtschaft vorgelagerten Industrien stellen aber gleichzeitig auch Energie, Baustoffe und Maschinerie für die der Landwirtschaft nachgeordneten Industrien zur Verfügung, die ihrerseits die Bauern mit Lebensmitteln und Konsumgütern versorgen. Die vorgelagerten Bereiche dienen also in erster Linie dazu, die Produktivität in der Landwirtschaft zu steigern, und führen erst indirekt zu Einkommenssteigerungen für die Kollektive, während die nachgelagerten Verarbeitungsbetriebe direkte Einkommenssteigerungen hervorrufen, da deren Produkte vielfach an die staatlichen Handelsorganisationen veräußert werden.

Eine Bilanz dieser Agroindustrialisierung müßte drei Bereiche unterscheiden. Erstens soll die Frage gestellt werden, in welchem Ausmaß die Kleinindustrie in den agrarrelevanten Branchen in der Lage war, die moderne Industrie zu ergänzen bzw. sogar zu ersetzen. Zweitens soll die Frage gestellt werden, wie sich diese Form der technischen Transformation der Landwirtschaft auf die Agrarproduktion pro Kopf ausgewirkt hat, wobei als Indikator die Getreideproduktion, inklusive Soja und Kartoffeln im Verhältnis 4 : 1, genügen soll, da sie ca. 80 Prozent der gesamten Agrarproduktion beträgt. Schließlich, und das ist zur Beurteilung über Grenzen und Möglichkeiten eine entscheidende Frage, soll zumindest tentativ untersucht werden, welche Zunahme bei der Flächen- und Arbeitsproduktivität in der Landwirtschaft zu verzeichnen ist.

Die Daten über das Wachstum der Kleinindustrie in den acht Branchen Kunstdünger, Zement, Kohle, Eisen, Stahl, Eisenerz, elektrische Energie und Agrarmaschinen sind bei aller Vorsicht gegenüber den auf vielen Einzelhinweisen beruhenden Zahlen sehr eindrucksvoll. Im Jahre 1974 erzeugten sie 15 Mio t Kunstdünger, 22 Mio t Zement, 112 Mio t Kohle, 9 Mio t Roheisen und 3 Mio t Stahl sowie bereits 1970/72 25 Mio t Eisenerz, 15 Mio kW elektrische Energie und 80 Prozent des Werts der Agrarmaschinenproduktion. Dabei erreichten sie Anteile zwischen 13 und 80 Prozent der Gesamtproduktion in den einzelnen Branchen.

Dahinter verbergen sich allerdings einige Trends, die Rückschlüsse auf den unterschiedlichen strategischen Stellenwert der Kleinindustrie zulassen. Vor 1957 war die Kleinindustrie in den genannten Branchen nahezu unbekannt. Der Große Sprung brachte vor allem in den Montanbereichen: Kohle, Eisenerz, Eisen und Stahl eine enorme Entwicklung. Im Spitzenjahr 1960 wurden auf diese Weise 66,5 Mio t Kohle, 43 Mio t Eisenerz, 13,8 Mio t Roheisen und 6,2 Mio t Stahl erzeugt, was einem Viertel bis der Hälfte der jeweiligen Gesamtproduktion gleichkam. Die unmittelbar agrarrelevanten Branchen spielten demgegenüber kaum eine Rolle. Das zeigt deutlich, daß die kommuneeigene Kleinindustrie während des Großen Sprungs weniger Teil einer integrierten Agrarentwicklung als der Versuch war, mittels dualer Technologie eine schwerindustrielle Überakkumulation in Gang zu setzen, die das sowjetische Vorbild noch in den Schatten stellte. Resultat war ein riesiger Berg von unbrauchbaren Montanprodukten und Überkapazitäten, die als Resultat der liuistischen Krisenpolitik schlagartig reduziert wurden.

Seit etwa 1963/64, nach erfolgter Reorganisation der Volkskommunen, setzte ein neuer Aufschwung ein, der jetzt auch andere Branchen wie Kunstdünger, Zement und Agrarmaschinen miteinschloß und besonders während und nach der Kulturrevolution forciert wurde. Bemerkenswert dabei ist, daß neben der erheblichen absoluten Zunahme auch die relativen Anteile an der gesamten Produktion der einzelnen Branchen zunahmen. Das heißt, hier erfüllte die Kleinindustrie, insbesondere bei Kunstdünger, Zement und Agrarmaschinen, nicht nur eine Ergänzungsfunktion zur Großindustrie, das gesamte Wachstum dieser Branchen ging vielmehr weitgehend direkt auf die Kleinindustrie zurück. Seit 1972/73 ist die Tendenz der relativ zunehmenden Bedeutung der Kleinindustrie allerdings rückläufig. Trotz weiterer absoluter Zunahme bleiben die relativen Anteile konstant bzw. gehen im Fall der Kunstdüngerproduktion sogar zurück. Hier deutet sich offenbar ein strategischer Wandel an.

Bei der Beurteilung der Agrarentwicklung darf natürlich nicht unterschlagen werden, daß auch andere Faktoren wie der Import von Kunstdünger und Anlagen zur Herstellung von Kunstdünger und Agrarmaschinen, der Aufbau eigener agroindustrieller Großbetriebe, günstige Wetterbedingungen, die Früchte der Erd- und Wasserbauten der 50er Jahre, neue Arbeitseinsätze während der 60er und 70er Jahre u.a. wichtige Beiträge geleistet haben. Hier wird allerdings die These vertreten, daß der Beitrag der ländlichen Kleinindustrie von entscheidender Bedeutung war.

Das Jahr vor dem Großen Sprung, 1957, brachte mit 195 Mio t oder 301,6 kg pro Kopf eine sehr gute Ernte, die von der 58er Ernte sogar noch übertroffen wurde. Dann setzte die beschriebene katastrophale Krise ein, die erst im Jahre 1963 überwunden wurde. Seit diesem Jahr, das mit der Konsolidierung der Volkskommunen zusammenfiel, setzte mit Ausnahme der Jahre 1965, 1972 und 1977, das nach chinesischen Meldungen eines der schlimmsten Katastrophenjahre seit 1949 gewesen sein soll, ein kontinuierliches Wachstum ein, das auch nicht durch innenpolitische Turbulenzen wie etwa während der Kulturrevolution unterbrochen wurde. Die jährlichen durchschnittlichen Wachstumsraten lagen von 1963 bis 1976 knapp unter 3,5 Prozent und damit in jedem Fall über allen noch so konservativen Schätzungen für das Bevölkerungswachstum, die für den Zeitraum 1952 bis 1974 zwischen 1,8 und 2,2 Prozent jährlich schwanken. Für 1976 ergab sich eine Pro-Kopf-Produktion von 347,1 kg, die 45,5 kg über dem Wert des Jahres 1957 liegt. Daraus kann gefolgert werden, daß die Phase seit Einsetzen der kleinindustriellen Agroindustrialisierung bis heute von einem weitgehend kontinuierlichen, allerdings in den letzten Jahren abflachenden, Wachstum der Getreideproduktion begleitet ist, das nicht nur eine stabile und ausreichende Versorgung für die wachsende Bevölkerung garantiert, sondern auch zu einer Zunahme der Pro-Kopf-Produktion geführt hat. Wenn bis heute dennoch erhebliche Getreideimporte zu verzeichnen sind, die Daten für 1977 belaufen sich auf etwa 7,7 Mio t, hat das kommerzielle Gründe, da eine Versorgung der Küstenstädte qua Import günstiger ist als der aufwendige Transport des Getreides aus dem chinesischen Hinterland.

Wesentlich schwieriger gestaltet sich eine Berechnung der Flächen- und Arbeitsproduktivität über den genannten Zeitraum. Anhand der bekannten Daten über die ökonomisch aktive Agrarbevölkerung, die Anbaufläche und den Wert der gesamten Agrarproduktion läßt sich folgern, daß die Flächenproduktivität bis 1974 erheblich erhöht werden konnte. 1964 war mit einem Ertrag von 482,7 ¥ pro ha die Krise überwunden und das Ergebnis von 1957 übertroffen. Danach setzte ein rapides intensives Wachstum ein, das den Flächenertrag bis 1970 auf 674,8 ¥ pro ha steigerte. Anschließend verlangsamte sich dieses Wachstum allerdings und erreichte 1974 728,2 ¥. Das entspricht über den gesamten Zeitraum einer jährlichen ha-Ertragssteigerung von ca. 5 Prozent. Die Entwicklung der Arbeitsproduktivität verlief demgegenüber wesentlich anders. Sie lag 1964 noch weit unter dem Wert von 1957. Die Kollektivwirtschaft vor Beginn des Großen Sprungs war also hinsichtlich der Arbeitsproduktivität effektiver als die erst wieder im Aufbau befindliche Kommunewirtschaft des Jahres 1964. Bemerkenswert ist allerdings, daß erst etwa 1970 die Arbeitsproduktivität des Jahres 1957 übertroffen wurde und seitdem kaum noch steigt. Die stagnierende Entwicklung von 1970 bis 1974 signalisiert möglicherweise eine Grenze der dezentralen Agroindustrialisierung.

Das beschäftigungspolitische Ziel schließlich scheint, wie nach den Erfahrungen der überzogenen Mobilisierung von Arbeitskräften während des Großen Sprungs nicht anders zu erwarten, in den Hintergrund getreten zu sein, seitdem mit 5 Prozent der ländlichen Bevölkerung nur noch das ökonomisch vertretbare Maß an Arbeitskräften zu außeragrarischen Tätigkeiten eingesetzt wird. Diese 5 Prozent der ländlichen Bevölkerung entsprechen aber immerhin 10–11 Prozent der agrarischen Arbeitskräfte. Solange bei der Agrarproduktion keine Steigerung der Arbeitsproduktivität erzielt werden kann, dürfte damit vermutlich die Obergrenze erreicht sein. In welchem Umfang saisonal brachliegende Arbeitskraft vorhanden ist, kann schwer quantifiziert werden. Der Hinweis, daß die Kleinbetriebe auf Brigade-Ebene, die gleichzeitig die Masse der Betriebe bilden, nur saisonale Aktivitäten entfalten, deutet allerdings darauf hin, daß man jetzt in der Lage ist, dieses Potential sehr flexibel zu handhaben. Hier sind die Lehren des Großen Sprungs gezogen worden.

Das Ergebnis dieser Überlegungen muß demnach lauten, daß das Konzept der kleinindustriellen Agroindustrialisierung in der Lage war, wesentliche Beiträge zur Bereitstellung von Agrarinputs zu liefern, so daß die Flächenerträge erheblich gesteigert werden konnten. Diese Steigerung reichte bislang aus, mit dem Bevölkerungswachstum Schritt zu halten und ein zunehmendes, stabiles und ausreichendes agrarisches Pro-Kopf-Produkt zu erzielen. Die sich abflachende Zunahme der Arbeitsproduktivität und, was noch wichtiger ist, die nur noch gering zunehmende Pro-Kopf-Produktion seit Anfang der 70er Jahre deuten auf Grenzen der Strategie hin, hinter denen sich ein Dilemma verbirgt. Da die zum Einsatz kommende Technologie zur Bereitstellung der Agrarinputs wie der technologische Grad der bereitgestellten Inputs selber – einfache Maschinen, geringe Energieleistung, geringer Nährgehalt des Kunstdüngers – niedrig ist, konnte die Arbeitsproduktivität nur wenig gesteigert werden. Trotz der Modernisierung waren also weiterhin viele Arbeitskräfte in der Landwirtschaft notwendig. Das wäre nicht tragisch, wenn nicht gleichzeitig die Wachstumsraten der Pro-Kopf-Produktion ebenfalls abgeflacht wären. Deshalb muß die technische Transformation der Landwirtschaft weiter vorangetrieben werden. Ein weiterer Ausbau der lokalen Industrie würde aber einen weiteren Abzug von Arbeitskräften aus der Landwirtschaft erfordern, was offenbar, solange Arbeitskräfte immer noch Kapital ersetzen müssen, nicht möglich ist. Andererseits hat die einfache Technologie in Kleinindustrie und Landwirtschaft aber den Vorteil, daß sie angesichts der hohen Agrarbevölkerung in beiden Sektoren Arbeitsplätze schafft. Das Ventil der Binnenwanderung in die großen Städte muß nicht geöffnet werden, so daß die sozialen Probleme, die in den Städten entstehen würden, vermieden werden können. Die expandierende städtische Industrie ist nämlich aufgrund ihres höheren technologischen Niveaus anscheinend gerade in der Lage, das eigene Wachstum der städtischen Bevölkerung zu verkraften.

Der sich anbietende Ausweg, die Agroindustrialisierung vom kleinindustriellen kollektiven auf den großindustriellen staatlichen Sektor zu verlagern, böte nur eine Teillösung. Die so zur Verfügung gestellten Agrarinputs würden zwar die Produktivität, insbesondere auch die Arbeitsproduktivität in der Landwirtschaft steigern, würden aber gleichzeitig Arbeitskräfte freisetzen, die nirgendwo in ausreichendem Maße absorbierbar wären, was aus sozialpolitischen Gründen gerade vermieden werden soll. Die Lösung kann nur in einer Kombination von kollektiver und staatlich-zentraler Agroindustrie liegen. Der moderne Sektor zur Herstellung agrarischer Produktionsmittel muß ausgedehnt werden unter Beibehaltung bzw. sogar absolut zunehmender Kleinindustrie. Daß eine solche Entwicklung seit ca. 1972/73 einsetzt, deuten einige Indikatoren an.

Ein weiterer Effekt bezüglich der Grenzen kollektiver Agroindustrialisierung betrifft ihr regionales Erscheinungsbild. Die wiedergegebenen Daten beziehen sich natürlich immer auf nationale Durchschnitte und sagen nichts über den regional sehr unterschiedlichen Erfolg dieser Strategie aus. Es wäre zumindest denkbar, daß die gesamtwirtschaftlichen Erfolge sehr ungleich verteilt sind, und daß das Gesamtwachstum nur durch einige dynamische Wachstumsregionen hervorgebracht wird, während die übrige Landwirtschaft nur geringe Fortschritte erzielt. Erklärlich wäre eine solche ungleiche Entwicklung deshalb, weil die kollektiv bzw. auf Kreisebene organisierte Agroindustrialisierung auch dezentral finanziert wird. Das heißt, die Volkskommunen oder Kreise, die aufgrund natürlicher Bedingungen oder Stadtnähe und der aus der möglichen Spezialisierung resultierenden Vermarktungsvorteilen eher in der Lage sind, Überschüsse zu erzielen, sind auch eher in der Lage, den Aufbau einer Kleinindustrie, die ja auch Maschinen aus dem großindustriellen Sektor verlangt, zu finanzieren. Sobald erst einmal die lokale Industrie in diesen bevorzugten Regionen in Gang gekommen ist, werden sich die Produktivitäts- und Einkommensunterschiede vergrößern. Es droht mithin, daß zwar in ausgewählten Regionen der Stadt-Land-Gegensatz abgebaut wird, gleichzeitig aber ein neuer Gegensatz innerhalb der Landwirtschaft zwischen der sehr fruchtbaren südlichen und der weniger fruchtbaren nördlichen bzw. zwischen der stadtnahen und stadtfernen Landwirtschaft entsteht.

Ein weiterer Indikator, der diesen Eindruck bestätigt, ist die Tatsache, daß offizielle Berichte und solche von ausländischen Besuchern über erfolgreiche kleinbetriebliche Agroindustrialisierung überwiegend aus solchen Kommunen oder Kreisen stammen, die in der Nähe der Großstädte Peking, Schanghai und Kanton liegen. Auch die Angaben, die Hua Kuo-feng im Oktober 1975 auf der 1. Tachai-Konferenz machte, bestätigen eine regional unterschiedliche Entwicklung. Demnach haben bislang „mehr als 300" Kreise ein Niveau erreicht, das dem Musterkreis Hsiyang, in dem die Tachai-Brigade liegt, entspricht. Das bedeutet eine 70prozentige Mechanisierung der Landwirtschaft inklusive Nebentätigkeiten. Die Ziele des „Nationalen Programms für die Entwicklung der Landwirtschaft", ursprünglich von 1956–1967 angelegt und offenbar erneut um 12 Jahre bis 1980 verlängert, hatten 1975 die Provinzen Kwangtung, Kiangsu, Chekiang, Shantung, Liaoning und Honan sowie die drei regierungsunmittelbaren Städte Peking, Tientsin und Schanghai, in denen etwa 38,1 Prozent der Bevölkerung leben, erreicht. Diese Angaben dürften indirekt eingestehen, daß die restlichen 12 Provinzen noch ein gutes Stück von den Zielen des „Nationalen Programms" entfernt sind.

Die Chinesen unterscheiden demzufolge auch zwischen „normalen Ertragsflächen", „sicheren Ertragsflächen" und „sicheren Hochertragsflächen", wobei die Unterschiede jeweils die Funktion des unterschiedlichen Mechanisierungsgrades bilden. Westliche Schätzungen ergaben für das Jahr 1974, bei einer angenommenen Saatfläche (inklusive Mehrfachernten) von 138 Mio ha, 11 Mio ha für die erste Kategorie. Das heißt, hier werden Hochleistungssorten angebaut, die entsprechenden Einsatz von Kunstdünger, mechanischer Bewässerung etc. verlangen. 33 Mio ha sind teilmechanisiert und 95 Mio ha bzw. 69 Prozent der Saatfläche entfallen auf die traditionelle Landwirtschaft mit nur geringfügigen Modernisierungen.

Gleichviel wie sehr die regionalen Unterschiede im einzelnen auch ausgeprägt sein mögen, Tatsache ist jedenfalls, daß eine Agroindustrialisierung, die schwerpunktmäßig lokal und dezentral organisiert und finanziert wird, nicht in der Lage ist, diese Unterschiede abzubauen, und sie im Gegenteil eher zur weiteren Differenzierung beiträgt. Zu den bereits aufgezeigten technologischen Grenzen der solchermaßen betriebenen Agroindustrialisierung gesellen sich also auch finanzielle und regionalpolitische. Manche Autoren gehen sogar so weit, aus diesen Tendenzen die These abzuleiten, China wäre nur eine „Zollunion" aber kein „Gemeinsamer Markt". Das lokale Autarkiebestreben der Kreise und Volkskommunen, jeweils einen eigenen agroindustriellen Komplex aufzubauen und von Lieferungen anderer Regionen unabhängig zu werden, zeuge von einem „merkantilistischen" Bewußtsein, führe zu einer Desintegration des Binnenmarkts und sei volkswirtschaftlich sogar abträglich, da Vorteile, die aus Spezialisierung und Skaleneffekten erwüchsen, nicht wahrgenommen werden könnten.

Die Lösung für die genannten Probleme könnte in einer stärkeren Betonung der Rolle des staatlichen Sektors bei der Agroindustrialisierung liegen. Erstens müßten über den Staatshaushalt regionale Ressourcentransfers vorgenommen werden, damit auch die rückständige Landwirtschaft eine Modernisierung in Gang setzen kann. Soweit der Staat auf Kreisebene an der dezentralen Agroindustrialisierung beteiligt ist, wäre das durchaus möglich. Spärliche Hinweise deuten darauf hin, daß es in der Tat einen interprovinziellen Finanzausgleich gibt. Zweitens müßte größeres Gewicht auf die Agroindustrialisierung im Rahmen von Großbetrieben gelegt werden, da hier ein höheres technisches Niveau der hergestellten Agrarinputs erreicht werden kann (z. B. höherer Nährgehalt bei Kunstdünger) und so auch Kommunen beliefert werden können, die diese Produkte aus eigener Kraft nicht oder nicht ausreichend produzieren können. Das verlangt allerdings eine drastische Veränderung der internen terms of trade zugunsten der Landwirtschaft, die auch tatsächlich seit den 60er Jahren stattfindet.

In der Tat deutet sich seit 1972/73 ein faktischer Wandel in der Agroindustrialisierung an. Im Zuge der allgemeinen außenwirtschaftlichen Öffnung wurden im Zeitraum von August 1972 bis Januar 1976 insgesamt 37 Anlagen zur Herstellung von Kunstdünger im westlichen Ausland bestellt, die eine Gesamtkapazität von ca. 15,2 Mio Jahrestonnen besitzen und einen Auftragswert von mehr als 700 Mio US-$ darstellen. Sie sind in Umfang und Technologie das Modernste, was zur Zeit auf dem Weltmarkt zu haben ist. Ihre Inbetriebnahme setzt ab 1976 ein und wird die Relationen bei der chinesischen Kunstdüngererzeugung völlig umkehren. Während von 1971–1974 rund 60 Prozent des Kunstdüngers in Kleinbetrieben erzeugt wurde, infolge des gleichzeitigen Imports von Kunstdünger betrug der Anteil am inländischen Verbrauch nur ca. 50 Prozent, wird diese Quote bis 1977 auf ca. 30 Prozent zurückgehen. Berücksichtigt man den unterschiedlichen Nährgehalt des Kunstdüngers von importierten und einheimischen Betrieben, sinkt der Anteil der Kleinindustrie bis 1977 gar auf ca. 18 Prozent. Wie weit von dieser Trendwende auch andere agroindustrielle Bereiche betroffen sind, ist quantitativ schwer zu bestimmen.

Auf der öffentlich verkündeten konzeptionellen Ebene ließ dieser Strategiewandel allerdings noch einige Jahre auf sich warten. Aus den publizierten Dokumenten der 1. Tachai-Konferenz vom 15.9.–19.10.1975, die den Startschuß für eine Neuauflage der von Mao 1964 propagierten Kampagne für das Lernen von Tachai in der Landwirtschaft gab und vom politischen Mobilisierungsgrad einen ähnlichen Stellenwert wie in den 50er Jahren die Agrarreform, die Kollektivierung und die Gründung der Volkskommunen darstellt, kommen zwei Richtungen zum Ausdruck, die sich in der von westlichen Beobachtern als Kompromiß bezeichneten Hua-Rede widerspiegeln. Hua fordert einerseits, im ganzen Land Kreise nach dem Muster von Tachai zu bilden. Das bedeutet weiteres Beharren auf der von Mao konzipierten umfassenden ländlichen Entwicklung aus eigener Kraft, wobei insbesondere die sozialpolitischen Motive einen hohen Stellenwert genießen. Daneben fordert Hua aber auch die forcierte Mechanisierung der Landwirtschaft, wobei der Akzent eher auf den wirtschaftlichen Effizienzkriterien der liuistischen Agrarpolitik liegt.

Diese beiden Positionen müssen nicht unbedingt in Widerspruch stehen, da Tachai inzwischen sehr stark mechanisiert ist. Die Forderung, daß bis 1980 ein Drittel aller Kreise, also etwa 700, das Entwicklungsniveau von Tachai erreichen sollen, bedeutet, daß nach dem Stand Ende 1975 („mehr als 300") jährlich etwa 100 Kreise mechanisiert werden müssen. Diese Neuauflage des „100-Kreise-Plans" von Liu aus dem Jahre 1965, allerdings mit viel rascherem Tempo, dürfte ohne massive staatliche Unterstützung kaum zu verwirklichen sein. Huas Hinweis, daß der Schlüssel der Entwicklung bei den Kreisparteikomitees liegen soll, deutet darauf hin, daß der Schwerpunkt der Agroindustrialisierung von der kollektiven Kommune- und Brigadeebene auf die unterste staatliche Ebene, den Kreis verlagert werden soll. Damit gewinnt der Staat größeren Einfluß auf die Landwirtschaft als bisher.

Die zweite Tachai-Konferenz vom 10.–27.12.1976, der Sturz der „Viererbande" und damit die Entmachtung der radikalen Linken in der Partei war im Oktober 1976 vorausgegangen, scheint den je nach Motivation auslegungsfähigen Tenor der 1. Tachai-Konferenz zugunsten der vorrangig auf Produktivitätskriterien festgelegten Position klargestellt haben. „Lernen von Tachai in der Landwirtschaft" heißt jetzt in erster Linie, den Mechanisierungsgrad des Musterkreises zu erreichen, wobei die Kreisbehörden die entscheidende Rolle spielen. Daß dabei zunächst nur ein Drittel aller Kreise ins Auge gefaßt wird, also die Agrarregionen, die aus den genannten Gründen bereits relativ weit fortgeschritten sind, deckt sich mit Lius Vorstellungen von 1965, als auch die vorrangige Entwicklung der Regionen anvisiert war, in denen am ehesten Fortschritte zu erwarten waren. Verstärkte staatliche Aktivitäten mit Hilfe von Agrogroßbetrieben und Kreisbetrieben bedeuten dann nicht die ausgleichende Förderung rückständiger Regionen, sondern laufen in der Konsequenz auf eine Zweiteilung der chinesischen Landwirtschaft hinaus. Ein Drittel wird mit staatlicher Hilfe stark modernisiert und soll die Überschüsse erwirtschaften, die zur Versorgung der Städte, der Leichtindustrie und eines wachsenden Exports notwendig sind, während die übrigen zwei Drittel darauf bedacht sein sollen, ihre Versorgung aus eigener Kraft zu gewährleisten. Der rückständige Agrarsektor wird zwar reduziert, gleichzeitig aber wächst die Kluft innerhalb der Landwirtschaft.

Während bislang der Wandel der Agrarentwicklungsstrategie rein ökonomisch durch die aufgezeigten Grenzen der dezentralen Agroindustrialisierung begründet wurde, ist natürlich auch eine politische

Interpretation dieses Wandels denkbar. Die Tatsache, daß inzwischen wieder die liuistische Fraktion ans Ruder gekommen ist, dürfte auch dazu geführt haben, daß die städtische Ökonomie und die Interessen der städtischen Bevölkerung wieder stärker betont werden. In diesem Sinne ist eine Verlagerung der Agroindustrie auf städtische Großbetriebe nur konsequent. Das zentrale Motiv der bereits aus der 1. Hälfte der 60er Jahre bekannten Strategie liegt dann nicht in der ökonomischen Unzulänglichkeit der Kleinindustrie, sondern in den neugeschaffenen Arbeitsplätzen und Einkommen für die Stadtbevölkerung.

8 Die autozentrierte Entwicklung des modernen Sektors und seine Einbindung in die gesamte Ökonomie

Bei den institutionellen Maßnahmen, die die chinesische Regierung nach 1949 in den Stand versetzen, die Grundlagen für eine autozentrierte und selbstbestimmte Entwicklung zu legen, kann generell zwischen Maßnahmen defensiver Natur unterschieden werden, die volks- und betriebswirtschaftliche Kontrolle über die Ökonomie zu gewinnen, und Maßnahmen offensiver Natur, die der Gewinnung wirtschaftspolitischer Kompetenz galten. Zu den defensiven Maßnahmen wären zu zählen: die Stabilisierung der Währung, die Reform des Steuerwesens, die Konsolidierung der Staatsfinanzen, die Kontrolle von Binnen- und Außenhandel sowie die Transformation der Produktionsverhältnisse durch schrittweise Überführung der privaten Industrie über interne Partei- und Gewerkschaftskontrolle und externe staatlich-administrative Maßnahmen in den staatlichen Sektor. Zu den offensiven Maßnahmen gehören der Aufbau eines Planungs-, Administrations- und Kontrollapparats, der in der Lage ist, die grundlegenden Aufgaben wie Innovation, Akkumulation und Organisation der Produktion wahrzunehmen.

Mit der Gründung der VR China im Oktober 1949 wurde zwar ein erheblicher Teil der chinesischen Industrie, nämlich das sogenannte „bürokratische Kapital", verstaatlicht, doch fielen die grundlegenden Maßnahmen, mit denen die Regierung die Wirtschaft unter Kontrolle zu bringen suchte, in den ersten Jahren eher in den Bereich der Zirkulationssphäre, während man den „nationalen kapitalistischen“ Sektor der Produktion weitgehend ungeschoren ließ und sogar an seiner Entwicklung interessiert schien. Gerechtfertigt wurde dieses Vorgehen durch die weitgefaßte Einheitsfrontpolitik der ersten Jahre, die auf das Bündnis von Arbeitern, Bauern, Kleinbürgern und nationaler, nicht durch die Zusammenarbeit mit der KMT kompromittierter, Bourgeoisie abzielte. Ökonomischer Ausdruck dieser Einheitsfrontpolitik war das Nebeneinander von staatlichem, kollektivem, individuellem (Bauern und Handwerker), gemischtwirtschaftlichem (staatlich-private joint ventures) und kapitalistischem Sektor in Industrie und Handel bis 1956.

Neben dem Bemühen, möglichst große Teile des Volkes in die angestrebte sozialistische Gesellschaft zu integrieren, indem man auf die Umerziehung der nationalen Bourgeoisie und der bürgerlichen Intelligenz hoffte, stand dahinter der schlichte Mangel an geeigneten Kadern, die neuen vielfältigen Planungs-, Forschungs- und Managementaufgaben wahrzunehmen, für die in Yenan keine Erfahrungen zu sammeln waren, und die nicht zu leugnende Macht, die die „nationalen Kapitalisten“ vor allem in ihren Zentren Schanghai und Tientsin verkörperten. Man war also, wollte man nicht einen Zusammenbruch der Wirtschaft riskieren, auf die zeitweise Mitarbeit der bürgerlichen Intelligenz und der nicht zu sehr kompromittierten Industriebourgeoisie angewiesen. Der Preis für diese Zusammenarbeit bestand offenbar im einstweiligen Verzicht auf eine sofortige Transformation der Eigentumsverhältnisse in weiten Bereichen von Industrie und Handel und in einer Beschränkung auf die Kontrolle der „Kommandohöhen“ der Wirtschaft.

Eine wesentliche Voraussetzung für eine effektive Wirtschaftspolitik mußte darin bestehen, das Preis- und Marktgeschehen in den Griff zu bekommen. Um ihre Rüstungsausgaben im antijapanischen Krieg und später für den Bürgerkrieg zu finanzieren, hatte die KMT-Regierung eine inflationäre Politik betrieben, die den Geldwert von 1937 bis August 1948 um das Sechsmillionenfache ansteigen ließ. Diese inflationäre Entwicklung hatte eine Vielzahl von Spekulanten auf den Plan gerufen, die durch Ankauf und Hortung von Waren und Rohstoffen ihr Geschäft zu machen suchten. Diese Inflations- und Spekulationswelle dauerte bis zum Februar 1950, bevor die neue Regierung die Situation einigermaßen in den Griff bekam. Die Maßnahmen im monetären Bereich betrafen die Kontrolle des Bargeldumlaufs durch das alleinige Emmissionsrecht der Volksbank, die Unterbindung der Gold-, Silber- und Devisenzirkulation, die Schließung der Börse und die Verhängung administrierter Preise. Um diese Preise aber auch durchzusetzen, bedurfte es eines harten Vorgehens gegen Spekulanten, das aber erst effektiv wurde, als der Staat eigene Großhandelsorganisationen aufbaute und eine zentrale Kontrolle der wichtigsten Rohstoffe, vor allem Getreide und Baumwolle, zustande gebracht hatte. Ab März 1950 war ein Rückgang der Preise zu verzeichnen, im Dezember 1950 die Preisstabilität erreicht. Dieser Sieg über die Inflation brachte der neuen Regierung ein unschätzbares Prestige bei großen Teilen der Bevölkerung ein. Die Entwicklung an der Preisfront führte zum Zusammenbruch vieler Privatbanken und Spekulationsgeschäfte. Da aber die rasche Auflösung der gehorteten Warenlager zu einem Überangebot auf dem Markt und entsprechenden Produktionsrückgängen führte, sah sich der Staat ab Juni 1950 zu einer Förderung der privaten Industrie über Liefer- und Abnahmeverträge gezwungen.

Eine weitere Maßnahme, um die Inflation in den Griff zu bekommen, bestand in der Konsolidierung der Staatsfinanzen, da die KMT-Regierung ihr defizitäres Budget durch die Druckerpresse ausgeglichen hatte. Um Einnahmen und Ausgaben des Staatshaushalts in Einklang zu bringen, wurden im März 1950 die Staatsfinanzen zentralisiert und eine Steuerreform durchgeführt, die vor allem eine bessere Erfassung der Agrarsteuer zum Ziel hatte, da diese in den ersten Jahren die wesentliche Einnahmequelle war. Beide Maßnahmen führten dazu, daß ab 1951 ein ausgeglichener Haushalt vorgelegt werden konnte. Hinzu kam, daß der Haushalt sich zunehmend über Gewinne der staatlichen Betriebe finanzieren konnte.

Im Bereich von Handel und Banken setzten die Kontrollmaßnahmen ebenfalls im März 1950 ein. Bis Ende des Jahres hatte man den privaten Banksektor weitgehend unter Kontrolle und überführte bis Ende 1952 alle Banken mit Ausnahme derjenigen, die im Besitz von Auslandschinesen waren, in staatlich-private Joint Ventures. Während der Großhandel bis 1952 zu 60,5 Prozent verstaatlicht war, hielt der private Einzelhandel in diesem Jahr noch einen Anteil von 57,2 Prozent. In beiden Bereichen war der Verstaatlichungs- bzw. Kollektivierungsprozeß erst 1956 abgeschlossen. Die Kontrolle über den Außenhandel setzte ebenfalls erst im März 1950 ein und erreichte im Laufe des Jahres ca. 60 Prozent. Es dauerte bis 1952, daß die staatlichen Außenhandelsorganisationen 92 Prozent des chinesischen Außenhandelsvolumens abwickelten, und erst im Jahre 1956 war der Außenhandel völlig verstaatlicht.

In der Produktionssphäre verlief die Transformation der Eigentumsverhältnisse nach ähnlichem Muster, wie für den Agrarsektor bereits geschildert. Auch hier wechseln Phasen der horizontalen Ausdehnung des staatlichen Sektors mit Phasen der vertikalen Vertiefung in den Übergangsstadien. Der gesamte Bereich von Industrie und Handel gliederte sich 1949 in drei Segmente: das ausländische Kapital, das sogenannte „bürokratische" Kapital im Besitz der mit der KMT liierten Kompradorenbourgeoisie und das sogenannte „nationale" Kapital, das im Besitz desjenigen Teils der Bourgeoisie war, der im Rahmen der Einheitsfrontpolitik für die KPCh noch bündnisfähig war.

Bei der Nationalisierung des ausländischen Kapitals ging man, anders als vielleicht erwartet, sehr behutsam vor, wobei das Prinzip der Nationalisierung gegen Entschädigung verfolgt wurde. Einen großen Teil, nämlich die Betriebe, die in japanischem, deutschem und italienischem Besitz waren, hatte die KMT-Regierung bereits 1945 verstaatlicht. Damit war vor allem der schwerindustrielle Kern der Industrie, den die Japaner in der Mandschurei errichtet hatten, in Staatsbesitz übergegangen, soweit diese Betriebe nicht durch den Krieg bzw. die sowjetische Demontage vernichtet waren. Die kommunistische Regierung brauchte diese ehemaligen ausländischen Betriebe 1949 also nur zu übernehmen. Danach geschah offenbar gar nichts, wenn auch die ehemaligen Sonderrechte der Ausländer gestrichen wurden.

Die zweite Welle der Nationalisierung seit Ende 1950 betraf nur das US-Kapital und wurde den Chinesen quasi aufgezwungen. Als Reaktion auf den chinesischen Eintritt in den Korea-Krieg verhängte die Truman-Regierung am 17.12.1950 ein Handelsembargo gegen China und beschlagnahmte sämtlichen chinesischen Besitz in den USA. Die chinesische Antwort war die Beschlagnahme des US-Besitzes in China am 29.12.1950. Resultat des US-Embargos war nicht nur die sofortige Einstellung aller US-Exporte nach China, dem sich die meisten westeuropäischen Länder mehr oder weniger bereitwillig anschlossen, sondern auch erhebliche Schwierigkeiten für die verbliebenen ausländischen Betriebe, die von ihren traditionellen außenwirtschaftlichen Verflechtungen abgeschnitten wurden. Die sich anschließende schrittweise Nationalisierung dieser Betriebe erfolgte deshalb weitgehend auf ausländisches Anerbieten hin. Die letzte englische Wollfabrik wurde erst 1959 in chinesischen Besitz überführt. Zu erwähnen bleibt noch, daß im Jahre 1954 auch die chinesisch-sowjetischen Joint Ventures gegen Entschädigung nationalisiert wurden.

Die Verstaatlichung des „bürokratischen" Kapitals erfolgte dagegen unverzüglich und ohne Entschädigung. Dabei handelte es sich um 2858 Betriebe mit über 750000 Beschäftigten, die im wesentlichen den vier Familien Chiang, Sung, Kung, und Chen gehörten. Diese Betriebe, inklusive der 1945 durch die KMT nationalisierten, umfaßten ca. 90 Prozent der Eisen- und Stahlindustrie, 30 Prozent der Kohleförderung, 67 Prozent der Energieerzeugung, 45 Prozent der Zementindustrie, die gesamte Erdöl- und NE-Metallerzeugung und Teile der Textilindustrie. Neben den politisch motivierten Maßnahmen gegen diesen Sektor stand dahinter natürlich das strategische Erfordernis, sofort den vorhandenen schwerindustriellen Bereich unter Kontrolle zu bringen, da dieser die Ausgangsbasis des sozialistischen Aufbaus bilden sollte.

Der „nationale" kapitalistische Sektor blieb demgegenüber in den ersten Jahren ziemlich unbehelligt, er vermochte sich im Gegenteil bis 1953 sogar erheblich auszudehnen. Wenn auch im Jahre 1949 die meisten Großbetriebe verstaatlicht worden waren, so war der private Sektor in Umfang und Zahl der Beschäftigten doch größer. 1949 bestanden 123165 private Betriebe mit 1,64 Millionen Beschäftigten und einem Anteil von 63,3 Prozent am Produktionsvolumen der gesamten Industrie. Diese Zahl dehnte sich bis 1953 auf 150275 Betriebe aus, von denen 2048 mehr als 100 und 164 mehr als 500 Beschäftigte aufwiesen. Davon produzierten zwei Drittel Konsumgüter, so daß man von einer Arbeitsteilung zwischen staatlicher und privater Industrie im Hinblick auf Schwer- und Leichtindustrie sprechen kann. Auch wenn der relative Anteil des privaten Sektors am gesamten industriellen Produktionsvolumen bis 1953 auf 36,8 Prozent zurückging, so war doch in absoluter Hinsicht nahezu eine Verdoppelung von 6,82 auf 13,09 Mrd ¥ (1949–1953) zu verzeichnen. Davon wurde etwa die Hälfte in den beiden Städten Schanghai und Tientsin erzielt. Danach nahm die private Industrie relativ wie absolut ab, um 1956 de facto ihre eigenständige Existenz aufzugeben. Zu diesem Zeitpunkt gab es etwa eine Million „nationale" Kapitalisten, von denen die Masse allerdings im Handel- und Gaststättengewerbe tätig war. Nur 27335 konnte man als echte Industriekapitalisten bezeichnen, von denen wiederum nur 89 ein Kapital über 1 Million ¥ und lediglich 7 ein Kapital über 5 Millionen ¥ besaßen.

Bevor dieser Sektor de jure verstaatlicht wurde, wurden mehrere Zwischenstufen eingeschoben, die den friedlichen Übergang dokumentieren und eine Störung der Produktion verhindern sollten. Der erste Schritt zur Verstaatlichung bestand in der Etablierung eines sogenannten staatskapitalistischen Sektors, für den wiederum eine elementare und eine fortgeschrittene Form unterschieden wurde. Bei der elementaren Form ließ man das private Eigentum und auch die Kontrolle über die Produktion unangetastet, band diese Betriebe aber durch sogenannte Lohnveredelungsaufträge in den geplanten Sektor ein. Die Betriebe wurden mit Rohstoffen und Vorprodukten beliefert und verkauften ihre Endprodukte an die staatlichen Handelsgesellschaften, wobei ihnen ein Preis garantiert wurde, der einen „angemessenen" Gewinn enthielt. Im fortgeschrittenen Stadium bildete der Staat Joint Ventures mit dem privaten Kapital, indem er über eigene Investitionen zum Teilhaber wurde und seine Leute ins Management entsenden konnte. Der Gewinn wurde entsprechend den Kapitalanteilen aufgeteilt. Damit war eine, wenn auch zunächst partielle, Kontrolle der privaten Industrie gewährleistet.

Erst seit 1956, nachdem sämtliche privaten Betriebe in staatskapitalistische überführt worden waren, kann davon gesprochen werden, daß der Staat tatsächlich die gesamte industrielle Produktionssphäre kontrollierte. Die ehemaligen Kapitalisten wurden zu Rentnern, da man ihnen eine, zunächst auf 5 Jahre befristete, jährliche fünfprozentige Verzinsung ihres Kapitalanteils gewährte. Diese

Verzinsung wurde 1962 noch einmal um 3 Jahre verlängert und muß auch noch während der Kulturrevolution bestanden haben, also nochmals verlängert worden sein, da sie hier von den Maoisten heftig kritisiert wurde. Ob diese Rentenzahlung inzwischen eingestellt worden ist, ist offiziell nicht bestätigt.

Davon betroffen waren 1956 1,14 Millionen Empfänger, hauptsächlich Einzelhändler, die ein zu verzinsendes Gesamtkapital von 2,418 Mrd ¥ besaßen. Das heißt, daß der Staat bei einer fünfprozentigen Verzinsung jährlich 120 Millionen ¥ ausschütten mußte, was pro Kopf allerdings nur die geringe Summe von 106,1 ¥ ausmachte. Die 89 Kapitalisten, deren Kapital mehr als 1 Million betrug bzw. die 7 mit mehr als 5 Millionen, erhielten aber immerhin 10000 bzw. 50000 ¥ jährlich. Mitte der 60er Jahre empfingen noch ca. 250000 Exkapitalisten diese Rendite. Daneben erhalten sie vermutlich noch Gehälter aus ihrer weiterhin bestehenden Tätigkeit als Betriebsleiter. Denn 710000, das sind 62 Prozent der ehemaligen Kapitalisten, wurden auch nach der Abschaffung des reinen Privatsektors als staatliche Angestellte in ihren alten Funktionen weiterverwendet. Die fortgeschrittene Form des Staatskapitalismus trennte also Eigentum und Kontrolle über die Produktionsmittel. 1960 wurden diese Joint Ventures auch formal in Staatsbetriebe umgewandelt, obwohl die Dividendenausschüttung davon unberührt blieb.

Der wirtschaftliche Wiederaufschwung in den ersten 4 bis 5 Jahren der VR China war also zu einem großen Teil auf die Aktivitäten des privaten Sektors zurückzuführen. Eine sofortige Verstaatlichung hätte möglicherweise infolge größeren Widerstandes zu einer erheblichen Verlängerung der Restaurationsphase geführt. Einige Konflikte in den frühen Jahren zeigen allerdings, daß dieser Prozeß keineswegs so reibungslos und so freiwillig von den Kapitalisten mitvollzogen wurde, wie die bisherige Schilderung vermuten läßt. 1951 kam es offenbar zu großen Unregelmäßigkeiten im staatlich-privaten Wirtschaftsverkehr, so daß die Partei Anfang 1952 die sogenannte „Fünf-Anti-Kampagne" gegen die Bestechung von Regierungsangestellten, Steuerhinterziehung, Diebstahl von Staatseigentum, Betrug bei staatlichen Aufträgen und Wirtschaftsspionage für private Spekulation durchführte. Im Rahmen dieser Kampagne wurden ca. 450000 Industrie- und Handelsbetriebe überprüft, von denen 76 Prozent in mindestens einem Punkt für schuldig befunden wurden. Neben den teilweise empfindlichen Strafen für die Betroffenen war das Resultat in der Folgezeit eine stärkere Kontrolle der Betriebe von innen durch Gewerkschaften und Parteikader. Es hatte sich offenbar herausgestellt, daß rein administrative Maßnahmen von außen nicht genügten, solange die Kontrollmöglichkeiten in den Betrieben nicht gegeben waren. In der Folgezeit bemühten die Unternehmer sich, wenigstens den Konsumgütersektor zu behalten. Noch im Jahre 1957 regten sie sich in organisierter Form, als sie das alleinige Managementrecht über ihre ehemaligen Betriebe und eine Verlängerung der fünfprozentigen Dividendenzahlung um 20 Jahre forderten.

Diese Beispiele zeigen, daß die Rücksichtnahme nicht nur ökonomisch-taktisch bedingt war, die „nationalen" Kapitalisten vielmehr in den ersten Jahren der Volksrepublik, besonders in ihren Zentren Schanghai und Tientsin, einen echten politischen Faktor darstellten und über nicht unerhebliche wirtschaftliche Macht verfügten, was die Partei zu berücksichtigen hatte. Die Tatsache, daß man auf dem Land gegen die Gentry sehr rasch und sehr gründlich vorging, während die Bourgeoisie sehr zuvorkommend behandelt wurde, zeigt aber auch, daß die Phase der demokratischen Revolution bis 1956, die einen starken antifeudalen aber kaum einen antikapitalistischen Charakter trug, nicht nur eine formale Angelegenheit war.

Ähnlich wie die Kontrolle über die Volkswirtschaft in zwei Etappen gewonnen wurde, vollzog sich der Aufbau von Planungskapazitäten auch in zwei Phasen. Die ersten Kontrollziffern für die Industrie im Jahre 1951 sind noch nicht als eigentliche Planung zu betrachten. Deren Grundlagen wurden erst Ende 1952 mit der Etablierung der Staatsplankommission im November und des Staatlichen Statistischen Büros im Oktober gelegt. Im gleichen Jahr markierten die Gründung des Außenhandelsministeriums und von 12 Ex- und Importgesellschaften, daß jetzt auch der Außenwirtschaftsbereich abgedeckt war. Damit waren die formellen Voraussetzungen für eine gesamtwirtschaftliche Planung gegeben. Die Tatsache, daß der offiziell am 1.1.1953 beginnende 1. Fünfjahresplan erst im März 1955 fertiggestellt und im Sommer veröffentlicht wurde, zeigt allerdings, daß die Gründung von Planungsinstitutionen allein noch nicht die sofortige Kompetenz zur Planung bedeutet. Der Entwurf zum

2. Fünfjahresplan (1958–1962) wurde zwar 1956 vorgelegt, der Plan selber war aber offenbar 1960 noch nicht ganz fertiggestellt und wurde im Zuge der Sprung-Politik konzeptionell über den Haufen geworfen. Der Beginn des 3. Fünfjahresplans, der eigentlich für 1963 vorgesehen war, verzögerte sich ebenfalls infolge der Sprung-Krise bis 1965. Erst seitdem scheint eine regelmäßige Abfolge und Durchführung der Fünfjahrespläne erreicht zu sein. Im September 1954 wurden die beiden genannten Kommissionen durch die Staatliche Baukommission ergänzt. Der bis 1956 im Zuge der Verstaatlichung stark angewachsene staatliche Sektor überstieg offenbar die bisherigen Planungskapazitäten. 1956 wurde aus der Staatsplankommission nämlich die Staatswirtschaftskommission ausgegliedert, die für die Jahrespläne verantwortlich ist, während die Staatsplankommission nur die längerfristige Planung durchführt. Hinzu kamen im gleichen Jahr noch Kommissionen für die Planung von Wissenschaft und Technologie sowie ein Büro zur Beschaffung der Rohstoffe. Gleichzeitig wurde auch die Zahl der branchenbezogenen Industrieministerien, die die Einzelplanung und direkte Kontrolle über die ihnen unterstellten Industriezweige ausüben, erheblich ausgeweitet. Oberstes Planungsorgan, das alle genannten Kommissionen und Ministerien koordiniert, ist der Staatsrat.

Die starke Ausweitung und Ausdifferenzierung des Planungs- und Administrationsapparats im Jahre 1956 weist darauf hin, daß die chinesischen Behörden erst zu diesem Zeitpunkt wirklich in der Lage waren, eine integrierte Planung des staatlichen Sektors vorzunehmen. Gestützt wird diese Annahme dadurch, daß im gleichen Jahr auch die Kritik an der bloßen Kopie des sowjetischen Planungssystems einsetzte, und seit 1957 erste Dezentralisierungsmaßnahmen stattfanden, die den regionalen Behörden große Befugnisse einräumten. Diese seit 1956 einsetzende Kritik am sowjetischen Planungs- und Industrialisierungsmodell ist ein starker Indikator, daß erst seit diesem Zeitpunkt die Chinesen über eiene Kompetenz in diesem Bereich verfügten. Bis dato handelt es sich lediglich um die Kopie und den Nachvollzug des sowjetischen Vorbilds. Betrachtet man das staatliche Investitionsvolumen im Bereich der Schwerindustrie, erfolgten gerade in den beiden Jahren zunehmender Planungsaktivitäten 1953 und 1956 erhebliche Zuwächse. Auch wenn in der Folgezeit eine häufige Neuorganisation der Planungsbehörden und Industrieministerien zu beobachten ist, blieb die Grundstruktur des Jahres 1956 doch erhalten. Neu war lediglich, daß ab 1964 den Betrieben eine größere Autonomie eingeräumt wurde, die in der Kulturrevolution nur für kurze Zeit rückgängig gemacht wurde.

Die meisten Darstellungen zur Wirtschaftsentwicklung der VR China halten sich in der Regel an folgendes Schema:

1949–1952	Restauration
1953–1957	1. Fünfjahresplan
1958–1960	Großer Sprung nach vorn
1961–1965	Krise und Konsolidierung
1966–1969	Kulturrevolution
1970–heute	Wiederaufnahme der planmäßigen Entwicklung und neuer Aufschwung

Diese Gliederung ist eine Mischung von formalen, politischen und ökonomischen Kriterien und erweckt den Eindruck, daß die bisherige Entwicklung ein regelloses Nacheinander von planmäßigem Vorgehen und ökonomischen wie politischen Turbulenzen auszeichnet und keine Logik erkennen läßt, wenn man von der bereits beschriebenen Logik der entwicklungspolitischen Auseinandersetzungen absieht, die natürlich Auswirkungen auf den realen Entwicklungsprozeß ausübten. Hier soll die These vertreten werden, daß neben den dargestellten Linienkämpfen und ihren Einwirkungen auf Akkumulationsmodell, Wachstumsraten, Außenwirtschaftspolitik etc. dem bisherigen Verlauf der Industrialisierung eine immanente Dynamik und Logik zugrunde liegt, die sich in bislang 4–5 Wachstumszyklen geäußert hat, die wiederum von drei Industrialisierungswellen überlagert wurden. Die Begründung für diese Phänomene ist darin zu suchen, daß die Zyklen durch Disproportionalitäten im Akkumulationsprozeß und die Wellen durch den technologischen Wandel und die Modifikation des chinesischen Akkumulationsmodells bedingt sind. Sie unterscheiden sich hinsichtlich des Grads der Disproportionen, der sie tragenden Technologien, der sie beeinflussenden externen außerökonomischen Faktoren und der Rolle, die die Außenwirtschaftsbeziehungen spielen, allerdings erheblich.

Auch wenn an dieser Stelle auf den empirischen Nachweis der Zyklen verzichtet werden muß, so läßt sich doch feststellen, daß der chinesische Industrialisierungsprozeß von erheblichen Schwankungen der Wachstumsraten begleitet war, die eine gewisse Regelmäßigkeit erkennen lassen und folgendes Aussehen haben:

1949–1955	Wiederherstellung der Vorkriegsproduktion mit abnehmenden Wachstumsraten.
1956–1957	1. Zyklus. Dieser Zyklus deckt sich mit dem Rumpf des 1. Fünfjahresplans (der offizielle Beginn im Jahre 1953 verzögerte sich wie beschrieben).
1958–1964	2. Zyklus. Dieser Zyklus wird durch Mißernten und den Abzug der sowjetischen Hilfe unprogrammgemäß verlängert. Die Erreichung der Ziele des 2. Fünfjahresplans verzögert sich entsprechend.
1965–1970/71	3. Zyklus. Die Kulturrevolution führt zu einer leichten Verzögerung des 3. Fünfjahresplans.
1971/72–1974	4. Zyklus. Dieser Zyklus ist identisch mit dem 4. Fünfjahresplan.
ab 1975	5. Zyklus. Dieser Zyklus setzt mit Beginn des 5. Fünfjahresplans ein.

Wichtiger zur Charakterisierung der chinesischen Entwicklungsdynamik sind allerdings die Stadien der Industrialisierung, die diese Zyklen überlagern und zum Teil auch hervorgerufen haben. Die Industrialisierung nach kapitalistischem Muster nahm ihren Ausgang vom Markt bzw. der Herstellung von Massenkonsumgütern. Nicht zufällig stand die Textilindustrie deshalb am Anfang der Industrialisierung. Auf die Textilindustrie folgten Maschinenbau und Montanindustrie. Im Zuge des technologischen Fortschritts und der Erschließung neuer Märkte sowie der Förderung marktfähiger Bedürfnisse wurden neue Zweige, die Automobilindustrie, die chemische Industrie und heute die Elektronikindustrie zu den dynamischen Branchen der industriellen Entwicklung.

In China ist ebenfalls eine Abfolge im Aufbau einzelner Branchen festzustellen, der aber eine andere Logik zugrunde liegt, die durch das Spannungsfeld der von der Sowjetunion entworfenen, schwerindstriellen Industrialisierungskonzeption und den spezifischen Erfordernissen der chinesischen Ökonomie geprägt ist. Die erste Welle der Industrialisierung setzte mit Beginn des 1. Fünfjahresplans ein und war geprägt durch den forcierten Aufbau der Montanindustrie und bestimmter Zweige des Maschinenbaus. Diese Phase, die ursprünglich über den Zeitraum von drei Fünfjahresplänen gedacht war, sollte nach sowjetischem Muster das Fundament zu einer allgemeinen Industrialisierung legen. Um dieses Ziel auf kürzestem Wege zu erreichen, hatte der aufzubauende Produktionsapparat in erster Linie seiner eigenen Erweiterung zu dienen, das heißt, der Maschinenbau z. B. hatte die Aufgabe, Produktionsmittel zur Erzeugung weiterer Produktionsmittel zu liefern. Die bereits geschilderten Ereignisse, die seit 1956 die Akkumulationsschwierigkeiten dieses Konzepts offenbarten, gipfelten in dem Versuch, durch einen Großen Sprung nach vorn diese Phase rapide zu verkürzen. Die im Zuge der Sprungpolitik kraß hervortretenden Disproportionalitäten, Akkumulationsschwierigkeiten und der Konflikt mit der Sowjetunion zwangen zu einem abrupten Stop dieser Politik und einem radikalen Umdenken der chinesischen Planer. Die Erfüllung des 2. Fünfjahresplans, bereits für 1959 angekündigt, verzögerte sich bis 1965. Der in seiner ursprünglichen Konzeption angelegte 3. Fünfjahresplan sollte und konnte gar nicht mehr in Angriff genommen werden. Die Phase der Industrialisierung, die durch die Montanindustrie geprägt war, reduzierte sich damit de facto auf 1 1/2 Fünfjahrespläne mit anschließender Konsolidierung und deckte sich weitgehend mit den beiden ersten Wachstumszyklen.

Die zweite Welle der chinesischen Industrialisierung begann etwa 1965 und dauerte bis etwa 1975, deckte sich also mit dem 3. und 4. Fünfjahresplan. Geprägt wurde diese Periode durch ein beschleunigtes Wachstum der Öl- und Chemieindustrie, wobei insbesondere die Herstellung von Kunstdünger und Kunstfasern im Vordergrund stand, sowie der Zweige des Maschinenbaus, die unmittelbar der Landwirtschaft und der Konsumgüterindustrie dienen, also Traktoren, Bewässerungsanlagen und Anlagen zur Herstellung von Kunstdünger. Das besondere Kennzeichen dieses Industrialisierungsstadiums war, daß es weitgehend aus eigener Kraft bewältigt wurde. Die Lieferungen aus sozialistischen Ländern gingen fast vollständig zurück, und Importe aus westlichen Ländern spielten nur eine vergleichsweise geringe Rolle. Neben dem weiteren Ausbau der modernen Großindustrie wurde deshalb nicht zufällig seit etwa 1963 die reaktivierte dezentrale Kleinindustrie zu einem Pfeiler der weiteren Entwicklung für die agrarrelevanten Branchen. Eine nicht unerhebliche Rolle spielte in dieser Phase sicherlich auch der Aufbau einer eigenen Rüstungsindustrie in Reaktion auf die Unterbindung der sowjetischen Waffenlieferungen und die Verschärfung des chinesisch-sowjetischen Konflikts.

Mit Beginn des 5. Fünfjahresplans (1976–1980) soll und wird vermutlich eine dritte Industrialisierungsphase einsetzen, über deren Ausmaß, Dauer und die sie tragenden Technologien nur vorläufige Aussagen zu machen sind. Der Plan sieht ein jährliches Wachstum der Industrie von 15 Prozent vor, was bis 1980 eine Verdoppelung des Produktionsvolumens bedeuten würde. Soweit die 1972 und 1973 rapide ansteigenden Importe kompletter Industrieanlagen aus dem OECD-Bereich, die etwa ab 1976 betriebsbereit sind, erkennen lassen, steht vor allem die Petrochemie und hier die Herstellung von Kunststoffen im Vordergrund. Weitere Schwerpunkte mögen die Elektronikindustrie und die Stahlwerke der zweiten Generation sein, wobei es sich nicht um bloße Kapazitätsausweitungen, sondern um die Verlagerung auf qualitativ hochwertige Spezialstähle und die Stahlverarbeitung handelt. Während die beiden ersten Industrialisierungswellen durch unterschiedliche Wachstumsraten einzelner Branchen und in ihrer technologischen Struktur recht gut belegbar sind, lassen sich im Hinblick auf die dritte Welle nur Prognosen auf der Basis von Kapitalgüterimporten machen. Der Umfang dieser Importe weist aber darauf hin, daß eine, wenn auch selektive, außenwirtschaftliche Kooperation von chinesischer Seite wieder angestrebt wird.

Die Hinweise für das dargestellte Drei-Stadien-Schema sind vielfältiger Art. Dazu gehört vor allem die Tatsache, daß bislang drei Phasen verstärkter Perspektivplanung zu beobachten waren. Die erste Phase fiel in den Zeitraum von 1954 bis 1956. In diesem kurzen Zeitraum wurden der 1. Fünfjahresplan ausgearbeitet (1954) und veröffentlicht (1955) und bereits im folgenden Jahr der Entwurf für den 2. Fünfjahresplan unterbreitet. Die Planung für den ursprünglichen 3. Fünfjahresplan war 1960 schon im Gang, wurde dann aber abgebrochen. Die weiteren Pläne sind zwar nicht mehr veröffentlicht worden, aber ein Hinweis auf die Wiederaufnahme verstärkter Perspektivplanung ist die Tatsache, daß 1965 und 1966 eine Serie von großen Wirtschaftskonferenzen stattfand. Die erhebliche Ausweitung der Zahl der Industrieministerien und die Neuetablierung anderer Planungsbehörden im gleichen Zeitraum deuten darauf hin, daß auch die Planungskapazitäten wieder erheblich ausgedehnt wurden. Eine ähnliche Konzentration von großen Wirtschaftskonferenzen läßt sich erst wieder von Herbst 1975 bis Frühjahr 1977 feststellen, was die Annahme bestätigen würde, daß mit dem 5. Fünfjahresplan, über dessen genauen Inhalt zur Zeit noch nichts bekannt ist, eine neue Entwicklungsphase eingeleitet wird.

Ein weiterer Indikator ist, daß jeweils im fraglichen Zeitraum der Nationale Volkskongreß einberufen wurde, und die langfristige Wirtschaftsentwicklung auf der Tagesordnung stand. Im Juli 1955 bewilligte der 1. Nationale Volkskongreß den 1. Fünfjahresplan. Vom 21.12.1964 bis zum 4.1.1965 tagte der 3. Nationale Volkskongreß. Hier hielt Chou En-lai am 21.12.1964 mit dem Rechenschaftsbericht der Regierung erstmals seit der Krise nach dem Großen Sprung wieder eine programmatische Rede, in der die Wiederaufnahme der langfristigen Planung angekündigt wurde. Das gleiche gilt für den 4. Nationalen Volkskongreß vom 13.–17.1.1975, auf dem ebenfalls Chou En-lai in seinem inzwischen zur Berühmtheit gelangten Rechenschaftsbericht die Modernisierung bis zum Jahre 2000 ankündigte.

Der dritte Indikator schließlich, der allerdings nicht nur über den Zeitpunkt, sondern auch über die Art der Industrialisierungswellen Aussagen zuläßt, sind die Kapitalgüterimporte und insbesondere die Importe von kompletten Produktionsanlagen. Eben diese Importe verzeichneten bislang dreimal außerordentliche Zunahmen. Der erste starke Anstieg erfolgte 1955 und erreichte seinen Gipfel 1959, der zweite weniger starke Anstieg 1963 mit dem Gipfel 1966 und der dritte, besonders spektakuläre Anstieg setzte 1973 ein und scheint seinen Gipfel bereits 1975 erreicht zu haben, da der Gesamtimport 1976 erstmals wieder rückläufig ausfiel. Jüngste Wirtschaftsverhandlungen lassen einen neuen Aufschwung vermuten, der sich dann evtl.

mit dem 6. Zyklus decken würde. Berücksichtigt man, daß die Importe, besonders die kompletten Produktionsanlagen, mit 2–3jähriger Verzögerung zur Produktionsaufnahme führen, markieren die genannten Daten genau das vermutete Einsetzen der Industrialisierungswellen. Die erste Welle wurde in großem Maße durch sowjetische Technologie und Importe getragen. Die zweite Welle, da weitgehend auf die eigene Kraft gestützt, bewirkte nur einen bescheidenen aber doch signifikanten Aufschwung der Kapitalgüterimporte aus dem westlichen Ausland. Die dritte Welle wurde massiv von erneuten Importen aus dem OECD-Bereich, vor allem Japan und Westeuropa, begleitet. Einen zusätzlichen Hinweis liefern die Serien von westlichen Industrieausstellungen in China, die 1964/65 und Mitte der 70er Jahre abgehalten wurden.

Da besonders für die Zeit ab 1960 wenig detaillierte Informationen über den Industrialisierungsprozeß zu erhalten sind, soll die weitere Analyse anhand der Kapitalgüterimporte vorgenommen werden. Über die erste Phase der Industrialisierung wurde bereits ausführlich berichtet. Resultat dieser auf wenige Branchen konzentrierten Investitionstätigkeit war, daß nach Abschluß der durch den sowjetischen Abzug verzögerten Bautätigkeiten die VR China zu 95 Prozent bei der Stahlerzeugung und zu 90 Prozent beim Maschinenbau autark war, so daß sich China zu Beginn des 3. Fünfjahresplans in der Lage befand, seine für den neuen Aufschwung benötigten Ausrüstungen weitgehend selbst zu erzeugen. Der geringe Anstieg der Kapitalgüterimporte in der folgenden Zeit besonders im Bereich des Maschinenbaus bestätigt das.

Seit August 1963 wurden allerdings mit dem westlichen Ausland Verträge über die Lieferung kompletter Industrieanlagen abgeschlossen, die ab 1965 zu einem neuen Anstieg der Importe führten. Dabei handelte es sich um 31 Fabriken mit einem Gesamtwert von mehr als 200 Millionen US-$. Davon fielen allein 20 auf den Bereich der chemischen Industrie, wobei die Schwerpunkte Kunstdünger, Erdölverarbeitung und Kunstfaserherstellung bildeten. Die in den 50er Jahren beim Import dominierenden Bereiche Eisen, Stahl und Maschinenbau waren nur in sehr geringem Maße vertreten. Da keine Daten über das Volumen des 3. Fünfjahresplans vorhanden sind und insbesondere keine absoluten Angaben über die Investitionen, kann natürlich auch nicht geschätzt werden, welche Relevanz diese Importe besaßen. Die völlige Umstrukturierung der Branchenverteilung gegenüber den Importen der 50er Jahre läßt aber zumindest den Schluß zu, daß entsprechend der neuen Strategie, die von der Landwirtschaft als Grundlage ausgeht, in erster Linie agrarrelevante Industriebranchen gefördert wurden. Der Schwerpunkt Kunstdünger ist eindeutig. Aber auch der Schwerpunkt Petrochemie und Kunstfaserherstellung weist in diese Richtung, da eine Forcierung der Erdölverarbeitung die Produktion von Kunstfasern ermöglicht, die ihrerseits die agrarische Basis der Textilindustrie entlastet. Die insgesamt aber bescheidenen und nur kurze Zeit andauernden Importe deuten darauf hin, daß in erster Linie eigene Technologien das rasante Wachstum der Erdöl- und Chemieindustrie seit Mitte der 60er Jahre hervorgebracht haben. Das Beispiel des Erdölfeldes Taching, das 1964 von Mao zum Modell für die gesamte industrielle Entwicklung aus eigener Kraft erhoben wurde, bestätigt diese Einschätzung.

Völlig aus eigener Kraft wurde seit Mitte der 60er Jahre auch der zweite Bereich, der den neuen industriellen Aufschwung prägte, nämlich die Rüstungsindustrie entwickelt. Die Neugründung der Maschinenbauministerien Nr. 2–7 von 1963–1965, die für die rüstungsrelevanten Industrien zuständig sind, schaffte die institutionellen Voraussetzungen für eine rasche Entwicklung, deren Markierungspunkte der erste chinesische Atombombenversuch am 16.10.1964, der Abschuß der ersten chinesischen Mittelstreckenrakete am 27.10.1966 und die Zündung der ersten Wasserstoffbombe am 17.6.1967 bildeten. Es bestand offenbar ein Konsens unter den streitenden Fraktionen der Kulturrevolution, daß die Betriebe im Bereich des 2. bis 7. Maschinenbauministeriums aus den politischen Auseinandersetzungen herauszuhalten seien, so daß die Produktionsunterbrechungen der Jahre 1967 und 1968 für den Rüstungssektor nicht zutrafen.

In den Zeitraum des 4. Fünfjahresplans fielen erneute Auslandskäufe von Produktionsanlagen. Diese Käufe setzten 1972 zögernd und 1973/74 mit solcher Vehemenz ein, daß sie alle bis dahin getätigten Importe in den Schatten stellten. Anhand einschlägiger Presseberichte waren für den Zeitraum 1972 bis 1976 Hinweise zu Verträgen über 156 Fabriken festzustellen. Für 137 Anlagen waren Angaben über den Kaufpreis erhältlich, der sich auf insgesamt mindestens 3,427 Mrd US-$ belief. Davon entfielen über zwei Drittel auf die Jahre 1973 und 1974, was bedeutet, daß ab 1976 verstärkt mit der Betriebsaufnahme zu rechnen ist. Von diesen 156 Projekten gehören 124 zum Bereich Chemie und Petrochemie. Das deutet darauf hin, daß der Trend des 3. Fünfjahresplans fortgesetzt wird. Innerhalb des Chemiesektors dominiert immer noch die Kunstdüngerproduktion mit 37 Betrieben. Dazu gehören aber auch komplette petrochemische Komplexe, die alle Arten von Ölprodukten, insbesondere Kunststoffe, synthetischen Kautschuk, Brennstoffe u.a. herstellen. Weniger durch die Zahl als durch sein Volumen bildete der Stahlbereich den zweiten Schwerpunkt. Ein Konsortium unter der Fühung von DEMAG lieferte ein Kaltwalzwerk im Wert von 500 Millionen DM und eine Stranggußanlage im Werte von 150 Millionen DM, Nippon-Steel ein Warmwalzwerk und ein Silicon-Stahlwerk im Wert von 227,7 Millionen US-$. Alle drei Anlagen sollen den vorhandenen Eisen- und Stahlkomplex in Wuhan ergänzen.

Aus diesen Angaben lassen sich folgende Schlüsse ziehen. Die Schwerpunkte Chemie und Petrochemie werden auch die dritte chinesische Industrialisierungswelle prägen, wobei aber die Kunststoffherstellung als zusätzliche Komponente hinzukommt. Daß so viele Großbetriebe zur Kunstdüngerherstellung importiert wurden, bestätigt die abnehmende Bedeutung der Kleinindustrie. Der erneute Schwerpunkt Stahl weist auf vorhandene Engpässe, läßt aber besonders vermuten, daß die Herstellung von Spezialstählen und die Stahlverarbeitung im Vordergrund stehen. Weiterhin wird deutlich, daß sich nicht nur die Branchenschwerpunkte verlagert haben, sondern auch ein klarer Trend zu größeren Betrieben besteht. Während die vermutlich 198 gelieferten Betriebe aus der Sowjetunion während der 50er Jahre einen Durchschnittswert von 9,2 Millionen US-$ aufwiesen, betrug dieser bei den westlichen Betrieben ca. 25 Millionen US-$. Selbst unter Abzug der inflationsbedingten Preissteigerungen, die etwa die Hälfte ausmachen, läge der Durchschnittswert noch etwa 50 Prozent höher. Noch bemerkenswerter ist, daß der Umfang der reinen Anlagenkäufe aus dem Westen für die Jahre 1972–1976 die Anlagenkäufe aus der Sowjetunion für die Jahre 1950–1962 erheblich übersteigt. Das hieße, daß das Prinzip des Vertrauens auf die eigene Kraft, wie in den 60er Jahren konsequent verfolgt, doch einige Löcher bekommen hat. Zu berücksichtigen ist allerdings, daß das chinesische Wirtschaftsvolumen seit den 50er Jahren erheblich zugenommen hat, in Relation dazu die Westimporte der 70er Jahre geringer als die Ostimporte der 50er Jahre sein dürften. Die starke Konzentration auf Chemie und Petrochemie zeigt aber doch, daß zumindest in diesem Bereich ein massiver Technologietransfer aus dem Westen stattfindet und nicht nur selektiv importiert wird. Parallelen zu den 50er Jahren ergeben sich dadurch, daß in Verbindung mit diesen Projekten in größerem Umfang westliche Ingenieure beim Aufbau und der Inbetriebnahme dieser Anlagen helfen, bzw. Chinesen von den Lieferfirmen ausgebildet werden. Außerdem ist China, wenn auch offiziell nicht so deklariert, partiell zu längerfristigen Zahlungszielen bereit. 1973 bis 1975 wies die chinesische Handelsbilanz als Folge der massiven Importe erhebliche Defizite auf, die für die drei Jahre insgesamt ca. 1,7 Mrd US-$ betrugen.

Hinter der aufgezeigten Entwicklung wird eine doppelte Logik sichtbar. Die eine Logik liefert das Industrialisierungskonzept nach sozialistischem Muster, wie es von der Sowjetunion geprägt worden ist. Eine anfängliche Konzentration auf die Basisindustrien Kohle, Eisen, Stahl und dazugehörigen Maschinenbau bildet ein solides Fundament für eine zweite Phase der Indutrialisierung, die sich neuen Bereichen zuwenden kann. Insofern hat sich langfristig gesehen die Politik der 50er Jahre ausgezahlt. Entscheidend ist aber, das macht die Logik der chinesischen Variante der sozialistischen Industrialisierung aus, daß, wenn auch durch die Agrarkrise 1959–1961 mit Macht erzwungen, sehr rasch und konsequent der Übergang zu einem Industrialisierungsmodell vollzogen wurde, das die Landwirtschaft zum Ausgagspunkt nimmt. Während die Sowjetunion nach 40 Jahren forcierter Industrialisierung immer noch unter Agrarproblemen zu leiden hat, ist die chinesische Industrie heute in der Lage, in ausreichendem und weiter steigendem Maße die Agrarinputs herzustellen, die ein im Vergleich zum Bevölkerungswachstum befriedigendes Agrarwachstum garantieren. Die Mobilisierung von Arbeitskräften in den 50er Jahren und die kleinbetriebliche und dezentrale Agroindustrialisierung der 60er und der ersten Hälfte der 70er Jahre waren in diesem Kontext sinnvolle Zwischenschritte.

Zu fragen bleibt, welche Resultate dieser Industrialisierungsprozeß hervorbrachte. Die Analyse der ersten Hälfte des 20. Jahrhunderts, insbesondere der 30er Jahre, die von vielen Autoren als der hoffnungsvolle Beginn einer chinesischen Industrialisierung bezeichnet werden, hatte die typischen Merkmale abhängiger Industrialisierung aufgezeigt.

Eine Bewertung der chinesischen Entwicklungspolitik nach 1949 aus der Sichtweise autozentrierter Entwicklung müßte nicht nur die gesamtwirtschaftlichen Erfolge, sondern in gleichem Maße die sektorale und regionale Entwicklung miteinbeziehen. Nur dann könnte sich zeigen, daß, entgegen einem Wachstumsmodell á la Brasilien, das sicherlich auch gesamtwirtschaftliches Pro-Kopf-Wachstum zu verzeichnen hat, an die Stelle externer Orientierung eine Orientierung am Binnenmarkt getreten ist, die eine sektoral wie regional kohärente Produktionsstruktur zur Folge hat. Nur dann erscheint die Aussage gerechtfertigt, daß die Entwicklung sich an den Versorgungsbedürfnissen der Masse der Bevölkerung orientiert.

Der zentrale Punkt, der über Erfolg oder Mißerfolg einer Entwicklungspolitik entscheidet, ist natürlich zu allererst die Frage, ob langfristig ein reales Pro-Kopf-Wachstum des Sozialprodukts zu verzeichnen ist. Da die Berechnungsgrundlage der chinesischen Sozialproduktsstatistik eine andere als in westlichen Ländern ist, ist es müßig, etwa auf Dollarbasis direkte Vergleiche mit anderen Ländern anzustellen. Entscheidend ist, ob und in welchem Maße bis heute gegenüber dem Jahre 1952 als wirtschaftlichem Restaurationsjahr Pro-Kopf-Zuwächse zu verzeichnen sind.

Um zu einer solchen Erkenntnis zu gelangen, sind einige Schwierigkeiten zu überwinden. Erstens hat China seit den 50er Jahren nur sehr spärliche Angaben über sein Sozialprodukt gemacht. Zweitens werden immer nur die Bruttoproduktionswerte und nicht die Wertschöpfung einzelner Branchen oder Sektoren angegeben. Die dritte Schwierigkeit besteht in der Bemessung der jeweiligen Bevölkerungsgröße, über die China nach 1957 ebenfalls nur spärliche und vage Hinweise gegeben hat, die sich im wesentlichen darin erschöpfen, alle paar Jahre die Gesamtbevölkerung um 50 Millionen zu erhöhen. Diese unzureichende Datenbasis macht den Rückgriff auf westliche Schätzungen unumgänglich. Aus der Vielzahl der Sozialproduktsschätzungen wurden die Berechnungen ausgewählt, die erkennbar auf chinesische Einzelangaben zurückgehen. Die Schätzungen des Bevölkerungswachstums basieren auf dem chinesischen Zensus aus dem Jahre 1953, der mutmaßliche Zensus von 1964 wurde nicht veröffentlicht, und auf den publizierten jährlichen Wachstumsraten bis 1957. Je nach konservativer oder fortschrittlicher Einschätzung der chinesischen Bevölkerungspolitik variieren sie trotz des gleichen Ausgangsniveaus von 1953 (= 576,0 Millionen ohne Taiwan) um 100 Millionen (975,7 bzw. 875,1 Millionen) bis zum Jahre 1977. Jüngste chinesische Veröffentlichungen ergaben für 1976 nur ca. 835 Millionen. Die durchschnittlichen realen Wachstumsraten für das Sozialprodukt über den Zeitraum von 1952 bis 1974 variieren deshalb zwischen 6,2 und 5,6 Prozent und für die Bevölkerung zwischen 1,8 und 2,2 Prozent jährlich. Pro Kopf bedeutet das eine Spannbreite von 4,4 bis 3,3 Prozent.

Wie dieses Pro-Kopf-Wachstum zu bewerten ist, soll ein internationaler Vergleich deutlich machen. Als Maßstab werden dabei die jeweiligen Anfangsphasen der Industrialisierung heutiger hochindustrialisierter Länder herangezogen. Die europäischen Ländern Großbritannien, Frankreich und Deutschland wiesen trotz eines erheblich niedrigeren Bevölkerungswachstums im 19. Jahrhundert zu Beginn ihrer Industrialisierung lediglich Pro-Kopf-Zunahmen von 1 bis 1,6 Prozent jährlich auf. In den USA betrug diese Quote in der zweiten Hälfte des 19. Jahrhunderts 2 Prozent, und selbst Meji-Japan wies von 1874–1904 nur Raten von 2,7 Prozent auf. Auch gegenüber der Sowjetunion, deren Wachstumsraten von 1928–1958 bei ca. 4,4 Prozent lagen, können die chinesischen Zahlen bestehen.

Wie wirkte sich dieses Wachstum sektoral aus? Soweit die Entwicklung für die 50er Jahre im Detail ersichtlich ist, lassen sich folgende Trends feststellen:

1. Im Zuge der sukzessiven Verstaatlichung der privaten Industrie wurden zunehmend sämtliche industriellen Investitionen aus dem Staatshaushalt vorgenommen.
2. Der Anteil der Investitionen an den Staatsausgaben wuchs von 25,5 Prozent (1950) auf 64 Prozent (1958). Gesamtwirtschaftlich gesehen dürfte die Investitionsrate sich in den 60er Jahren bei ca. 20 Prozent eingependelt haben.

3. Ein zunehmender Anteil dieser Investitionen fiel auf die Industrie und insbesondere auf die Schwerindustrie.
4. Finanziert wurde der Staatshaushalt in steigendem Maße durch die Gewinne der staatlichen Betriebe.

Damit wurde der Staatshaushalt ab 1957 zum entscheidenden Instrument, mit dessen Hilfe eine sektorale Umverteilungspolitik betrieben werden konnte. Einerseits erlaubte die staatliche Kontrolle über die Preise eine flexible Steuerung, in welchen Sektoren, Branchen und Regionen die staatlichen Einnahmen entstehen sollten. Wenn auch letztlich nicht schlüssig nachgewiesen werden kann, besteht doch die begründete Vermutung, daß die Agrarpreise zu Beginn der 50er Jahre im Vergleich zu den Industriepreisen erheblich unterbewertet waren. Seitdem ist allerdings eine kontinuierliche Veränderung der Preisrelationen zugunsten der Landwirtschaft festzustellen. Auf der anderen Seite garantierte das staatliche Investitionsmonopol in der Industrie eine Konzentration auf solche Bereiche, die der anvisierten Entwicklungsstrategie zupaß kamen.

Der Anteil der staatlichen Investitionen für die Konsumgüterindustrie wie für die Landwirtschaft stagnierte in den 50er Jahren bei jeweils 2 bis 5 Prozent, während der Anteil der Schwerindustrie im gleichen Zeitraum von 6 auf 42 Prozent zunahm. Das war möglich, weil die Agrarpolitik der 50er Jahre bewußt auf die Mechanisierung verzichtete, und in der Leichtindustrie erstens ein vergleichsweise hohes Ausgangsniveau vorhanden war, und zweitens dieser Sektor bis 1956 de facto weitgehend den nationalen Kapitalisten überlassen blieb. Resultat dieser Konzentration der staatlichen Investitionen war innerhalb von 25 Jahren eine völlige Umschichtung des Sozialprodukts auf der Entstehungsseite. Der Anteil der Landwirtschaft, der 1933 noch 65 Prozent betragen hatte, sank bis 1974 auf 25,2 Prozent, während gleichzeitig der Beitrag der Industrie von 15,7 auf 52,1 Prozent zunahm. Der Strukturwandel von einer ursprünglich handwerklich geprägten Industrie, 1933 noch zu 45 Prozent, zu einer modernen Industrie, 1957 nur noch 17 Prozent Handwerk, unterstreicht diese Entwicklung.

Die Verlagerung vom agrarischen zum industriellen Schwerpunkt wurde allerdings auf der Beschäftigungsseite nicht vollzogen. Nach wie vor sind etwa 80 Prozent der Arbeitskräfte in der Landwirtschaft tätig. Die starke Binnenwanderung in die Städte während der 50er Jahre konnte gestoppt werden. Das war nötig, da infolge steigender Produktivität das Wachstum der Industrie gerade genügend zusätzliche Arbeitsplätze für die natürliche Zunahme der städtischen Bevölkerung bereitstellen konnte. Die Anwendung einfacher Technologie in der Landwirtschaft und der Aufbau kleinindustrieller Agrobetriebe erwies sich unter beschäftigungspolitischen Gesichtspunkten als ideales Mittel, die sonst unvermeidliche Landflucht und Verslummung der Städte zu verhindern. Das funktionierte allerdings nur, weil die bisherigen Maßnahmen zur agrarischen Produktivitätssteigerung das Bevölkerungswachstum auf dem Land mehr als kompensieren und auch für die Landbevölkerung einen, wenn auch bescheidenen, Einkommenszuwachs garantieren konnten.

Die sektorale Verlagerung von der Landwirtschaft zur Industrie trifft in gleichem Maße für die Relation innerhalb des industriellen Sektors zu. 1933 gingen 73 Prozent auf das Konto der Konsumgüterindustrie, und allein 63 Prozent entfielen auf die Branchen Textil sowie Nahrungs- und Genußmittel. Demgegenüber betrugen die Anteile von Metall und Maschinenbau zusammen nur 5 Prozent. Auch für das Jahr 1952, eine weitgehende Wiederinbetriebnahme der ehemaligen japanisch/mandschurischen Schwerindustrie unterstellt, betrug die Relation zwischen Leicht- und Schwerindustrie noch 2:1. Trotz erheblicher absoluter Zunahme bis 1973 ging der Anteil der Leichtindustrie dann aber bis auf 40 Prozent zurück. Auch wenn für die Zeit nach 1957 keine Aufgliederung nach Branchen erhältlich ist, besteht doch kein Zweifel, daß der Aufbau eines kompletten Produktionszyklus angestrebt wurde, so daß heute keine Branche von Bedeutung fehlt. Offensichtliche Korrekturen seit den 60er Jahren betrafen also weniger die Priorität der Schwerindustrie an sich als ihre stärkere Orientierung auf agrarische und leichtindustrielle Bedürfnisse.

Die chinesische Industrialisierung seit Beginn des 20. Jahrhunderts hat also zwei grundlegende Einschnitte zu verzeichnen. Der erste erfolgte 1949 und bedeutete den Wechsel von einer an kaufkräftiger Nachfrage der Oberschicht orientierten Industrialisierung im Bereich der Luxusgüterproduktion zu einer vom Markt weitgehend unabhängigen, auf sich selbst gerichteten Schwerindustrialisierung. Der zweite Einschnitt erfolgte etwa Mitte der 60er Jahre und führte zur Orientierung dieser Schwerindustrie an den Bedürfnissen von Agrar- und Massenkonsumgüterproduktion, wobei deren prominenteste Errungenschaften die Herstellung von Fahrrädern, Radios, Nähmaschinen und Armbanduhren bildeten, wenn auch die Textil- und Nahrungsmittelbranchen noch dominieren. Die nach wie vor hohen Wachstumsraten der Schwerindustrie, die mit 10,7 Prozent über dem gesamtindustriellen Durchschnitt liegen, zeigen, daß eine schnelle Akkumulation nicht notwendig auf Kosten des Konsums wie in den 50er Jahren, sondern auch über steigenden Konsum erfolgen kann, wenn die Schwerindustrie nur in entsprechende Marktbeziehungen eingebettet ist. In dieser Erkenntnis liegt der Kern der seit Januar 1961 gültigen Losung: „Die Landwirtschaft ist die Grundlage und die Industrie der führende Faktor". Sie bedeutet nicht die schlichte Verlagerung der Aktivitäten von der Industrie zur Landwirtschaft, sondern Industrialisierung nach Maßgabe der agrarischen Kapazitäten, Bedürfnisse und Einkommen. In bezug auf eine mögliche neue externe Abhängigkeit der chinesischen Wirtschaft sei bemerkt, daß selbst in den beiden Spitzenjahren des Importbooms, 1959 mit 2,085 Mrd. US-$ und 1974 mit 3,165 Mrd US-$ (jeweils in konstanten Preisen), die Importquote, gemessen am BSP, nur 1,9 bzw. 1,4 Prozent betrug. Auch wenn zu konstatieren ist, daß in beiden Fällen wichtige Bereiche der Industrie in erheblichem Maße durch ausländische Technologie gespeist wurden, so zeugt doch die chinesische Außenhandelspraxis seit den traumatischen Erfahrungen mit der Sowjetunion insgesamt von einem sehr selektiven Vorgehen, das seine Akzente nach eigenen Bedürfnissen ausrichtet.

Die Analyse über die regionale Verteilung der Industrie vor 1949 hatte gezeigt, daß eine starke Konzentration auf wenige Provinzen und Städte festzustellen war. In der Literatur, die die regionale Entwicklung behandelt, wird in der Regel zwischen entwickelten Küsten- und unterentwickelten Inlandsprovinzen unterschieden. Auch wenn diese Unterscheidung einige Signifikanz aufweist, bleibt sie sehr formal, da sie einerseits Provinzen wie Fukien oder Chekiang mit niedrigem absoluten wie Pro-Kopf-Produkt zur Gruppe der entwickelten Regionen zählt, während umgekehrt Provinzen wie Kirin und Heilungkiang ungerechtfertigt zum unterentwickelten Hinterland gezählt werden. Demgegenüber erscheint eine Gliederung sinnvoller, die zwischen Regionen oder Provinzen unterscheidet, die in starkem Maße der ausländischen Durchdringung unterworfen waren, und solchen, die diese Erfahrung nicht oder nur kaum gemacht haben. Zur ersten relativ industrialisierten Gruppe vor 1949 gehören deshalb die Provinzen Heilungskiang, Kirin, Liaoning, Hopei mit Peking und Tientsin, Kiangsu mit Schanghai und Kwangtung. In diesen 6 Provinzen dürften vor 1949 etwa 75 Prozent der gesamten Industrieproduktion erzeugt worden sein, während die übrigen 20 Provinzen und Autonomen Gebiete sich sehr unterschiedlich den Rest teilten.

Ein Ziel der entwicklungspolitischen Programmatik zu Beginn der 50er Jahre war erklärtermaßen der Abbau dieser ungleichen regionalen Verteilung, wobei neben der politischen Zielsetzung sicherlich auch militärstrategische Gründe eine Rolle spielten, da man damals die an der Küste konzentrierte Industrie gegenüber amerikanischen Angriffen für besonders verletzlich hielt. Im Zeichen von Interkontinentalraketen und der Verlagerung der möglichen Konfliktregion in Richtung sowjetische Grenze dürfte dieses Argument gegenstandslos geworden sein. Während des 1. Fünfjahresplans wurde deshalb ein großer Teil der neuen Industrieprojekte vornehmlich in den nördlichen Provinzen des Hinterlands angesiedelt. Diese erste Phase der Standortverlagerung wurde aber offenbar bereits in den Beratungen für den 2. Fünfjahresplan zugunsten einer Orientierung an möglichst rascher Industrialisierung korrigiert, was zwangsläufig darauf hinauslief, die vorhandenen Industriezentren weiter auszubauen. Die Dezentralisierung des Großen Sprungs betraf demgegenüber in erster Linie die Kleinbetriebe. Nachdem die Liuisten Anfang der 60er Jahre das Kommando übernommen hatten, wurde dem Effektivitätskriterium bei der Standortwahl weitere Priorität eingeräumt, obwohl sich seit dem Ende der Kulturrevolution die Anzeichen mehren, daß der Entwicklung des Hinterlands wieder stärkere Aufmerksamkeit entgegengebracht wird, wobei jetzt vor allem der Süden, Südwesten und Nordwesten bevorzugt werden.

Um diese regionale Umverteilung der Ressourcen vorzunehmen, bediente man sich des Staatshaushalts. Während des 1. Fünfjahresplans war das unproblematisch, da die wichtigsten staatlichen Investitionen über den Zentralhaushalt abgewickelt wurden. Die seit Mitte der 50er Jahre einsetzende Dezentralisierungsdiskussion führte allerdings seit 1958 zu einer weitgehenden Verlagerung der Administrations-, Planungs- und Investitionsbefugnisse auf die Provinzebene. Dennoch haben die Pekinger Planungsbehörden über die Fiskalbeziehungen zwischen Provinz- und Zentralhaushalten ein entscheidendes Instrument zur Steuerung der gesamtwirtschaftlichen Akkumulation in der Hand behalten. Die Provinzen müssen nämlich einen Teil ihrer Revenue, die unabhängig von den direkten Einnahmen der Zentrale aufkommt, an den Zentralhaushalt abführen. Das führt dazu, daß reiche Provinzen in Extremfällen bis zu 60 Prozent oder gar 80 Prozent ihrer Einnahmen abliefern, während diese Quote für arme Provinzen weniger als 20 Prozent beträgt, oder sie sogar erhebliche Zuschüsse aus dem Zentralhaushalt erhalten.

Als zentraler Indikator für das regionale Entwicklungsniveau soll die industrielle Pro-Kopf-Produktion auf Provinzbasis angenommen werden. Die Begründung für diese Wahl ist einerseits rein pragmatisch, da es keinen anderen Indikator gibt, der einen vollständigen Überblick aller Provinzen über einen längeren Zeitraum zuläßt. Darüber hinaus wird allerdings unterstellt, daß eine hohe Korrelation zwischen regionaler industrieller Pro-Kopf-Produktion und Versorgung mit Konsumgütern, Infrastruktur und Daseinsfürsorge im weitesten Sinne besteht, da letztlich trotz zentraler Korrekturen das Ausmaß dieser Versorgung von den örtlichen Kapazitäten der Konsumgüterindustrie und der Finanzkraft der jeweiligen Behörden abhängig ist.

Grundlage für diesen Vergleich sind Schätzungen über die Bruttoproduktion der Industrie nach Provinzen über den Zeitraum von 1949–1975 und entsprechende Schätzungen für die Bevölkerung. Das Jahr 1952 gibt in etwa die Verteilung wieder, wie sie vor 1949 bestanden hat. Aus ihr werden die extremen Unterschiede in der Pro-Kopf-Produktion zwischen Liaoning (177,9 ¥) und Kiangsu (172,9 ¥), beides Provinzen mit einer durchschnittlichen Bevölkerung, und dem dichtbesiedelten Szechwan mit 22,3 ¥ oder dem dünnbesiedelten Ningshia mit einer Pro-Kopf-Produktion von lediglich 5,4 ¥ sichtbar. Vergleicht man die 52er mit den 74er Werten, läßt sich allerdings feststellen, daß sich an den relativen Unterschieden kaum etwas geändert hat. Von den 5 Provinzen mit einem Pro-

Kopf-Produkt über 80 ¥ im Jahre 1952, sämtlich zu den ehemals stark penetrierten Provinzen gehörend, befanden sich 1974 alle in der Spitzengruppe mit einem Pro-Kopf-Produkt über 300 ¥. Lediglich 3 Provinzen – Innere Mongolei, Kansu und Kwangtung – haben sich sichtbar aus der unteren Gruppe abgesetzt, wobei es sich im Fall Kwangtung um die sechste der ehemals stark penetrierten Provinzen handelt. Es muß allerdings betont werden, daß die rückständigsten Provinzen und Autonomen Gebiete des Westens und Nordwestens – Innere Mongolei, Tibet, Shensi, Kansu, Tsinghai, Sinkiang und Ningshia – allesamt überdurchschnittliche Wachstumsraten zwischen 11,4 und 15,6 Prozent aufweisen, während die industriellen Kernprovinzen nur Wachstumsraten zwischen 6,4 und 9,5 Prozent erreichen. Der nationale Durchschnitt liegt bei 9,3 Prozent jährlich. Doch trotz dieses regional unterschiedlichen Wachstums hat sich an den relativen Abständen zwischen den Provinzen nicht viel geändert.

Das wird besonders deutlich, wenn man nicht nur einzelne Provinzen verfolgt, sondern die Zweiteilung in ursprünglich penetrierte und nicht oder kaum penetrierte Provinzen zugrunde legt. Auf die 6 Provinzen der ersten Gruppe entfielen 1952 29,4 Prozent der Bevölkerung und 76,3 Prozent der Industrieproduktion. Das ergibt ein durchschnittliches Pro-Kopf-Produkt von 138,6 ¥ gegenüber nur 18,0 ¥ für die zweite Gruppe. 1974 ist zwar für beide Gruppen das durchschnittliche Pro-Kopf-Produkt auf 944,9 bzw. 128,2 ¥ erheblich gestiegen, die prozentuale Verteilung der Industrieproduktion ist aber nahezu mit der des Jahres 1952 identisch. Lediglich bis 1957 ist eine deutliche Verschiebung zugunsten der zweiten Gruppe zu verzeichnen. Ihr Anteil stieg von 23,7 auf 28,8 Prozent. 1965 war diese Verbesserung erst um 1,8 Punkte zurückgegangen. Das ließe sich so interpretieren, daß die erwähnte Standortpolitik des 1. Fünfjahresplans stark zu Buche geschlagen ist, und auch die verzögerte Erfüllung des 2. Fünfjahresplans bis 1965 noch ein schnelleres Wachstum der rückständigen Provinzen erkennen läßt. Mit dem 3. Fünfjahresplan, der in der liuistischen Ära konzipiert wurde, wird die Schraube offenbar wieder zurückgedreht. Das Effektivitätsdenken ist in dieser Hinsicht gegenüber einer gesellschaftspolitisch motivierten regionalen Diversifizierung trotz Kulturrevolution in der Oberhand geblieben.

Zusammenfassung

16 Thesen zu Theorie und Praxis des chinesischen Entwicklungsmodells

Die Penetration Chinas im 19. und 20. Jahrhundert erfolgte nach einem anderen Muster als in den meisten Ländern der Dritten Welt. Der nennenswerte Kontakt mit den imperialistischen Großmächten qua Außenhandel begann erst 1842, und erst seit 1895 war es Ausländern gestattet, Direktinvestitionen zu tätigen. Die Resistenz des chinesischen Kaiserreichs und die Rivalität der Großmächte verhinderten es, daß das chinesische Kernland je eine formelle Kolonie wurde. Das beherrschende Motiv der ausländischen Aktivitäten war immer die Eroberung des chinesischen Binnenmarkts, was aber nur partiell gelang. Der Import von Konsumgütern, importsubstituierende Direktinvestitionen und sie begleitende Infrastruktur- und Dienstleistungsinvestitionen standen deshalb immer im Zentrum dieser Aktivitäten. Die typischen Merkmale unterentwickelter Länder wie Plantagen- oder Minenwirtschaft, Monokultur, dominierender Exportsektor und hohe Außenhandelsquote und in manchen Fällen weiße Besiedlung fehlten fast völlig. Deshalb wurde China in eine internationale Arbeitsteilung eingegliedert, die sich tendenziell an dem Muster orientierte, eine große Palette von Agrarprodukten zu exportieren und neben Konsum- auch Kapitalgüter zu importieren. Diese Form der Arbeitsteilung ist untypisch im Vergleich zu anderen unterentwickelten Ländern, bei denen der Export eines oder weniger Agrar- bzw. Minenprodukte dem reinen Import von Konsumgütern gegenübersteht. Sie hat erhebliche Konsequenzen für die Stabilität einer internen diversifizierten Produktionsstruktur, die nicht infolge der internationalen Arbeitsteilung zugunsten einer Monokultur aufgegeben wird.

2. Die genannten Faktoren führten dazu, daß von einer völligen Durchdringung nicht gesprochen werden kann. Die typischen Merkmale des peripheren Kapitalismus sind zwar in einigen Provinzen feststellbar, daneben blieb aber der überwiegende Teil des agrarisch geprägten Hinterlands kaum oder völlig unbeeinflußt von ausländischen Aktivitäten. Es scheint somit gerechtfertigt, sowohl von struktureller Heterogenität wie von Dualismus zu sprechen. Das bedeutet, daß die Unterentwicklung der vorrevolutionären chinesischen Gesellschaftsformation nicht nur durch die Probleme und Widersprüche des peripheren Kapitalismus, sondern in gleichem Maße durch die Probleme und Widersprüche der stagnierenden traditionellen Produktionsweise geprägt war. Beide Formen der Widersprüche galt es nach 1949 zu lösen.
Den Schlüssel zur Erklärung des Stagnationsprozesses der traditionellen chinesischen Gesellschaftsformation liefert die asiatische Form der tributgebundenen Produktionsweise. Die Landwirtschaft war die soziale und wirtschaftliche Basis eines bürokratischen Staates. Natürliche und demographische Faktoren erforderten eine sehr arbeitsintensive Agrikultur. Das Erb- und Bodenrecht stabilisierten dieses Gesellschaftssystem, indem sie einerseits die Bildung von Großgrundbesitz auf Dauer verhinderten und die Bauern vor völliger Mittellosigkeit weitgehend schützten, andererseits eine Bodenzersplitterung förderten, die die Existenzgrundlage und Überschußfähigkeit der Einzelwirtschaft immer weiter schmälerte und eine wachsende Unterbeschäftigung zur Folge hatte. Soweit Überschüsse über das Existenzminimum erzielt wurden, wurden sie durch die Agrarsteuer und Pacht absorbiert, deren vermeintliche oder tatsächliche Legitimation ökonomische Funktionen des Staates, etwa bei Deich- und Kanalbauten, sowie der Grundbesitz der Gentry bildeten, so daß den Bauern kaum Investitionsmittel zur Verfügung standen. Resultat war eine stagnierende Agrartechnolgie, die lediglich in der Verfeinerung der Arbeitsmethoden das Bevölkerungswachstum auszugleichen suchte, was auf Dauer säkular sinkende Pro-Kopf-Erträge nicht verhindern konnte. In Ergänzung der Landwirtschaft war es deshalb für

die Bauern unbedingt notwendig, hausindustriellen Nebentätigkeiten nachzugehen, um das Familieneinkommen aufzubessern. Die Produkte des täglichen Bedarfs, soweit sie nicht selber hergestellt werden konnten, wurden im Rahmen weitgehend autarker Marktgemeinden an- und verkauft, was die Herausbildung eines nationalen Binnenmarkts nachhaltig beeinträchtigte. Neben der Garantie der politischen Stabilität und der Organisierung wasserwirtschaftlicher Defensivmaßnahmen unterhielt der Staat in monopolartiger Weise Aktivitäten auf dem Massenkonsumgütersektor. Deshalb waren der Gentry oder einer nationalen Bourgeoisie von zwei Seiten mögliche Investitionsfelder versperrt oder stark eingeengt. Hinter derem subjektivem, durch das konfuzianische Ethos bedingten Nicht-Investieren-Wollen stand somit ein objektives Nicht-Investieren-Können. Die weitgehend unproduktive Verwendung der gesellschaftlichen Überschüsse durch Bürokratie und Gentry war deshalb die Regel. Es konnte somit zu keiner Stadtentwicklung auf manufaktureller Basis und einer Kommerzialisierung der Landwirtschaft kommen, welche ihrerseits die wachsenden Anforderungen der städtischen Ökonomie nach Lebensmitteln, Rohstoffen und Arbeitskräften befriedigen mußte. Die Städte blieben surplusabsorbierende Verwaltungszentren. Die asiatische Form der tributgebundenen Produktionsweise und die sie konstituierende Bürokratie dominierten die Gesellschaftsformation gegenüber den feudalen oder kapitalistischen Elementen, wie sie im Pachtwesen, Handel und Gewerbe zum Ausdruck kamen. Bürokratie und Gentry ergänzten sich allerdings in der arbeitsteiligen Herrschaftsausübung auf staatlicher und dörflicher Ebene und garantierten so eine Stabilisierung ihrer gemeinsamen agrarischen Revenuebasis.

4. Ein Ausweg aus diesem gesellschaftlich bedingten Stagnationszusammenhang kann wie in ähnlich strukturierten asiatischen Ländern nur in einer Änderung der Produktionsverhältnisse liegen. Erst dann ist über die Redistribution der ehemaligen Gentry- und Bürokratieeinkommen in die Hände der Bauern oder des revolutionären Staates eine produktive Verwendung der agrarischen Überschüsse gewährleistet. Eine Mobilisierung

brachliegender bereits vorhandener Potentiale wie die saisonal ungenützte Arbeitskraft und im fortgeschrittenen Stadium der Einsatz von Wissenschaft und Technologie müssen die unabdingbare Produktivkraftentfaltung im Agrarsektor in Gang setzen. Das ist nur möglich, wenn die zersplitterten Zwergbetriebe in kollektive Organisationsformen überführt werden. Bäuerliche Einkommenssteigerungen und die Schaffung eines Binnenmarkts für Massenkonsumgüter sind schließlich die notwendigen Voraussetzungen einer Industrialisierung, die ihrerseits wieder eine Kommerzialisierung der Landwirtschaft in Gang setzen kann.

5. Die Entwicklungsdefizite des traditionellen Sektors wurden ergänzt und überlagert durch die typischen und teilweise auch in anderen Ländern zu beobachtenden Probleme, die der seit 1842 entstehende moderne Sektor hervorrief. Dieser moderne Sektor war nicht in der Lage, die gesamte Ökonomie in seine Entwicklung einzubeziehen. In den Regionen und Sektoren, wo das geschah, waren die Resultate die Zerstörung bzw. Deformierung der traditionellen Wirtschafts- und Sozialbeziehungen, die sich in externer Orientierung und marginalisierter Fortexistenz äußerten. Beispielhaft zeigte sich das im Fall der traditionellen häuslichen Seidenindustrie und Baumwollspinnerei und in der rapiden Ausweitung des Pachtwesens in der Nähe der Vertragshäfen. Die Struktur des modernen Sektors selber war gekennzeichnet durch eine regional ungleichgewichtige und extern orientierte Infrastruktur und eine sektoral wie regional unausgewogene Industrialisierung. Importsubstitution für den gehobenen Markt und Exportindustrialisierung dominierten in wenigen Vertragshäfen. Diese waren abhängig von den Kapitalgüterimporten und Handelsbeziehungen zum Ausland. In diesem Bereich versuchte das nationale mit dem ausländischen Kapital zu konkurrieren, mußte sich aber oft dem Konkurrenzdruck beugen. Das schwerindustrielle Zentrum in der Mandschurei war ausschließlich auf den japanischen Rüstungsbedarf ausgerichtet, während zur chinesischen Konsumgüterindustrie keinerlei Input-Output-Beziehungen bestanden. Die Unterbrechung der Handelsrouten zu Europa und den USA

infolge des Zweiten Weltkriegs wie die japanische Niederlage führten zum Zusammenbruch beider Industrieregionen.

6. Aufgabe einer Entwicklungspolitik nach 1949 in diesem Bereich mußte es also sein, beide Sektoren und Regionen in eine ausgewogene Beziehung zu setzen. Dazu bedurfte es einer Orientierung der Industrie auf die Herstellung von Massenkonsumgütern für den Binnenmarkt und einer raschen Einbindung der Landwirtschaft und ihrer Bevölkerung. Voraussetzung war der Aufbau einer adäquaten Infrastruktur in Transport und Handel. Um die enorme Kluft zwischen den Wachstumszentren und dem stagnierenden Hinterland zu überwinden, mußte eine rasche Agrarentwicklung und Dezentralisierung der Industrie angestrebt werden. Da der Außenhandel vom Volumen keine zentrale Bedeutung für den internen Akkumulationsprozeß hatte, war im Gegensatz zu den meisten unterentwickelten Ländern eine Umstrukturierung vom Luxusgüterimport hin zum Import von Kapitalgütern unproblematisch. Da keine Monokultur und auch kein ausgeprägter Exportsektor vorhanden waren, konnte das Stadium der Exportdiversifizierung entfallen.
7. Die Entwicklungskonzeptionen nach 1949 berücksichtigten die aufgezeigten Erfordernisse zur Überwindung der Stagnation im traditionellen Sektor und zur Schließung des innergesellschaftlichen Gefälles allerdings kaum. Angesichts der internationalen Lage und der Blockade seitens der westlichen Länder bedeutete die außer Frage stehende enge Anlehnung an die Sowjetunion die Übertragung eines Industrialisierungsmodells und Gesellschaftssystems, das für China in vielen Belangen unzulänglich war und trotz unbestreitbarer Erfolge in einigen Bereichen die traditionellen Probleme verschärfte. Die vorrangige Entwicklung der Produktivkräfte nach sowjetischem Muster bedeutete eine hohe Akkumulationsrate und Konzentration der Investitionen auf den schwerindustriellen Sektor. Dessen Produkte sollten in erster Linie dem weiteren Ausbau des schwerindustriellen Sektors dienen unter Vernachlässigung der Herstellung agrarischer und leichtindustrieller Produktionsgüter. Der Außenhandel wurde im Sinne einer sozialistischen

Arbeitsteilung in den Dienst der Schwerindustrialisierung gestellt, um über eine Steigerung der Agrarexporte Kapitalgüterimporte aus der Sowjetunion zu ermöglichen. Finanziert wurde dieses Akkumulationsmodell weitgehend durch die Überschüsse der bereits arg strapazierten Landwirtschaft, die qua Agrarsteuer und interne Terms of Trade über Binnen- und Außenhandel sowie den Staatshaushalt in den schwerindustriellen Sektor gelangten. Die Transformation der vorrevolutionären Gesellschaft war zwar eine notwendige Bedingung für die Überwindung der Unterentwicklung. Sie war aber keineswegs hinreichend, da sie nicht zu einer Konzeption autozentrierter Entwicklung führte, die an den Problemen und Möglichkeiten des eigenen Landes gewonnen war.

8. Erfolgreich war die sowjetische Strategie insofern, als innerhalb weniger Jahre im Bereich der Montanindustrie und des Maschinenbaus ein weitgehend kompletter schwerindustrieller Kern errichtet werden konnte. Problematisch war die einseitige Belastung des Agrarsektors ohne gleichzeitige agrarische Produktivkraftentfaltung. Die Agrarreform vermochte die Belastbarkeitsgrenze der Landwirtschaft nur kurzfristig hinauszuschieben. Hinzu kam eine seit 1956 defizitäre Zahlungsbilanz, die das Akkumulationsmodell auch von der außenwirtschaftlichen Seite ins Wanken brachte, da zusätzliche Agrarexporte kaum zu mobilisieren waren. Grundsätzlicher Art waren die mit der Übertragung des sowjetischen Industrialisierungsmodells verbundenen gesellschaftlichen Probleme. Die einseitige Beschränkung des sozialistischen Aufbaus auf seine materielle Seite war mit den sozialistischen Zielvorstellungen im Bereich der Produktionsverhältnisse nicht vereinbar, da im sowjetischen Sinn Leistungsprinzip, materielle Anreize, Einmannleitung, zentralisierte Planung, Spezialisierung und Arbeitsteilung die rascheste Industrialisierung garantierten. Darüber hinaus trug die einseitige Konzentration der Ressourcen auf städtische Zentren wenig zum Abbau des innergesellschaftlichen Gefälles bei, sondern reproduzierte dieses eher auf erweiterter Stufenleiter. Für die chinesische Partei war das besonders bedenklich, da ihre soziale Basis, die Bauern des Hinterlands,

zwar den Preis für diese Entwicklung zu zahlen hatten, aber kaum an den Früchten teilhatten. Deshalb setzte innerhalb der chinesischen Partei seit Mitte der 50er Jahren eine Diskussion ein, die das sowjetische Modell in Frage stellte. Der schließliche Bruch mit der Sowjetunion im Jahre 1960 war von chinesischer Seite zumindest vorprogrammiert, wenn er auch in seiner Heftigkeit sicher vermieden werden sollte.

9. Die maoistische Variante des chinesischen Entwicklungsmodells knüpfte insbesondere an die gesellschaftliche Problematik der Übertragung des sowjetischen Modells auf China an. Der Ursprung dieser Konzeption ist in Maos praxisorientierter Erkenntnistheorie und seinen Erfahrungen mit der autarken Guerilla-Ökonomie in Yenan zu suchen. Bei Mao ist der Mensch die wichtigste Produktivkraft, die sich nur entfalten kann, wenn die Massen selber in der revolutionären Umgestaltung ihrer Lebens- und Arbeitsverhältnisse die gesellschaftlichen Widersprüche erkennen und lösen lernen. Bei der materiellen Entwicklung haben demnach immer die politischen Aspekte im Vordergrund zu stehen, da nur der gesellschaftliche Erkenntnisfortschritt die Produktivkräfte freisetzt, über die der „neue Mensch" verfügt. Insofern hat die Transformation der Produktionsverhältnisse immer Vorrang, da zunächst die gesellschaftlichen und institutionellen Barrieren weggeräumt werden müssen. In allen unterentwickelten und agrarisch geprägten Ländern wie China müssen die Bauern das historische Subjekt dieses Prozesses sein. Hier zeigt sich, daß Mao in besonderer Weise die spezifischen Probleme unterentwickelter Länder reflektiert, da einer seiner Hauptwidersprüche im Gegensatz zwischen Stadt und Land liegt. Deshalb rückt bei Mao die Entwicklung des agrarischen Hinterlands ins Zentrum seiner Überlegungen. Ein erster Schritt dazu ist die Mobilisierung der reichlich vorhanden Arbeitskräfte und der Erfindungsgabe der chinesischen Bauern. Um diese Potentiale freizusetzen, muß die institutionelle Transformation der Landwirtschaft, also die Kollektivierung und Kommunisierung der technischen Transformation vorangehen. Im Rahmen kollektiver Einheiten soll aus eigener Kraft im weitesten Sinne eine dezentral orga-

nisierte und finanzierte Agrarentwicklung einsetzen, die sich einfache Technologie zunutze macht und eine schrittweise experimentelle Modernisierung der Landwirtschaft in Gang setzt. Entsprechend seinem Verständnis, daß der Widerspruch des ewige Movens der Geschichte ist, kann und soll diese Entwicklung in Sprüngen verlaufen, die zu gesamtwirtschaftlichen Disproportionen führen und ihrerseits Gegenmaßnahmen erfordern. Das innergesellschaftliche Gefälle wird von unten geschlossen, indem der initiierte soziale und technologische Wandel auf dem Land die Kluft zur modernen städtischen Ökonomie vermindert. Die mit der Agrarentwicklung verbundenen Einkommensverbesserungen erschließen die Landwirtschaft als Markt für die Industrie. Die industrielle Entwicklung soll also nicht auf Kosten, sondern über die Entwicklung der Landwirtschaft erfolgen.

10. Die liuistische Variante des chinesischen Entwicklungsmodells entzündete sich eher an den Akkumulationsproblemen, die durch die Übertragung des sowjetischen Modells auftraten, während die liuistische Gesellschaftstheorie und die soziale Basis des Liuismus sich weniger vom sowjetischen Modell unterscheiden. Liu vertraut gegenüber Maos Erkenntnis- und Widerspruchstheorie auf die Möglichkeit theoretischer Schulung und die Aufhebbarkeit aller Widersprüche. Statt der praxisorientierten Massenlinie setzt er auf eine Kaderlinie und den wissenschaftlich-technischen Fortschritt. Wenn alle Widersprüche durch Klassenkompromisse aufhebbar sind, bedarf es keiner permanenten Revolution, sondern einer kontinuierlichen, proportionalen und planmäßigen Entwicklung, bei der Leistung, Kostenbewußtsein, materielle Anreize und Expertenverantwortlichkeit im Vordergrund stehen. Der Produktivkraftentfaltung wird Priorität zugemessen. Die Transformation der Produktionsverhältnisse hat sich am jeweiligen Stand der Produktivkräfte zu orientieren. Hinsichtlich des Akkumulationsmodells bedeutet das gleichgewichtiges Wachstum, das sich an den Kapazitäten der Landwirtschaft zu orientieren hat. Die Agrarentwicklung in der liuistischen Variante ist eher eine Funktion der städtischen und industriellen Anforderungen

und soll weniger um ihrer selbst willen betrieben werden. Deshalb stehen auch nicht das Vertrauen auf die eigene Kraft der Bauern und die lokale Initative im Vordergrund, sondern eine auf potentielle Wachstumsregionen begrenzte Entwicklung, bei der der Staat die Initative ergreift, Finanzmittel und moderne Agrarinputs zur Verfügung stellt. Die Schwerindustrie soll sich im Sinne eines gleichgewichtigen Wachstums an der Herstellung agrarischer und leichtindustrieller Inputs orientieren. Die industrielle Organisation verfährt nach den Prinzipien von Zentralisierung, Spezialisierung, Arbeitsteilung, Betriebsleiterverantwortlichkeit und leistungsbezogener Entlohnung. Dezentralisierung im liuistischen Sinn heißt nicht größere Verantwortung lokaler Behörden unabhängig von der Zentrale, sondern größere Autonomie der Betriebsleiter im Rahmen des zentralen Plans. Die soziale Basis der liuistischen Fraktion innerhalb der Partei war ursprünglich die Arbeiterklasse der modernen Vertragshäfen. Insofern bildet für Liu nach orthodoxem marxistischem Verständnis die Arbeiterklasse das historische Subjekt, die zeitweilig ihre Avantgarde in Form der Partei aufs Land geschickt hat, um die Bauern als Bündnispartner zu mobilisieren. Eine Revolutionierung der Gesellschaft und eine Entwicklung der Produktivkräfte ist nur möglich, wenn die Arbeiterklasse die Macht hat. Erst wenn sie den Bauern im Zuge der Industrialisierung Produktionsmittel zur Verfügung stellt, kann eine technische Transformation der Landwirtschaft eingeleitet werden, die die Bauern für die Kollektivierung reif macht und sie bewußtseinsmäßig den Arbeitern gleichstellt.

11. Der innerparteiliche Linienkampf, hier als Auseinandersetzung um die Grundprinzipien gesellschaftlicher wie wirtschaftlicher Entwicklung verstanden, findet seine Ursache somit in den unterschiedlichen Interessen der verschiedenen Klassen und Schichten in China, die innerhalb der Partei repräsentiert sind. Maos Konzeption führt konsequent zu einer stärkeren Allokation gesellschaftlicher Ressourcen im agrarischen Hinterland. Lius Konzeption bedeutet eine stärkere Konzentration der Ressourcen auf die städtische Ökonomie. Damit wird die städtische Arbeiterklasse zum potentiellen Bündnispartner

der bürgerlichen Intelligenz in Wirtschaft, Wissenschaft und Administration, die an einer solchen Entwicklung eher partizipiert und ihre durch Expertenwissen legitimierten Privilegien wahren kann. Der grundsätzliche innergesellschaftliche Widerspruch ist somit der zwischen Stadt und Land und hat seine Ursache in der heterogenen chinesischen Gesellschaftsformation vor der Revolution. Der Ausgang des innerparteilichen Linienkampfes entscheidet darüber, ob diese Kluft bestehen bleibt oder tendenziell abgebaut wird. Was in China mangels politischer Alternativen innerhalb der Partei ausgetragen wird, äußert sich in anderen unterentwickelten Ländern als offener oder latenter Konflikt zwischen den sozialen Klassen und ihren politischen Repräsentanten.

12. In der Realität sind seit Mitte der 50er Jahre immer Kompromisse zwischen beiden Konzeptionen geschlossen worden. Das vorsichtige Abrücken vom sowjetischen Vorbild im Jahre 1956 infolge der geschilderten Probleme orientierte sich für kurze Zeit an liuistischen Vorstellungen. Gleichzeitig begann aber bereits die maoistische Initiative, die in den Jahren des Großen Sprungs 1958–1960 zu einer weitgehenden Durchsetzung maoistischer Prinzipien führte. Das Scheitern des Großen Sprungs, das sich in einer Disproportionalitätskrise größten Ausmaßes äußerte, brachte Anfang der 60er Jahre die Liuisten in die Vorderhand, die nach Überwindung der Krise seit etwa 1963 daran gingen, einen planmäßigen Neuaufbau nach ihren Vorstellungen in Gang zu setzen. Die Außerachtlassung zu vieler gesellschaftspolitischer Prinzipien Maos führte zum Ausbruch der Kulturrevolution, die das Pendel insbesondere in der Agrarpolitik für einige Jahre wieder in die andere Richtung schwingen ließ. Etwa seit 1972 ist eine liuistische Restauration zu beobachten, die sich zunächst zögernd und seit Maos Tod offen zu Prinzipien bekennt, die in der ersten Hälfte der 60er Jahre vertreten wurden. Jenseits des Linienkampfes liegen die von beiden Seiten akzeptierten Kompromisse heute darin, ein gleichgewichtiges Wachstumsmodell auf der Basis der Landwirtschaft zu verfolgen, wobei die Schwerindustrie sich am Bedarf von Konsumgüterindustrie und Land-

wirtschaft zu orientieren hat. Das Prinzip des Vertrauens auf die eigene Kraft wird dermaßen gehandhabt, daß es sowohl für staatliche organisierte wissenschaftlich-technische Entwicklung im nationalen Rahmen wie für die lokale Initiative gilt. Dem entspricht ein technologischer Dualismus, der unter ökonomischen, beschäftigungspolitischen und sozialpolitischen Kriterien gesehen werden muß. Das self-reliance Prinzip hindert China nicht, in ausgewählten Bereich auf ausländische Technologie zurückzugreifen. Self-reliance heißt also keineswegs Autarkie. Eine Ökonomie, die ein komplettes Industiesystem und eine ausgewogene Beziehung ihrer Sektoren und Branchen aufweist, kann durchaus Vorteile in außenwirtschaftlicher Kooperation finden, wie etwa der gezielte Import von Kunstdüngeranlagen zur raschen Überwindung von Produktionsengpässen beweist. Im Gegensatz zu Ländern, die eine kohärente Ökonomie noch nicht aufweisen, wird die mit dieser Form des Außenhandels verbundene Arbeitsteilung nicht dazu führen, daß sich die typischen Merkmale abhängiger und extern orientierter Industrialisierung wieder einstellen, da nicht auf Dauer vermeintliche komparative Vorteile oder die Interessen einer Freihandelsbourgeoisie, sondern aktuelle Erfordernisse eines binnenmarktorientierten Industrialisierungsprozesses die Anstöße zum Außenhandel geben. Nach den bitteren Erfahrungen mit der Sowjetunion verfolgt die VR China ihre Politik der begrenzten Kooperation folglich erst, seitdem das fortgeschrittene Stadium der Industrialisierung erreicht ist.

13. Resultat der realen Entwicklung war im traditionellen Sektor die weitgehende Überwindung des geschilderten Stagnationsmechanismus, wobei hier die maoistische Konzeption stärker zum Zuge kam. Grundprinzip war dabei die Initiierung von Produktivkraftentfaltung durch vorangehenden institutionellen Wandel. Die mit der Agrarreform verbundene Redistribution der Einkommen in den Staatshaushalt hatte nur für den schwerindustriellen Sektor eine Initialzündung bedeutet, während die Einkommensverbesserungen für die Bauern nach einigen Jahren durch das Bevölkerungswachstum aufgezehrt waren. Erst die im Zuge der Kollektivierung einsetzende Mobilisierung

von Arbeitskräften, Boden und Wasser brachte eine merkliche Steigerung der Flächenproduktivität. Die reine Konzentration auf die Mobilisierung von Arbeitskräften im Rahmen traditioneller Technologie und Volkskommunen, die in ihrer gesellschaftlichen Organisation zu weit vorangeschritten waren, führte während des Großen Sprungs allerdings zu einer derartigen Übermobilisierung in außeragrarischen Tätigkeitsbereichen, daß eine schwere Agrarkrise die Folge war, die nur durch Dekollektivierung und Reprivatisierung aufgefangen werden konnte. Erst die allmähliche Erholung seit 1963 erlaubte es im Rahmen der reorganisierten Volkskommunen, die den traditionellen sozialen und ökonomischen Einheiten eher angepaßt waren, die technische Transformation der Landwirtschaft auf der Basis lokaler Agroindustrialisierung in Gang zu setzen. Der grundlegende Unterschied zur „Grünen Revolution", wie sie in Mexiko oder Indien praktiziert wird, besteht allerdings darin, daß die zur Anwendung kommende Agrartechnologie nicht von Multinationalen Konzernen geliefert wird und nur von kapitalkräftigen Großgrundbesitzern ohne Rücksicht auf die traditionellen Sozial- und Marktbeziehungen eingesetzt werden kann, sondern entsprechend den lokalen Bedürfnissen und Möglichkeiten konzipiert und den gesellschaftlichen Bedingungen angepaßt ist, und ihr Einsatz von den Volkskommunen auch finanziert werden kann. Diese Konzeption, die besonders seit der Kulturrevolution forciert wurde, stieß aber Anfang der 70er Jahre an Grenzen, die sich in stagnierender Arbeitsproduktivität und regionalen Ungleichgewichten äußerten. Seitdem spielt der Staat eine zunehmende Rolle bei der Agroindustrialisierung. Der bislang zu beobachtende alternierende Wechsel in der Durchsetzung der maoistischen wie liuistischen Konzeption im traditionellen Sektor zeigt also, daß hinter der Dimension des gesellschaftlich bedingten innerparteilichen Konflikts auch eine Dimension wechselnder ökonomischer Erfordernisse steht, die je nach Entwicklungsstand der Produktivkräfte das eine oder das andere Lösungskonzept angemessen erscheinen läßt.

14. Im modernen Sektor hat sich eher die liuistische Variante durchgesetzt. Die 50er Jahre waren durch die einseitige Bevorzugung der Montanindustrie und des Maschinenbaus auf der Basis sowjetischer Technologie geprägt. Mitte der 60er Jahre setzte eine zweite Industrialisierungswelle ein, deren neue Schwerpunkte die chemische Industrie und der Agrarmaschinenbau bildeten. Darin drückt sich das gewandelte Akkumulationsmodell aus. Diese zweite Phase der Industrialisierung, die durch die Kulturrevolution nur unwesentlich beeinträchtigt wurde, wurde nahezu völlig aus eigener Kraft bewältigt. Etwa mit dem 5. Fünfjahresplan (1976–1980) setzt eine dritte Industrialisierungswelle ein, die insbesondere duch die Petrochemie, die Kunstdüngerproduktion und die Stahlwerke der zweiten Generation geprägt ist. Dabei wird in ausgewählten Bereichen auf westliche Technologie zurückgegriffen. Der gesamte Industrialisierungsprozeß verläuft nicht kontinuierlich, sondern weist erhebliche Fluktuationen auf, die ihre Ursache in außerökonomischen Ereignissen (Bruch mit der Sowjetunion, Kulturrevolution), in den sozialistischen Akkumulationsprozeß kennzeichnenden endogenen Investitions- und Produktionszyklen sowie in den beschriebenen Industrialisierungsstadien finden, die auf den konzeptionellen Wandel in der Entwicklungsstrategie zurückzuführen sind. Langfristig wurde eine reale Pro-Kopf-Steigerung des Sozialprodukts erreicht, die seit den 60er Jahren auch für die Agrarproduktion zutrifft. China ist, auch wenn die Masse der Bevölkerung nach wie vor auf dem Lande lebt, von der Entstehungsseite des Sozialprodukts kein Agrarland mehr. Die einseitige Verzerrung zugunsten der Leichtindustrie konnte in eine sektoral ausgeglichene Industriestruktur verwandelt werden, bei der keine Branche von Bedeutung fehlt. Die regionalen Unterschiede konnten allerdings infolge der seit Mitte der 60er Jahre einsetzenden Konzentration der Ressourcen auf die vorhandenen Zentren gegenüber 1952 bis heute nur partiell abgebaut werden, wenn auch die Kluft nicht weiter gewachsen ist. Diese Stabilisierung der regionalen Unterschiede bei gleichzeitigem allgemeinem Wachstum pro Kopf ist als Erfolg der maoistischen Dezentralisierungs- und Agroindustrialisierungsbemühungen zu werten. Eine externe

Orientierung der Ökonomie ist in keiner Weise festzustellen. Der gesamtwirtschaftliche Akkumulationsprozeß ist am Binnenmarkt orientiert und auf die Herstellung von Massenkonsumgütern ausgerichtet.

15. Der innerparteiliche Linienkampf gewinnt für den gesamten Entwicklungsprozeß einen doppelten Stellenwert. Einerseits wirkt er qua unterschiedlicher politischer Optionen als autonomes Element auf die reale Entwicklung ein und treibt sie nach Maßgabe der innerparteilichen Machtverhältnisse entsprechend den maoistischen oder liuistischen Prinzipien voran. Andererseits verläuft der reale Prozeß, nicht zuletzt dank der politisch motivierten Anstöße, nicht kontinuierlich, sondern durchaus krisenhaft, so daß sich zur Lösung der jeweiligen Krise einzelne Elemente der liuistischen oder maoistischen Strategie geradezu aufdrängen. In solchen Situationen sind die Verlagerung des innerparteilichen Gleichgewichts und der Strategiewechsel nur Reaktionen auf reale Engpässe.

16. Das „chinesische Modell" ist demnach keineswegs eine kodifizierte, ex ante bereits vorhandene Konzeption, wie sie sich etwa im sowjetischen Lehrbuch „Politische Ökonomie" findet; es hat sich vielmehr durch einen Prozeß gesellschaftlicher Konflikte und ökonomischer Probleme in seiner heutigen Form herauskristallisiert, ohne daß dieses Modell bereits den Charakter des Abschlußhaften trägt. Bei dessen Herausbildung hat der Maoismus zwar eine hervorragende Rolle gespielt, das chinesische Modell ist aber nicht, wie von vielen Autoren suggeriert oder mißverstanden, identisch mit der maoistischen Konzeption. Maoismus und Liuismus sind beides originäre und durch die gesellschaftliche Realität in China legitimierte Theorien politisch-ökonomischer Entwicklung; beide haben sie zur Formulierung des chinesischen Modells beigetragen. Das chinesische Beispiel macht deutlich, daß Entwicklungspolitik nicht anhand vorfabrizierter Modelle auf technokratische Weise planbar ist, sondern das experimenthafte Vorgehen nach der Maßgabe der jeweiligen gesellschaftlichen wie ökonomischen Realität erfordert. Der Begriff „Modell" bezieht sich in diesem Sinne eher auf die Methode als auf ein Patentrezept, das bruchlos auf andere Länder und Gesellschaften übertragbar wäre.

Ausgewählte Literatur

Bei chinesischen Namen wurde immer der Nachname vorangestellt, auch wenn im Titel die Schreibweise des Namens europäisiert wurde.

Allen, G. C. / Donnithorne, Audrey G.: Western Enterprise in Far Eastern Economic Development, China and Japan. London: Allen & Unwin 1962, 2. Aufl.

Andors, Stephen: China's Industrial Revolution. Politics, Planning and Management, 1949 to the Present. New York: Pantheon Books 1977.

Area Handbook for the Peoples Republic of China. Washington D.C.: U.S. Government Printing Office 1972.

Balazs, Etienne: Chinese Civilization and Bureaucracy. Variations on a Theme. New Haven, London: Yale University Press 1964.

Barnett, A. Doak (Hrsg.): Chinese Communist Politics in Action. Seattle: University of Washington Press 1969.

Barnett, A. Doak: Uncertain Passage. China's Transition to the Post-Mao Era. Washington D.C.: The Brookings Institution 1974.

Bettelheim, Charles: China nach der Kulturrevolution: Industrielle Organisation, dezentralisierte Planung und Wertgesetz. München: Trikont 1974.

Bettelheim, Charles / Marchisio, Hélène / Charrière, Jacques: Der Aufbau des Sozialismus in China. München: Trikont 1969.

Bianco, Lucien (Hrsg.): Das moderne Asien. Fischer Weltgeschichte Bd. 33. Frankfurt: Fischer Taschenbuch Verlag 1969.

Biehl, Max: Die chinesische Volkskommune im „großen Sprung" und danach. Hamburg: Verlag Weltarchiv 1965.

Boorman, Howard L. / Eckstein, Alexander / Moseley, Philip E. / Schwartz, Benjamin: Moscow-Peking Axis. Strenghts and Strains. New York: Harper 1957.

Bowie, R. R. / Fairbank, J. K.: Communist China 1955–1959. Policy Documents with Analysis. Cambridge/Mass.: Harvard 1962.

Brandt, Conrad / Schwartz, Benjamin / Fairbank, John K.: A Documentary History of Chinese Communism. Harvard: Harvard University Press 1952.

Broyelle, Claudie: Die Hälfte des Himmels. Frauenemanzipation und Kindererziehung in China. Berlin: Wagenbach 1973.

Broyelle, Claudie und Jacques / Tschirhart, Eveline: Zweite Rückkehr aus China. Ein neuer Bericht über den chinesischen Alltag. Berlin: Wagenbach 1977.

Brugger, William: Democracy and Organization in the Chinese Industrial Enterprise. Cambridge: University Press 1976.

Brunner, Nicholas: China's Economy. London: Anglo-Chinese Educational Institute 1969 = Modern China Series 1.

Buchanan, Keith: The Transformation of the Chinese Earth. Aspects of the Evaluation of the Chinese Earth from Earliest Times to Mao Tse-tung. London: Bell 1970.

Buck, John Lossing: Land Utilization in China, 1929–1933. New York: Paragon 1964. Neuauflage.

Buck, John Lossing / Dawson, Owen L. / Wu Yuan-li: Food and Agriculture in Communist China. New York: Praeger 1966.

Burchett, Wilfred G. / Alley, Rewi: China: Das neue Leben. Berlin: Oberbaum Verlag 1975.

Chang Chung-li: The Chinese Gentry. Seattle: University of Washington Press 1955.

Chang Chung-li: The Income of the Chinese Gentry. Seattle: University of Washington Press 1962.

Chang, John K.: Industrial Development in Pre-Communist China: A Quantitative Analysis. Chicago: Aldine Publishing Co. 1969.

Chang Tsung-tung: Die chinesische Volkswirtschaft. Grundlagen, Organisation, Planung. Opladen: Westdeutscher Verlag 1965.

Chao Kang: The Rate and Pattern of Industrial Growth in Communist China. Ann Arbor: University of Michigan Press 1965.

Chao Kang: Agricultural Production in Communist China, 1949–1965. Madison u. a.: The University of Wisconsin Press 1970.

Chao Kang: Capital Formation in Mainland China 1952–1965. Berkeley: University of California Press 1974.

Chao Kuo-chun: Agrarian Policy of the Chinese Communist Party, 1921–1959. Bombay u. a.: Asia Publ. House 1960.

Chen Han-seng: The Present Agrarian Problem in China. Shanghai: China Institute of Pacific Relations 1933.

Chen Han-seng: Landlord and Peasant in China: A Study of the Agrarian Crisis in South China. New York: International Publishers 1936.

Chen Han-seng: Industrial Capital and Chinese Peasants. Shanghai: Kelly and Walsh 1939.

Chen Han-seng: Agrarian Problems in Southernmost China. Hong Kong: Kelly and Walsh 1946.

Chen, Jerome (Hrsg.): Mao Papers. Mit einem Essay über den literarischen Stil Mao Tse-tungs und einer Bibliographie seiner Schriften. München: Nymphenburger Verlagshandlung 1972.

Chen Nai-ruenn: Chinese Economic Statistics. A Handbook for Mainland China. Edinburgh: University Press 1967.

Chen Nai-ruenn / Galenson, Walter: The Chinese Economy under Communism. Chicago: Aldine Publ. Co. 1969.

Cheng Chu-yuan: Economic Relations between Peking and Moscow: 1949–63. New York: Praeger 1964.

Cheng Chu-yuan: The Economy of Communist China, 1949–1969. Ann Arbor: University of Michigan 1971. = Michigan Papers in Chinese Studies 9.

Cheng Chu-yuan: The Machine-Building Industry in Communist China. Chicago: Aldine-Atherton 1971.

Cheng Yu-kwei: Foreign Trade and Industrial Development of China. An Historical and Integrated Analysis through 1948. Washington D.C.: University Press of Wash. 1956.

Chesneaux, Jean: Peasant Revolts in China, 1840–1949. London: Thames and Hudson 1973.

Chesneaux, Jean u.a.: China from the Opium Wars to the 1911 Revolution. Hassocks: Harvester 1977.

Chi Chao-ting: Key Economic Areas in Chinese History. As Revealed in the Development of Public Works for Water-Control. New York: Paragon Book Reprint Corp. 1963. 1. Aufl. 1936.

China. A Reassessment of the Economy. A Compendium of Papers Submitted to the Joint Economic Committee, Congress of the United States. Washington D.C.: Government Printing Office 1975.

Compton, Boyd (Hrsg.): Mao's China: Party Reform Documents, 1942–44. Seattle: University of Washington Press 1952.

Dawson, Owen L.: Communist China's Agriculture. Its Development and Future Potential. New York: Praeger 1970.

Deleyne, Jan: Die chinesische Wirtschaftsrevolution. Eine Analyse der sozialistischen Volkswirtschaft Pekings. Reinbek: Rowohlt 1972.

Dittmar, Peter: Wörterbuch der chinesischen Revolution. Freiburg: Herder 1975.

Dittmer, Lowell: Liu Shao-ch'i and the Chinese Cultural Revolution. Berkeley: University of California Press 1974.

Domes, Jürgen: Sozialismus in Chinas Dörfern. Ländliche Gesellschaftspolitik in der Volksrepublik China 1949–1977. Hannover 1977. = Schriftenreihe der Niedersächsischen Landeszentrale für Politische Bildung. 8.

Donnithorne, Audrey: China's Economic System. London: Allen & Unwin 1967.

Dürr, Heiner: Volksrepublik China. In: Fischer Länderkunde. Bd. 1 Ostasien. Frankfurt: Fischer Taschenbuch Verlag 1978.

Eckstein, Alexander: China's Economic Development. The Interplay of Scarcity and Ideology. Ann Arbor: University of Michigan Press 1975.

Eckstein, Alexander: China's Economic Revolution. New York: Cambridge University Press 1977.

Eckstein, Alexander / Galenson, Walter / Liu Ta-chung (Hrsg.): Economic Trends in Communist China. Chicago: Aldine Publ. Co. 1968.

An Economic Profile of Mainland China. Joint Economic Committee of the U.S. Congress. New York: Praeger 1968.
Elvin, Mark: The Pattern of the Chinese Past. Stanford: University Press 1973.

Fan Wön-lan: Neue Geschichte Chinas. Bd. 1 (1840–1901). Berlin: VEB Verlag der Wissenschaften 1959.
Farle, Robert / Schöttler, Peter: Chinas Weg – Marxismus oder Maoismus? Frankfurt: Verlag Marxistische Blätter 1971.
Fei Hsiao-tung: Peasant Life in China: A Field Study of Country Life in the Yangtze Valley. New York: Oxford University Press 1946.
Fei Hsiao-tung: China's Gentry. Essays in Rural-Urban Relations. Chicago: University of Chicago Press 1953.
Fei Hsiao-tung / Chang Chih-i: Earthbound China. A Study of Rural Economy in Yunnan. Chicago: University of Chicago Press 1945.
Feuerwerker, Albert: China's Early Industrialization. Cambridge: Harvard University Press 1958.
Feuerwerker, Albert: The Chinese Economy, 1912–1949. Ann Arbor: The University of Michigan 1968. = Michigan Papers in Chinese Studies. 1.
Feuerwerker, Albert: The Chinese Economy, ca. 1870–1911. Ann Arbor: The University of Michigan 1969. = Michigan Papers in Chinese Studies. 5.
Fitzgerald, C. P.: Revolution in China. Frankfurt: Europäische Verlagsanstalt 1956.
Fong Hsien-ding: China's Industrialization. A Statistical Survey. Shanghai: China Institute of Pacific Relations 1931.
Franke, Wolfgang / Staiger, Brunhild (Hrsg.): China Handbuch. Düsseldorf: Bertelsmann Universitätsverlag 1974.
Franke, Herbert / Trauzettel, Rolf: Das chinesische Kaiserreich. Fischer Weltgeschichte Bd. 19. Frankfurt: Fischer Taschenbuch Verlag 1968.

Galtung, Johan / Nishimura, Fumi: Von China lernen? Opladen: Westdeutscher Verlag 1978.
Glaubitz, Joachim (Hrsg.): Opposition gegen Mao. Abendgespräche am Yenshan und andere politische Dokumente. Olten: Walter 1969.
Guikovaty, Emil: Das neue China des Mao Tse-tung. Frankfurt: S. Fischer 1977.
Gurley, John: China's Economy and the Maoist Strategy. New York: Monthly Review Press 1977.

Hao Yen-ping: The Comprador in Nineteenth Century China: Bridge between East and West. Cambridge: Harvard University Press 1970.
Harrison, James P.: The Communists and Chinese Peasant Rebellions. A Study in the Rewriting of Chinese History. New York: Atheneum 1969.
Hinton, William: Fanshen. Dokumentation über die Revolution in einem chinesischen Dorf. 2 Bde. Frankfurt: Suhrkamp 1972.
Ho Ping-ti: Studies on the Population of China, 1368–1953. Cambridge: Harvard University Press 1959.

Ho Ping-ti / Tsou Tang (Hrsg.): China in Crisis. 2 Bde. Chicago: University of Chicago Press 1968.

Hoffmann, Charles: Work Incentive Practices and Policies in the People's Republic of China 1953–1965. Albany: State University of New York Press 1967.

Hoffmann, Charles: The Chinese Worker: Albany: State University of New York Press 1974.

Hoffman, Rainer: Entmaoisierung in China. Zur Vorgeschichte der Kulturrevolution. München: Weltforum Verlag 1972.

Hoffmann, Rainer: Maos Rebellen. Sozialgeschiche der chinesischen Kulturrevolution, Hamburg: Hoffmann und Campe 1977.

H'ou Chi-ming: Foreign Investment and Economic Development in China 1840–1937. Cambridge: Harvard University Press 1973.

Hsiao Kung-chuan: Rural China. Imperial Control in the Nineteenth Century. Seattle: University of Washington Press 1960.

Hsüa Mu-tjiao / Su Hsing / Lin Dsi-li: Die sozialistische Umgestaltung der chinesischen Volkswirtschaft. Peking: Verlag für Fremdsprachige Literatur 1964.

Ishikawa, Shigeru: National Income and Capital Formation in Mainland China. An Examination of Official Statistics. Tokyo: Institute of Asian Affairs 1965.

Juttka-Reisse, Rosemarie: Geschichte und Struktur der chinesischen Revolution. Stuttgart: Frommann-Holzboog 1977.

Khan, Amir V.: Rural Smal Scale Industry in the People's Republic of China. Berkeley: University of California Press 1977.

King, Frank H. H.: A Concise Economic History of Modern China. New York: Praeger 1968.

Kirby, Stuart E.: Wirtschafts- und Sozialgeschichte Chinas. München: R. Oldenbourg Verlag 1955.

Klochko, Mikhail A.: Soviet Scientist in Red China. Montreal: International Publishers Representatives 1964.

Kneissel, Jutta: Gesellschaftsstrukturen und Unternehmensformen in China. Frankfurt: Campus 1978.

Kosta, Jiri / Meyer, Jan: Volksrepublik China. Ökonomisches System und wirtschaftliche Entwicklung. Frankfurt/Köln: Europäische Verlagsanstalt 1976.

Kuan Ta-tung: The Socialist Transformation of Capitalist Industry and Commerce in China. Peking: Foreign Languages Press 1960.

Kuntze, Peter: China die konkrete Utopie. Reinbek: Rowohlt 1975.

Kuntze, Peter: Revolution in der Seele. Frankfurt: Fischer Taschenbuch Verlag 1977.

Kuo, Leslie T. C.: The Technical Transformation of Agriculture in Communist China. New York: Praeger 1972.

Lewis, John Wilson (Hrsg.): Party Leadership and Revolutionary Power in China. London: Cambridge University Press 1970.
Leys, Simon: Maos neue Kleider. Hinter den Kulissen der Weltmacht China. München: Desch 1972.
Li Choh-ming: The Statistical System of Communist China, Berkeley: University of California Press 1962.
Li Choh-ming (Hrsg.): Industrial Development in Communist China. New York: Praeger 1964.
Lippit, Victor D.: Land Reform and Economic Development in China: Institutional Change and Development Finance. White Plains: International Arts and Science Press 1975.
Liu Shao-chi: Collected Works of Liu Shao-shi'i. 2 Bde. 1945–1957, 1958–1967. Hong Kong: Union Research Institute 1969.
Liu Shao-chi: Wie man ein guter Kommunist wird. Peking: Verlag für Fremdsprachige Literatur 1965.
Liu Ta-chung / Yeh Kung-chia: The Economy of the Chinese Mainland: National Income and Economic Development, 1933–1959. Princeton: Princeton University Press 1965.
Liu, William T. (Hrsg.): Chinese Society under Communism. A Reader. New York: Wiley 1967.
Lorenz, Richard (Hrsg.): Umwälzung einer Gesellschaft. Zur Sozialgeschichte der chinesischen Revolution (1911–1949). Frankfurt: Suhrkamp 1977.

Mah Feng-hwa: The Foreign Trade of Mainland China. Chicago: Aldine-Atherton 1971.
Mao Chronik. Daten zu Leben und Werk. Zusammengestellt von Thomas Scharping. München: Hanser 1976.
Mao Tse-tung: Ausgewählte Werke. 4 Bde. Peking: Verlag für Fremdsprachige Literatur 1968 ff.
Mao Tse-tung: Selected Works of Mao Tse-tung. Bd. 5. Peking: Foreign Languages Press 1977.
Mao Tse-tung: Das machen wir anders als Moskau. Kritik der sowjetischen Politökonomie. Hrsg. v. Helmut Martin. Reinbek: Rowohlt 1975.
Martin, Helmut (Hrsg.): Mao intern. Unveröffentlichte Schriften, Reden und Gespräche Mao Tse-tungs 1949–1971. München: Hanser 1974.
Mehnert, Klaus: China nach dem Sturm. Bericht und Kommentar. Stuttgart: Deutsche Verlags Anstalt 1972.
Mehnert, Klaus: Kampf um Maos Erbe. Geschichten machen Geschichte. Stuttgart: Deutsche Verlags Anstalt 1977.
Menzel, Ulrich: Theorie und Praxis des chinesischen Entwicklungsmodells. Ein Beitrag zum Konzept autozentrierter Entwicklung. Opladen: Westdeutscher Verlag 1978.
Milton, David / Milton, Nancy / Schurmann, Franz: The China Reader. 4 Bde. New York: Vintage Books 1974.

Myrdal, Jan: Bericht aus einem chinesischen Dorf. München: dtv 1974. 2. Aufl.
Myrdal, Jan: Die Revolution geht weiter. Bericht über den Fortschritt in Liu Ling. München: Nymphenburger Verlagshandlung 1971.

Nee, Victor / Peck, James: China's Uninterrupted Revolution. From 1840 to the Present. New York: Pantheon 1975.
Needham, Joseph: Science and Civilisation in China. 5 Bde. Cambridge: University Press 1954–1976.

People's Republic of China. An Economic Assessment. A Compendium of Papers Submitted to the Joint Economic Committee, Congress of the U.S. Washington D.C.: U.S. Government Printing Office 1972.
Perkins, Dwight H.: Market Controll and Planning in Communist China. Cambridge: Harvard University Press 1966.
Perkins, Dwigth H.: Agricultural Development in China, 1368–1968. Chicago: Aldine Publ. Co. 1969.
Perkins, Dwigth H. (Hrsg.): China's Modern Economy in Historical Perspective. Stanford: University Press 1975.
Prybyla, Jan S.: The Political Economy of Communist China. Scranton: International Textbook Co. 1970.

Remer, C. F.: Foreign Investments in China. New York: The Macmillan Co. 1933.
Remer, C. F.: The Foreign Trade of China. Taipei: Cheng-Wen Publishing Co. 1967. 1. Aufl. 1926.
Rice, Edward E.: Mao's Way. Berkeley: University of California Press 1974.
Richman, Barry M.: Industrial Society in Communist China. A Firsthand Study of Chinese Economic Development and Management, with Significant Comparisions with Industry in India, the U.S.S.R., Japan, and the United States. New York: Random House 1969.
Rochlin, R. Peter / Hagemann, Ernst: Die Kollektivierung der Landwirtschaft in der Sowjetunion und der Volksrepublik China. Eine vergleichende Studie. Berlin: Duncker & Humblot 1971.
Rossanda, Rossana: Der Marxismus von Mao Tse-tung. Berlin: Merve 1971.
Roy, Manabendra Nath: Revolution und Konterrevolution in China. Berlin: Soziologische Verlagsanstalt 1930.

Schram, Stuart R.: Die permanente Revolution in China. Dokumente und Kommentar. Frankfurt: Suhrkamp 1966.
Schram, Stuart: Mao Tse-tung. Frankfurt: S. Fischer 1969.
Schram, Stuart R.: Das Mao-System. Die Schriften von Mao Tse-tung. Analyse und Entwicklung. München: Hanser 1972.
Schram, Stuart R. (Hrsg.): Authority, Participation and Cultural Change. Cambridge: University Press 1973.

Schram, Stuart R. (Hrsg.): Mao Tse-tung Unrehearsed. Talks and Letters: 1956–1971. Harmondsworth: Penguin 1974.
Schran, Peter: The Development of Chinese Agriculture, 1950–1959. Urbana: University of Illinois Press 1969.
Schumpeter, E. B. (Hrsg.): The Industrialization of Japan and Manchuko. New York: MacMillan 1940.
Schurmann, Franz: Ideology and Organization in Communist China. Berkeley: University of California Press 1966.
Selden, Mark: The Yenan Way in Revolutionary China. Cambridge: Harvard University Press 1971.
Shabad, Theodore: China's Changing Map. National and Regional Development, 1949–71. London: Methmen and Co. 1972.
Shen, T. H.: Agricultural Resources of China. Ithaca: Cornell University Press 1951.
Simonis, Udo Ernst: Die Entwicklungspolitik der Volksrepublik China 1949 bis 1962. Unter besonderer Berücksichtigung der technologischen Grundlagen. Berlin: Duncker & Humblot 1968.
Snow, Edgar: Roter Stern über China. Frankfurt: Fischer Taschenbuch Verlag 1974. 2. Aufl.
Snow, Edgar: Die lange Revolution. China zwischen Tradition und Hoffnung. München: dtv 1975. 2. Aufl.
Solomon, Richard: Mao's Revolution and the Chinese Political Culture. Berkeley: University of California Press 1971.
Statistisches Bundesamt Wiesbaden: Allgemeine Statistik des Auslands. Länderkurzberichte: Volksrepublik China 1975. Stuttgart: Kohlhammer 1975.
Stavis, Benedikt: Making Green Revolution: The Politics of Agricultural Development in China. Ithaca: Cornell University 1974. Rural Development Committee, Monograph No. 1.
Sun Kungtu C. assisted by Huenemann, Ralph W.: The Economic Development of Manchuria in the First Half of the Twentieth Century. Cambridge: Harvard University Press 1969.
Suyin Han: Das China Mao Tse-tungs. München: Beck 1968.

Tawney, R. H.: Land and Labour in China: New York: Harcourt, Brace and Co. 1932.
Ten Glorious Years. (1949–1959). Peking: Foreign Languages Press 1960.
Ten Great Years. Statistics of the Economic and Cultural Achievements of the People's Republic of China. Comp. by the State Statistical Bureau. Introd. by Mah Feng-hwa. Peking 1960. Reprint Bellingham 1974. = Western Washington State College, Programm in East Asian Studies. Occasional Paper No. 5.
Teng Ssu-yü / Fairbank, John K.: China's Response to the West. Cambridge: Harvard University Press 1954.
Tschou En-lai: Reden und Schriften 1949–1976. Köln: Verlag Rote Fahne 1976.

Vogel, Ulrich: Zur Theorie der chinesischen Revolution. Frankfurt: Athenäum 1974.

Voss, Werner: China auf dem Sprung nach vorn. Die bisherige und prognostizierte Entwicklung der Volksrepublik China und ihre Stellung im Rahmen der Weltpolitik. Bad Honnef: Osang Verlag 1972.

Wang Yeh-chien: An Estimate of the Land-Tax Collection in China, 1753 and 1908. Cambridge: Harvard University Press 1973.

Weggel, Oskar (Hrsg.): Die Alternative China. Politik, Gesellschaft, Wirtschaft der Volksrepublik China. Hamburg: Hoffmann und Campe 1973.

Weiss, Udo: Die Wirtschaft der Volksrepublik China. Entwicklungslinien und Strukturen. Hannover 1975. Schriftenreihe der Niedersächsischen Landeszentrale für Politische Bildung 7.

Wellington, K. K. Chan: Merchants, Mandarins and Modern Enterprise in Late Ch'ing China. Cambridge: Harvard University Press 1977.

Wheelwright, F. L.. / McFarlane, Bruce: The Chinese Road to Socialism. Economics of the Cultural Revolution. New York: Monthly Review Press 1970.

Wilhelm, Hellmut: Gesellschaft und Staat in China. Reinbek: Rowohlt 1960.

Willmott, W. E. (Hrsg.): Economic Organization in Chinese Society. Stanford: Stanford University Press 1972.

Wilson, Dick (Hrsg.): Mao Tse-tung in the Scales of History. Cambridge: University Press 1977.

Wittfogel, Karl August: Wirtschaft und Gesellschaft Chinas. Versuch der wissenschaftlichen Analyse einer großen asiatischen Agrargesellschaft. Erster Teil. Leipzig: C. L. Hirschfeld 1931.

Wittfogel, Karl August: Die Orientalische Despotie. Eine vergleichende Untersuchung totaler Macht. Köln, Berlin: Kiepenheuer und Witsch 1962.

Wladimirow, P. P.: Das Sondergebiet Chinas 1942–1945. Berlin: Dietz 1976.

Wong, John: Land Reform in the People's Republik of China. Institutional Transformation in Agriculture. New York: Praeger 1973.

Wu Yuan-li: The Economy of Communist China. An Introduction. New York: Praeger 1965.

Wu Yuan-li: The Spatial Economy of Communist China. A Study on Industrial Location and Transportation. New York: Praeger 1967.

Wu Yuan-li (Hrsg.): China. A Handbook. Newton Abbot: David & Charles 1973.

Yakhontoff, Victor A.: The Chinese Soviets. New York: Coward-McCann 1934. Reprint Westport: Greenwood Press 1972.

Yu Cheung-lieh: Der Doppelcharakter des Sozialismus. Zur Politischen Ökonomie der VR China. 2 Bde. Berlin: Wagenbach 1975.

GPSR Compliance

The European Union's (EU) General Product Safety Regulation (GPSR) is a set of rules that requires consumer products to be safe and our obligations to ensure this.

If you have any concerns about our products, you can contact us on ProductSafety@springernature.com

In case Publisher is established outside the EU, the EU authorized representative is:

Springer Nature Customer Service Center GmbH
Europaplatz 3
69115 Heidelberg, Germany

Batch number: 10809472

Printed by Printforce, the Netherlands